16	3	2	13
5	10	11	8
9	6	7	12
4	15	14	1

coleção TRANS

Georges Didi-Huberman

O QUE VEMOS,
O QUE NOS OLHA

Tradução
Paulo Neves

editora■34

EDITORA 34

Editora 34 Ltda.
Rua Hungria, 592 Jardim Europa CEP 01455-000
São Paulo - SP Brasil Tel/Fax (11) 3811-6777 www.editora34.com.br

Copyright © Editora 34 Ltda. (edição brasileira), 1998
Ce que nous voyons, ce qui nous regarde © Les Éditions de Minuit, Paris, 1992

A FOTOCÓPIA DE QUALQUER FOLHA DESTE LIVRO É ILEGAL E CONFIGURA UMA
APROPRIAÇÃO INDEVIDA DOS DIREITOS INTELECTUAIS E PATRIMONIAIS DO AUTOR.

Edição conforme o Acordo Ortográfico da Língua Portuguesa.

Título original:
Ce que nous voyons, ce qui nous regarde

Capa, projeto gráfico e editoração eletrônica:
Bracher & Malta Produção Gráfica

Revisão:
Ricardo Nascimento Fabbrini

1ª Edição - 1998 (1 Reimpressão),
2ª Edição - 2010 (4ª Reimpressão - 2021)

Catalogação na Fonte do Departamento Nacional do Livro
(Fundação Biblioteca Nacional, RJ, Brasil)

> Didi-Huberman, Georges, 1953
> D556q   O que vemos, o que nos olha / Georges
> Didi-Huberman; prefácio de Stéphane Huchet;
> tradução de Paulo Neves. — São Paulo: Editora 34,
> 2010 (2ª Edição).
> 264 p. (Coleção TRANS)
>
> ISBN 978-85-7326-113-4
>
> Tradução de: Ce que nous voyons, ce qui nous regarde
>
>   1. Crítica de arte - História - Séc. XX.
> I. Huchet, Stéphane. II. Neves, Paulo. III. Título.
> IV. Série.

CDD - 701.18

O QUE VEMOS, O QUE NOS OLHA

Prefácio à edição brasileira:
Passos e caminhos de uma Teoria da arte,
por Stéphane Huchet   7

1. A inelutável cisão do ver   29
Por que o que vemos *diante* nos olha *dentro*? O que Stephen
Dedalus via: a cor do mar glauco, os olhos da mãe morta.
Quando ver é perder.

2. O evitamento do vazio: crença ou tautologia   37
Diante do túmulo. Evidência, esvaziamento. A propósito de
duas formas de evitamentos: a tautologia (o que vemos não
nos olha) e a crença (o que nos olha se resolverá mais tarde).
Imagens da crença: túmulos vazios ou tormentos dantescos.

3. O mais simples objeto a ver   49
Imagens da tautologia: paralelepípedos da arte minimalista.
Rejeições da ilusão, do detalhe, do tempo e do
antropomorfismo. Ideais da especificidade, da totalidade,
da coisa mesma e da não representação. "What you see is
what you see."

4. O dilema do visível, ou o jogo das evidências   61
Como uma forma pode ser "específica" e "presente" ao
mesmo tempo? A querela de Donald Judd e Michael Fried:
dilemas, pequenas diferenças, duelos simétricos em torno da
tautologia. Do dilema à dialética: o intervalo e a escansão
rítmica.

5. A dialética do visual, ou o jogo do esvaziamento   79
Quando o jogo infantil ritma a perda com o resto. Carretel,
boneca, lençol de cama, cubo. A dialética do cubo em Tony
Smith. O jogo e o lugar. Dialética visual da noite. Volumes e
vazios: caixas, blocos de latências, objetos-questões. Dialética
e anacronismo da imagem: a memória crítica e não arcaica.
"É aí, presentemente, que está perdido."

6. Antropomorfismo e dessemelhança   117
Uma dialética sem reconciliação. Antropomorfismo e
geometria em Tony Smith e Robert Morris. A dupla eficácia
do volume: estar à distância e invadir. O que é uma "forma
com presença"? A semelhança inquietada, a geometria
igualmente inquietada. Anacronismo e dupla distância.

7. A dupla distância 147

A dupla distância como aura. Relendo Walter Benjamin. Poderes do espaçamento, do olhar, da memória e do desejo. O que a palavra "culto" nem sempre quer dizer. Secularizar a aura. A distância como imanência sensorial: Erwin Straus e Merleau-Ponty. Profundidade e "voluminosidade" na escultura.

8. A imagem crítica 169

A noção de imagem dialética. Turbilhões no rio: o sintoma. Beleza e "sublime violência do verdadeiro". Dialética da memória. Imagem e conhecimento. A imagem como crítica e a crítica como trabalho da imagem. O paradigma do despertar. A história como *Traumdeutung*. Nem crença, nem tautologia: o exemplo de Ad Reinhardt.

9. Forma e intensidade 201

Retorno à questão: o que é uma "forma com presença"? Crítica da presença real e da forma fechada. A forma como formação e a lição do "formalismo". A presença como apresentação e a lição freudiana. Para uma antropologia da forma: Carl Einstein. Para uma metapsicologia da forma intensa: aura e inquietante estranheza.

10. O interminável limiar do olhar 231

Diante da porta. A desorientação, entre *diante* e *dentro*. Uma parábola kafkiana. Inacessibilidade e imanência. A imagem é estruturada como um limiar. A geometria encarnada. Jogar com o fim: dar forma, visualmente, à perda e ao resto. Quando olhar é tornar-se imagem.

Nota bibliográfica 256
Índice onomástico 257

Prefácio à edição brasileira
PASSOS E CAMINHOS DE UMA TEORIA DA ARTE

A publicação do livro de Georges Didi-Huberman *Ce que nous voyons, ce qui nous regarde* é uma excelente ocasião de entrar em contato com a mais recente Teoria francesa da Arte. Esta é quase desconhecida no Brasil, apesar de o público ter tido recentemente a possibilidade de frequentar melhor as linhas gerais da produção estritamente filosófica da França. Já esporadicamente traduzidas, certas obras de Gilles Deleuze ou de Jacques Derrida, por exemplo, encontram um eco às vezes mais estético do que propriamente filosófico, porque proporcionam aos teóricos, aos críticos e aos artistas uma expressão que deve tanto a um conhecimento aprofundado da História das artes e da literatura quanto uma visão e a uma ordenação dos interstícios plásticos do pensar. Esses fundamentos estéticos provam a convicção, inerente à filosofia francesa, de que a criação artística colabora, de maneira privilegiada, com a elaboração da questão do Ser e com a expressão do Sentido do Mundo.[1] Assim, Georges Didi-Huberman, que é tanto um historiador quanto um filósofo da arte, herdou os liames ontológicos que a fenomenologia merleau-pontiana ou a psicanálise lacaniana sempre estabeleceram com a arte.

O perfil epistemológico da obra de Didi-Huberman pode suscitar efeitos de estranheza. Em alguns centros brasileiros de ensino das artes plásticas, a semiótica de origem pierciana representa o referencial conceitual mais hegemônico. Ela serve para padronizar uma abordagem pretendida "científica" da obra de arte. Enraizada, ao contrário, numa tradição e numa sensibilidade totalmente diferentes da tradição e da sensibilidade anglo-saxãs, a teoria francesa das artes plásticas (na teoria literária, as coisas são diferentes) nunca quis nem sequer romper com o coeficiente de *presença viva* na obra de arte e nas imagens. Longe de ser, como o é a semiótica, uma epistemologia que re-

---

[1] A arte como "deiscência do Ser". M. Merleau-Ponty, ed. bras.: O *olho e o espírito*, São Paulo, Abril, Coleção Os Pensadores, 1984, p. 109.

duz o sensível e o visual ao funcionamento informacional de signos conforme categorias operacionais muitas vezes estreitas, a Teoria francesa da Arte sempre buscou outro caminho. Para contextualizar esse caminho, definamos logo uma das suas especificidades. Desde o fim dos anos sessenta, o esforço dos mais importantes teóricos franceses da arte era o de procurar romper tanto com a crítica de cunho literário quanto com a filosofia da arte desempenhada pela fenomenologia, porque, ao buscar o sentido ontológico da pintura ou da escultura, a fenomenologia acabava sempre praticando um *Canto da Terra* ou da substância artística. Aliás, se essa fenomenologia tinha na sua essência traços tão literários, tanto em Jean--Paul Sartre quanto em Merleau-Ponty, é porque ela julgava necessário frisar o Ser do Belo e o Ser da Arte num estilo sofisticado já desempenhado por ilustres predecessores como Diderot, Baudelaire, Apollinaire, ou os poetas surrealistas, isto é, pela tradição do pensamento crítico francês. Essa *maneira* reinou até os anos cinquenta. A historiografia da arte não escapou a esse caráter estético da escritura. Basta reler Elie Faure, do início do século, cujo estilismo afastava sua História da Arte de qualquer caráter científico. Foi preciso esperar o fim dos anos cinquenta para que a historiografia da arte manifestasse uma preocupação sistemática no empreendimento de uma leitura que, no seu denominador mais comum, não fosse apenas ou uma mistura de biografia, de bibliografia e de catálogo, ou uma mera iconologia. Essa tarefa coube a Pierre Francastel. Vindo de uma prática sociológica, ele trouxe uma exigência epistemológica que abriu as portas às operações de formalização da historiografia da arte.

Atrasada tanto com relação ao que tinha acontecido de similar nos países germânicos desde o fim do século dezenove, como a teoria iconológica de Erwin Panofsky nos anos trinta, quanto em relação à virada epistemológica que, nos mesmos anos trinta, a produção historiográfica francesa tinha vivido (com Marc Bloch, Lucien Febvre e a École des Annales), a historiografia francesa da arte dos anos sessenta entrou em diálogo com as ciências humanas, a linguística, a semiologia e a psicanálise. Sua exigência súbita de elaborações epistemológicas, talvez mais rigorosas que aquelas oferecidas até aquela época pela filosofia da arte de cunho fenomenológico, permitiu-lhe forjar uma prática original. Na busca de modelos formais de questionamento, de análise e de produção do saber sobre a arte, a historiografia da arte começou a encontrar seu perfil científico próprio. Tais modelos eram encontrados pelos autores dentro de disciplinas cujas ferramentas conceituais e constituintes lógicos provocaram uma inserção da historiografia da arte no campo de repercussão do estruturalismo. Mas ao mesmo tempo, essa integração ao estruturalismo acabou desfazendo-se por razões bem ressaltadas por Jean-François Lyotard em 1971: o sensível artístico não pode acabar afogado pela matematização do sentido providenciada pelo estruturalismo.[2] Através dessa virada "científica", a historiografia da arte começou a conter traços teóricos fortes que a tornaram rapidamente uma Teoria da Arte epistemológica e metodologicamente fundamentada. Um duplo fenômeno apresentou-se: seu risco de diluição nas ciências humanas e seu enriquecimento epistemológico simultâneo. Imitando o famoso título do livro de Pierre Francastel publicado em 1967 sobre a arte e a representação do Quattrocento, poder-se-ia dizer que a historiografia francesa da arte encontrou a multiplicidade de sua *Figura* e as novas configurações teóricas de seu *Lugar*...

A partir de 1968, Louis Marin integrou a linguística de Saussure e de Benveniste para propor uma semiologia concebida como a ciência da investigação sobre os agenciamentos "linguagéticos" dos sistemas de representação clássicos. Por "linguagético", entende-se a articulação dos signos em significantes visuais e significantes verbais e discursivos implícitos que, em última instância, constituem o sentido da imagem. Autor de vinte livros que são tanto tesouros analíticos, desde *Études sémiologiques*, em 1971, a *Pouvoirs de l'image*, em 1992, passando pelo deslumbrante *Détruire la peinture*, em 1977,[3] Louis

---

[2] Numa sistematicidade crítica incomparável, Jean-François Lyotard prefigurou em *Discours-figure* (Paris, Klincksieck, 1971) muitos dos núcleos de trabalho investidos pelas próprias História e Teoria da Arte de Georges Didi-Huberman e de seu mestre Hubert Damisch.

Do lado do formalismo e da abstração extrema, o emblema da integração da História da Arte à maneira estruturalista foi realizado por Jean-Louis Schefer em *Scénographie d'un tableau* (Paris, Seuil, 1969). Uma potente e terrível rede formal-linguística tornou o livro uma ilegível obra-prima de *mathesis* semiológica. Seu postulado, contudo, é de peso: "Uma economia significante da imagem desfaz fio a fio e inteiramente a história da arte/história das ciências" ("A imagem: o sentido 'investido'", *in A análise das imagens*, Petrópolis, Vozes, 1973, p. 135).

[3] L. Marin, *Études sémiologiques*, Paris, Klincksieck, 1971; *Pouvoirs de l'image*, Paris, Seuil, 1992; *Détruire la peinture*, Paris, Galilée, 1977 (*Estudos semiológicos*; *Poderes da imagem*; *Destruir a pintura*).

Prefácio à edição brasileira

Marin pretendia tornar a imagem falante, desvendar as analogias entre as articulações narrativas da pintura e o discurso sábio e retórico contemporâneo da imagem analisada, e produzir o saber dessas articulações finíssimas. Se, contudo, a configuração linguístico-estruturalista inicial de sua obra não parecia romper totalmente com a prática iconológica, é apenas porque a fundamentação documentária proporcionava o material necessário à verossimilhança dos conteúdos de verdade ressaltados nas estruturas semiológicas e formais analisadas. Louis Marin sabia que o formalismo de uma História da Arte nova não podia prescindir da prática do campo factual inerente à disciplina. O historiador da arte nunca é apenas o teórico de sua prática. Senão ele se torna filósofo no sentido estrito e deixa de atuar. Pouco a pouco, sua metodologia linguística viu-se substituída por uma investigação dos dispositivos-ardis desenvolvidos na representação. A representação é repleta de dobras paradoxais pelas quais, através de um extraordinário parentesco com paradigmas teológicos perpassando os fundamentos e a prática do poder imagético, ela se revela ser a organização sutil e sofisticada de uma troca de reciprocidades entre presença e ausência do corpo. A representação precisaria da conjugação fenomenológica da aparição e do desaparecimento, de reenvios cruzados e de intercâmbios entre os retos e os versos das instâncias semiológicas para funcionar e assim ver seus coeficientes expressivos e sensíveis cumprirem sua tarefa simbólica, religiosa e política. Didi-Huberman, que nunca se refere a ele, não pôde ignorar quanto Louis Marin frisou essa tarefa antropológica da representação e a força da nova filosofia da expressão imagética que ele trouxe à Teoria francesa da Arte. Uma fórmula pode resumir a extraordinária criação crítica de Louis Marin: demonstrar que a imagem de arte é uma economia paradoxal do Sentido. Uma economia simbólica, semiológica e discursiva.

Hubert Damisch foi o mestre de Didi-Huberman. Saindo, um pouco como Francastel e Marin, de uma época (anos cinquenta) de abordagem da arte demasiadamente lírica e literária, Hubert Damisch prolonga a prática também desempenhada por Marin de fundamentar a investigação historiográfica em instrumentos de origem filosófica. Em 1972, numa sistematicidade bastante condensada e eficaz, *Théorie du nuage*,[4] estudou os dispositivos pictóricos clássicos (as nuvens renas-

---

[4] H. Damisch, *Théorie du nuage. Pour une histoire de la peinture*, Paris, Seuil, 1972 (*Teoria da nuvem. Para uma história da pintura*).

10   Stéphane Huchet

centistas e barrocas) suscetíveis de perturbar a organização da visibilidade cumprida pela perspectiva. A análise rigorosa dessa representação colocava-se a serviço da criação paradoxal de um modelo científico de disseminação. Frisar os dispositivos perversos da representação significava encontrar os significantes pictóricos perturbando uma falsa homogeneidade cultural. Isso prefigurou a busca didi-hubermaniana de instrumentos de investigação escapando às apropriações iconológicas, às tentativas de redução de todos os signos, temas e símbolos a um mesmo denominador comum cultural e contextual. A nuvem damischiana, portanto, desempenhou um papel de abalamento das certezas da prática iconológica.[5]

Sem dúvida, muitos anos depois de *Théorie du nuage*, Didi-Huberman não se esquecerá da contribuição imensa desse livro ao escolher o conceito de "sintoma". A demonstração dos poderes de um sintoma, palavra já empregada por Damisch para definir a capacidade da nuvem em subverter semiologicamente a hegemonia da representação e a homogeneidade do sentido das imagens, constituiu um precedente epistemológico para os futuros livros de Didi-Huberman. Herdando de seu mestre o exemplo, o ensino e os encaminhamentos epistemológicos que frisamos, Didi-Huberman começa a partir de 1985 a introduzir com força seus conceitos-chave: o *incarnat*, o *pan*, o *sintoma* etc., dando assim um fôlego novo às propostas teóricas de Damisch. Aliás, a simultaneidade entre as pesquisas do mestre e as do discípulo é bem ilustrada na similaridade entre o primeiro livro de peso de Didi--Huberman, *La peinture incarnée*[6] (1985), e o livro de Damisch, *Fenêtre jaune cadmium ou les dessous de la peinture.*[7] Nele, Damisch baseia-se no *Chef-d'oeuvre inconnu*, de Honoré de Balzac, conto de 1831,[8] para aludir ao paradigma freudiano do trabalho do sonho na

[5] Em *A origem da perspectiva* (1987), Hubert Damisch reatou com a análise dos interstícios epistemológicos da arte e da ciência renascentistas e clássicas, com uma armadura crítica e filosófica potente.

[6] G. Didi-Huberman, *La peinture incarnée*, suivi de *Le chef-d'oeuvre inconnu*, par Honoré de Balzac, Paris, Minuit, 1985 (*A pintura encarnada...*).

[7] H. Damisch, *Fênetre jaune cadmium ou les dessous de la peinture*. Paris, Seuil, 1984 (*Janela amarelo cadmium ou os debaixos da pintura*).

[8] H. de Balzac, ed. bras.: *A obra-prima ignorada*, vol. 15 das *Obras completas*, Porto Alegre, Globo, 1954.

Prefácio à edição brasileira

constituição das imagens pictóricas. Mas o acréscimo científico proporcionado por Didi-Huberman ao encaminhamento das questões complexíssimas levantadas pelo conto de Balzac é incomparável.

Prolongando a releitura do conto empreendida por Damisch (lembrando também a leitura desse pelo filósofo Michel Serres em *Genèse*[9]), Didi-Huberman consagra um estudo deslumbrante às fantasias (*fantasmes*, em francês) da pintura (e da escultura no caso de Pygmalion). Para criar, desenhar e ordenar o que constituiria o paradigma fantasmático e carnal da pintura, da Antiguidade até nossos dias, *La peinture incarnée* mergulha o leitor (e a História da Arte) no tecido mais requintado da psicanálise de cunho lacaniano, e a entrelaça com inúmeros momentos da História e da Teoria clássica da Arte. Qual é esse paradigma completo? O livro começa assim: "A pintura pensa. Como? É uma questão infernal. Talvez inaproximável para o pensamento". Para formular a topologia inerente a sua filosofia do Sentido, Didi-Huberman propõe o entrelaçamento de três paradigmas: os do semiótico (o Sentido-*sema*), do estético (Sentido-*aïsthèsis*), e do patético (Sentido-*pathos*). Ele acrescenta: "Esse entrelaçamento poderia ressair a uma estrutura de pele".[10] A História inteira da pintura revelaria aquilo que ele chama de "fantasma de sangue reticular percorrendo toda a História da pintura" ocidental desde suas origens gregas. "Eu avanço a hipótese de que a aparição, que a transpiração de um sangue terá dado à Pintura sua mais louca exigência."[11] A imagem de arte[12] — aqui sendo a pintura paradigmática descrita por Balzac um mero turbilhão de manchas apresentadas pelo próprio pintor Frenhofer como recriação de uma mulher ideal — é analisada por Didi-Huberman como um corpo e um signo indissociavelmente envolvidos na sugestão do *incarnat* pictórico. Na tela-mancha vermelha do *Chef-d'oeuvre inconnu*, trata-se da "dádiva da carne (*du don de la chair*, em francês). Eis a exigência e eis o limite".[13]

[9] M. Serres, *Gènese*, Paris, Grasset, 1982.

[10] *Id., ibid.*, p. 9.

[11] *Id., ibid.*, p. 12.

[12] G. Didi-Huberman escreve "image d'art" (imagem *de* arte), e não "imagem de l'art" (imagem *da* arte).

[13] *Id., ibid.*, p. 20.

Toda a conceituação psicanalítica do desejo, da alucinação, da pulsão, está assim convocada para demonstrar como a tela louca do herói de Balzac abre uma "tripla questão: a medida dos toques, colocada sob o desafio da ideia de acabamento da tela; aquilo que nomearemos o olhar-jorro do pintor; a injunção, enfim, de um sangue na própria pintura".[14] Daí o conceito de pano (*pan*, em francês) definido como efeito de um "delírio da pele na ordem do sentido pictórico",[15] integra-se naturalmente à conceituação psicanalítica desenvolvida no livro. O *incarnat*, enfim, resulta de um derrame pulsional que subjaz em cada pintura. Didi-Huberman o define da maneira seguinte: "O *incarnat* seria o colorido infernal por excelência, pela razão que ele é menos o predicado colorido de tal substância localizada do que o fenômeno-índice do *movimento* do *desejo* sobre a superfície tegumentar do corpo. [...] O *incarnat* não seria nada além do dever-ser do colorido: ele seria como o colorido-Eurídice a buscar nos debaixos. [...] e a trazer de volta até as superfícies visíveis do quadro. O *incarnat* procede do vermelho, isto é, do sangue, matéria por excelência — mas também do olhar, [...] meio do desejo".[16] O olhar — objeto de investigação tradicional da filosofia, da História e da Teoria da Arte francesas desde Descartes até Lacan, na medida em que dos abismos do olhar se passa sempre ao ser do corpo — chega a desempenhar um papel tátil, qual o paradigma da pintura encontra sua confirmação: "O sentido tátil, conforme Aristóteles, é ao mesmo tempo aquilo sem o que a visão não pode acontecer e aquilo que constitui o *eschaton* da visão, seu limite — mas também, por essa mesma razão, fantasticamente, seu *telos*: tocar seria como a *visée* (obsessão ou fobia) da visão".[17]

Essas passagens complexas mostram como Didi-Huberman procura desvendar os paradigmas nos quais a pintura trabalharia desde suas origens. São meros interstícios topológicos, corpóreos e fantasmáticos apresentados com uma ciência rigorosa tecida fio a fio a partir de uma instrumentalidade conceitual riquíssima e genialmente integrada. A ambição do livro é grande, e o conjunto das propostas deslum-

[14] *Id., ibid.*, p. 13.

[15] *Id., ibid.*, p. 49.

[16] *Id., ibid.*, p. 69.

[17] *Id., ibid.*, p. 56.

Prefácio à edição brasileira

brante. Não é preciso insistir sobre o fato de esse livro representar um tipo de indagação-meteoro na História e na Teoria francesa da Arte. No que diz respeito à presença da psicanálise na paisagem francesa da crítica da arte (lembremos a revista *Tel Quel* nos anos sessenta, o trabalho de escritores e intelectuais como Philippe Sollers, Julia Kristeva, Marcelin Pleynet), é importante sublinhar que a proposta de Didi-Huberman, em meados dos anos oitenta, rompeu com a psicanálise ideológica e política, ou mesmo crítica (Jean-François Lyotard em *Discours-figure, des dispositifs pulsionnels*). Na sua feitura, *La peinture incarnée* realiza um gesto epistemológico novo, fora de moda, verdadeiramente sem precedentes e sem descendência. Didi-Huberman rompe com o *principis individuationis* que regia uma certa crítica psicanalítica da arte encarregada de liberar o potencial pulsional e libidinal do sujeito. O *fantasme* não é a fantasia de um indivíduo subjetivo, mas aquela da obra enquanto corpo, da obra enquanto corpo do *fantasme*.

Se *La peinture incarnée* parece afastar-se da historiografia da arte, no entanto, ela situa-se num núcleo de atuação que inventa uma para-História da Arte completamente original, porque é radiográfica e transversal, e não deixa de contribuir para uma renovação da disciplina. Se a proposta didi-hubermaniana parece colocar o paradigma cognitivo da psicanálise — ainda não legitimado transcendentalmente ou *a priori* — a serviço de uma ontologia peculiar da obra de arte (seu Ser fantasmático), os fundamentos teóricos propostos no livro fazem também dele uma contribuição forte à ciência e ao conhecimento da arte, das imagens, e do sensível. Aqui reside uma boa parte de seu peso científico. Ao mesmo tempo, a luta inconfessada contra a Iconologia é óbvia, mas a falta de evidenciação da posição teórica envolvida explica em que medida Didi-Huberman chegou a compensar essa falha cinco anos depois em *Devant l'image. Question posée aux fins d'une histoire de l'art*[18] (*Diante da imagem. Questão colocada aos fins de uma história da arte*).

Devant l'image resulta de uma pesquisa realizada durante sua longa estadia na Villa Medicis, ou Academia da França, em Roma. Iniciado na descoberta, em Fra Angelico, do poder de manifestação místico inerente à presença de zonas pictóricas meramente materiais

---

[18] G. Didi-Huberman, *Devant l'image. Question posée aux fins d'une histoire de l'art*, Paris, Minuit, 1990 (ed. bras.: São Paulo, Editora 34, 2013).

ou pigmentadas, isto é, não representativas, o livro elabora uma crítica implacável da pretensão da historiografia tradicional de dar conta da totalidade do sentido das imagens. Para investigar os impensados que constituem a prática convencional da Historiografia, Didi--Huberman regride passo a passo até os momentos de constituição da visão panofskiana da História da Arte e os meandros complexos que precedem sua concepção da Iconologia.

Forjada pouco a pouco pelo mestre alemão a partir de uma linha intelectual neokantiana e devendo muito ao ensino do filósofo Ernst Cassirer (neokantismo fundado sobre a primeira crítica de Kant, isto é, sobre a elaboração das condições transcendentais do conhecimento objetivo), a Iconologia acaba sendo vista por Didi-Huberman como o estabelecimento de uma camisa de força cognitiva sobre as obras de arte cuja interpretação não deveria deixar nada fora de seu alcance totalizante, verbalizador e discursivo. Didi-Huberman lamenta o que ele chama de "omnitradutibilidade das imagens":[19] segundo ele, ela refletiria a "autossuficiência" da História da Arte tornada leitora. Num anseio de vê-la romper com a sujeição do visível ao legível, fenômeno bastante metafísico, e investir no paradigma do *visual*, ele denuncia o fechamento espontâneo e irrefletido que ela realiza diante das "aporias que o mundo das imagens propõe ao mundo do saber".[20] Didi-Huberman aproveita esse momento de luta contra o "tom de certeza" que caracteriza a historiografia da arte de cunho panofskyano para lhe contrapor a escolha de Freud, "crítico do conhecimento", e lhe trazer um novo "paradigma crítico". Ele reata com conceitos que Hubert Damisch tinha introduzido, o sintoma, o sonho e sobretudo o poder da *figurabilidade* (*figurabilité* em francês; *Darstellbarkeit* em alemão) na estrutura viva das imagens. Estes já tinham sido integrados por Jean-François Lyotard na sua grande crítica filosófica dos sedimentos pós-hegelianos da filosofia da arte e do sensível, característica da aproximação linguagética da arte pelo Logos ocidental. As questões colocadas por Lyotard em *Discours-figure* prefiguraram as redes de Damisch e Didi-Huberman. A "'Veduta' sobre um fragmento da história do desejo" já tratara integralmente dos objetos de Didi-Huberman, sob o aspecto, por exemplo, da relação texto-figura em estado de simbolização mútua, da "des-

[19] *Id., ibid.*, p. 11.

[20] *Id., ibid.*, p. 14.

Prefácio à edição brasileira

semelhança" e dos parâmetros estéticos da Idade Média (dois conceitos centrais no trabalho de Didi-Huberman), da passagem pela libertação do imaginário (com Masaccio), da alienação geométrica na ótica perspectivista do saber (lição retomada por Damisch nos mesmos anos). As questões da figurabilidade, do deslocamento, do procedimento imagético do sonho, do figural como opacidade, verdade e evento foram também analisados com sofisticação epistemológica por Lyotard. Para a Teoria da Arte, *Discours-figure* realizou, portanto, uma virada na direção do *corpus* freudiano, mas num nível transcendental e não unilateralmente ideológico como o fizeram os membros de *Tel Quel.* Vários núcleos da doutrina freudiana forneceram a Lyotard um material de elaboração daquilo que ele chamava de "outro espaço", um espaço articulado com as conquistas pós-cézannianas das vanguardas tanto plásticas quanto discursivas. Ele conseguiu arrancar este espaço "selvagem" da apropriação de tipo hegeliana, após cem páginas de crítica requintada dos modelos de negação do sensível na resolução discursiva e aniquilamento linguagético do visual. Vinte anos depois, Didi-Huberman redobra o gesto lyotardiano dentro da disciplina mais específica da Teoria da Arte.

Ele empreende uma regressão além dos conceitos da historiografia da arte tradicional, que pensa apenas em termos de visível, de legível e de invisível, para encontrar as condições do olhar, da "presenciabilidade" (*présentabilité*) e da figurabilidade que estruturam as imagens. A figurabilidade remete ao poder figurativo do sonho, a um espaço quase vegetal e selvagem na produção das imagens. Ao ser tanto uma prática que nunca rompeu com os postulados idealistas, humanísticos, estéticos e liberais já presentes na concepção da História da Arte de Giorgio Vasari no século dezesseis, quanto uma prática que carece da coragem em arriscar-se a repensar seus postulados sedimentados, a historiografia da arte tende a tornar as imagens o mero pretexto para padronizar uma reconstituição da configuração cultural e cognitiva de tal época. Uma configuração que fala e que não deixa escapar nada à formulação discursiva dos níveis de constituição e de integração cultural e simbólica das obras.

A proposta didi-hubermaniana adquire seu sentido ao querer ser contra a captura da imagem e da *graphia* pelo *logos*, contra o devir — documento do monumento, a reivindicação de uma mudança de orientação. A historiografia da arte "deve reformular constantemente sua extensão epistemológica para melhor aproximar-se da economia do objeto visual".[21] Nessa reorientação drástica, Didi-Huberman exprime um novo desafio. Opondo-se a uma "gnosiologia da arte" na qual ver significa saber, Didi-Huberman pergunta: "Seria verdadeiramente pouco razoável (déraisonnable) imaginar uma História da Arte cujo objeto fosse a esfera de todos os não-sentidos contidos na imagem?"...[22] Não é possível tratar aqui da riqueza das consequências interpretativas retiradas dos paradigmas freudianos escolhidos em Devant l'image. O mais importante é o sintoma, da família do pan, evento crítico, acidente soberano, dilaceramento. Ele é a via promovida pelas imagens para revelarem à leur corps défendant sua estrutura complexa e suas latências incontroláveis. Ele torna a imagem um verdadeiro corpo atravessado de potencialidades expressivas e patológicas que são configuradas num tecido feito de rastros sedimentados e fixados. Ao presentificar-se na inelutabilidade de sua abertura somática e crítica, o sintoma dá acesso a seus fundamentos fugidios e abissais. "Ele comporta em si as três condições fundamentais de uma dobra (repli), de sua volta presenciada, e de um equívoco tenso entre a dobra e sua presentificação: tal seria seu ritmo elementar. [... O] não saber do sintoma [...] abre e propulsiona sua simbolicidade num jorro (rejaillissement) exponencial de todas as condições de sentido atuando na linguagem."[23]

Mas aqui, podemos apontar apenas para uma dúvida. Se, de um lado, a matriz teórica do livro acaba ameaçando a própria historiografia da arte, de outro lado a busca de correlações empíricas para as teses epistemológicas (em algumas imagens de arte da Idade Média) acaba hipotecando a solidez real da proposta. Na Idade Média, muitas imagens (crucificações, por exemplo) tinham uma certa função de produção de sintomas, de estimulação de uma participação sintomática do crente no poder "encarnacional" (inacarnationnel) dessas imagens. Didi-Huberman utiliza esse material histórico de tal maneira que a antropologia do visual procurada por ele encontra-se levada a escolher referências pontuais trazidas num gesto basicamente iconológico: o de basear o desvelamento da força das imagens a partir de documentos que lhes são contemporâneos. A busca de sintomas medievais (por

[21] Id., ibid., p. 46.

[22] Id., ibid., p. 149.

[23] Id., ibid., p. 214-5.

Prefácio à edição brasileira

exemplo, tal corpo de Cristo constituído do derrame de uma mancha que impede a identificação da anatomia de um corpo supliciado) visa reatar com concepções da função da imagem de arte longínquas das nossas, cujo anacronismo abre as possibilidades produtivas inerentes à rememoração e ao ressurgimento de um paradigma intempestivo. Mas a promoção de uma série de argumentos suscetíveis a generalização em um nível mais universal parece torná-los as alegorias de uma visão crítica que, nisso, perde seu impacto transcendental. A exemplificação não pode sustentar a definição de um *a priori*. Aqui, o particular induz o geral e a História da Arte acaba enfraquecendo empiricamente o molde formal esboçado.

Isso parece apontar para o cerco das relações possíveis entre História da Arte e filosofia. Seu encontro nomeia-se Teoria da Arte, e seus limites residem no fato de a conceituação filosófica nunca poder manter-se na pura intencionalidade abstrata, desde que ela convoque correlações empíricas para que se cumpra a tarefa historiográfica que ela própria estrutura (formata) transcendentalmente. A tarefa de uma Teoria da Arte consiste em afetar mutuamente os coeficientes transcendentais da *démarche* própria à Estética filosófica e os coeficientes empíricos da História, enquanto correlatos necessários ao famoso "duplo empírico-transcendental" apontado por Michel Foucault dentro das ciências humanas modernas, nas quais a própria filosofia ter-se-ia um pouco diluído. A Teoria da Arte é este duplo empírico-transcendental, no qual reside sua riqueza lábil e flutuante. No seu livro do mesmo ano (1990), *Fra Angelico*,[24] Didi-Huberman revela o sintoma de um historiador que, diante do risco de diluição da historiografia da arte, não pode prescindir das convenções que a constituem na sua acepção tradicional. Ao querer ressaltar os conceitos de *dessemelhança* e de *desfiguração*, conceitos da patrística cristã, Didi-Huberman baseia sua demonstração sobre os instrumentos epistêmicos adequados à situação do século quinze. Isso retoma a metodologia iconológica, mesmo que se trate de resgatar o poder sintomático da pintura: esvaziar-se através do funcionamento de significantes repletos de virtualidade mística.

Uma vez que *Devant l'image* revelava um certo descompasso entre epistemologia e exemplos históricos, o perfil crítico de *O que vemos*,

---

[24] G. Didi-Huberman, *Fra Angelico. Dissemblance et figuration*, Paris, Flammarion, 1990.

o que nos olha torna-se mais claro. Ele traz um conjunto teórico capaz de sustentar com ainda mais força a relação de proporcionalidade entre a proposta epistemológica feita em *Devant l'image* e o material de experimentação histórico suscetível de manifestar sua fecundidade crítica. Para isso, ele salta da História longínqua, medieval e clássica, e defronta-se com o movimento minimalista norte-americano dos anos sessenta e a crítica de arte que lhe era contemporânea. O salto do historiador na produção recente da arte representa uma entrada na contemporaneidade e numa arte que é muito analisada na França.[25] Colocando-se diante dos volumes aparentemente menos carnais e menos humanos oferecidos pelos "specific objects" minimalistas, Didi-Huberman afasta-se da facilidade que representava a escolha do regime figurativo da representação para identificar os sintomas. *O que vemos, o que nos olha* sugere os caminhos de "uma antropologia da forma, uma metapsicologia da imagem" originada no desafio representado pelas formas mais fechadas de um abstracionismo desprovido de traços humanos. Para defender a tese resumida na fórmula seguinte: "Aquilo que vemos vale — vive — apenas por aquilo que nos olha. [...] É o que este livro tenta desenvolver, tecido como uma fábula filosófica da experiência visual",[26] Didi-Huberman convoca uma bateria de fontes teóricas e críticas que desembocam sobre uma inversão dos valores reivindicados na estética minimalista, inversão dos signos que quer apresentar-se como um resgate. Ao discutir veementemente tanto as teses de Donald Judd e Robert Morris quanto os pressupostos modernistas das posições antiminimalistas de Michael Fried no famoso ensaio de 1967 "Art and Objecthood", Didi-Huberman não encontra muita dificuldade em desvendar os alicerces teóricos que fundamentam as posições críticas do minimalismo, cujo lema teria sido pré-formulado pelo pintor Frank Stella. Num misto de pragmatismo e de estética desinteressada, Stella respondia a quem lhe perguntava como enxergar seus chassis tridimensionais sistemáticos: "What you see is

[25] Notemos que Hubert Damisch empreendeu desde o fim dos anos cinquenta uma confrontação crítica com a mais recente pintura norte-americana, a do expressionismo abstrato, tentando lhe providenciar possíveis prolongamentos teóricos e arrancá-la à apropriação lírica da crítica que o integrava unilateralmente ao legado surrealista e a seu enriquecimento da experiência poética.

[26] Quarta capa da edição francesa.

Prefácio à edição brasileira

what you see". Não é possível aproximar-se da obra de arte satisfazendo apenas a ideia pierciana de que o real é aquilo a que as informações chegarão num certo momento para tornar-se sua configuração clara. Essa reivindicação tautológica é criticada por Didi-Huberman a fim de reintegrar a prática minimalista e protominimalista (Tony Smith e as camadas de experiências idiossincráticas originando suas obras) numa afirmação dos poderes antropomórficos, corpóreos, inclusive trágicos, presentes na geometria minimalista. Se o livro inaugura-se com uma meditação orgânica e melancólica sobre os poderes do visual, é para salientar a dimensão pato-lógica, enigmática e "dessemelhante" com que os volumes unitários ou específicos desses artistas se apresentam a nossos olhos, apesar das frias intenções iniciais deles. A análise da proporção antropomórfica entre nós e os volumes, a análise da dupla dimensão presente neles — a de uma semelhança semiológica entre nossos tamanhos e os tamanhos dos volumes e a de uma *dessemelhança* figurativa inerente à geometria —, inscreve-se também na tentativa de constituição de uma antropologia do visual complexa mas tramada em aspectos obviamente europeus. A insistência de Georges Didi-Huberman na laicização do relacionamento com a obra de arte sugere que ele procura situar sua visão histórica face ao legado de um pensamento perpassado pelos paradigmas da noite, da morte, do negativo, da origem. Essa tradição, muitas vezes, salientou uma forma de nostalgia do religioso ou do sagrado. Pensemos por exemplo nas deslumbrantes visões noturnas da arte de Emmanuel Lévinas e Maurice Blanchot, na verdadeira antropologia e teologia da visão providenciada por Jacques Derrida na sua exposição de 1991 intitulada *Mémoires d'aveugle* no Museu do Louvre, ou no último livro de um excelente autor menos conhecido, Daniel Payot, *Effigies*,[27] que desemboca no limiar de uma teologia da obra de arte e do ver (*voir*). Didi-Huberman busca medir os raios insondáveis que varrem nosso relacionamento perceptivo, sensível e teórico com a pura virtualidade contida nos ícones e índices plásticos de nossa condição. Mas não seria ilícito sentir nesses traços, embora eles sejam subtraídos a qualquer tipo de intenção humanista, personalista ou religiosa, uma atmosfera levemente ambígua.

---

[27] D. Payot, *Effigies. La notion d'art et les fins de la ressemblance*, Paris, Galilée, 1997 (*Efígies. A noção da arte e os fins da semelhança*).

Se situarmos a proposta didi-hubermaniana dentro de um diálogo polêmico entre Teoria da Arte norte-americana e Teoria da Arte francesa, é legítimo ver em *O que vemos, o que nos olha* um modelo de contra-ataque crítico.

O desvelamento do antropomorfismo "dessemelhante" proporcionado pelos volumes de Smith, Judd e, sobretudo Robert Morris (um artista que explorou um amplo espectro de práticas artísticas perpassando toda a complexidade da arte contemporânea desde o início dos anos sessenta, Performance, Minimalismo, Anti-Form ou Process Art, Land Art, In Situ, Instalação, Pintura etc.) atém-se a uma tentativa de re-"antropomorfização", de re-encarnação, de re-corporificação da obra abstrata e geométrica, contra a semiótica e o pragmatismo anglo-saxão. A simultaneidade da publicação, no mesmo ano de 1992, de um livro de meditação metapsicológica sobre o *Cube* (1934) de Giacometti, um *Cubo* que seria uma "iconografia — inclusive (uma) economia psíquica — da melancolia",[28] pertence ainda ao âmbito da fenomenologia da visão, do olhar e do corpo.

O que vemos, o que nos olha propõe um caleidoscópio epistemológico suscetível de trazer uma conceituação múltipla à História da Arte recente, às vezes submetida aos ditados da crítica que acompanhou o surgimento dos movimentos. A volta de Merleau-Ponty, o enraizamento ainda freudo-lacaniano completa-se, de maneira talvez um pouco eclética, por uma análise da metapsicologia da arte elaborada nos anos vinte e trinta pelo escritor e crítico literário alemão Carl Einstein, autor bem pouco conhecido, e que se tornará fundamental na leitura que Didi-Huberman empreenderá da questão para-surrealista do *Informe* e de Georges Bataille num livro de 1995 chamado *La ressemblance informe*.[29] Mas o lugar talvez mais importante do livro encontra-se na integração de duas redes conceituais benjaminianas que, desde alguns anos, dinamizam a filosofia, a da *aura* e a da *imagem dialética*. A aura é um conceito (secularizado por Didi-Huberman) que procura dar conta da "dupla eficácia do volume: ser a distância e invadir" enquanto "forma presente", forma cujo impacto sustenta-se de latências que ela exprime. Entre aquele que olha e aquilo que é olha-

---

[28] G. Didi-Huberman, *Le cube et le visage. Autour d'une sculpture d'Alberto Giacometti*, Paris, Macula, 1992.

[29] Paris, Macula, 1995 (*A semelhança informe*).

Prefácio à edição brasileira

do, a distância aurática permite criar o espaçamento inerente ao seu encontro. É preciso um vazio que seja o não lugar de articulação dessas duas instâncias envolvidas na percepção e no encontro entre "olhante" e "olhado", *olhante e olhado que pertencem tanto ao âmbito da obra e da imagem quanto ao do antropos*. Articular o sentido sobre o vazio, sobre o espaçamento, sobre o big-bang topológico e sensível inerente à aura acaba desembocando sobre a integração da Imagem dialética e da Imagem crítica benjaminianas. Essas Imagens dialéticas, proporcionadas pelas obras de arte, permitem esboçar uma nova filosofia da História suscetível de modelar uma investigação e uma escritura da História completamente afastada do modelo iconológico. Mas, na filosofia da História de Walter Benjamin, Didi-Huberman encontrou um novo paradigma crítico capaz de fundamentar uma abordagem epistemológica das imagens de arte de maneira quase utópica. Ele enriquece a ideia de que o conjunto dos sintomas e dos não-sentidos contidos nas imagens artísticas poderia constituir a substância de uma nova História da Arte. Para isso, Didi-Huberman põe essa última no limiar de uma prática dialética que procura frisar os momentos nos quais uma voz cultural e histórica recalcada, suspensa, esquecida e deixada subterraneamente à espera de seu momento de ressurgimento propício (e de seu tempo de recepção e de audição possíveis), reapareceria para cumprir sua tarefa histórica. Assim, ela satisfaria as exigências que sua carga utópica continha naquele tempo em que ela não podia ser entendida. Eis uma História estratificada que se vê convocada a promover o poder incendiário e a chama dialética descobertos durante verdadeiras escavações arqueológicas feitas nas camadas do tempo. O "Outrora" encontra o "Agora" de seu desvelamento. As promessas antropológicas e políticas (messiânicas para Benjamin), contidas no poder imagético espalhado nas estratificações do devir, tornam-se, portanto, resgatadas, quase redimidas. A matriz dialética das Imagens críticas encontra-se nos sintomas históricos tramando a temporalidade fragmentada e utópica inerente ao caminho do Sentido. O historiador benjaminiano escolherá encontrar e resgatar os lugares de emergência eventual de uma memória cultural e histórica involuntária, lugares ressaltados pelo arqueólogo-historiador-vidente como se ele fosse o artista e o escritor sábio das constelações virtuais do tempo. Os restos *en désherénce* da História fazem ou cristalizam-se em imagens que manifestam seu potencial utópico nas suas latências. A origem do sentido das imagens não é mais situada a partir das datações herdadas da tradição historiográfica, mas encontrada nos interstícios e nas dobras de seu surgimento não prescritível, imponderável, verdadeiro e eventual. É inútil parafrasear o que o livro oferece de maneira longamente elaborada. Mas torna-se claro que a tarefa da História da Arte, ao enriquecer-se num molde epistemológico aproximando o trabalho do historiador e do filósofo do trabalho do artista, submete a História a uma implosão fascinante. Eis, de certa maneira, uma economia da imagem virtual inusitada e inaudita. Nessa economia, a História acorda de seu sono racional, plena de virtualidades. Aliás, em última instância, o empreendimento didi-hubermaniano é político. Ele multiplica entre si os coeficientes seguintes: de um lado, sua argumentação arranca o monopólio do virtual aos adeptos ingênuos ou cínicos da virtualidade críptica proporcionada pelas novas tecnologias e a gestão midiática do simulacro (num volume de Tony Smith, não temos menos virtualidade, talvez até mais, do que numa imagem virtual atual, porque a expressão e a criação da virtualidade são uma essência do homem desde suas origens e sem dúvida um dos existenciais necessários para o definir); de outro lado, ele desocupa o terreno ocupado pela racionalidade e o positivismo de uma historiografia da arte tradicional que peca em traçar os perfis do passado a partir de postulados não dialéticos e pouco suscetíveis de folheá-lo na sua riqueza heterogênea, múltipla e nômade. Eis o poder utópico de uma História da Arte que se torna uma filosofia das imagens.

Stéphane Huchet
Belo Horizonte, agosto de 1998

Prefácio à edição brasileira

O QUE VEMOS,
O QUE NOS OLHA

"Luz. Sua fraqueza. Seu amarelo. Sua onipresença como se os aproximadamente oitenta mil centímetros quadrados de superfície total emitissem cada um seu brilho. O arquejo que a agita. Ele se detém a intervalos regulares como um fôlego em seu fim. Todos se contraem então. Sua permanência parece acabar. Ao cabo de alguns segundos tudo recomeça. Consequências para o olho que, não mais buscando, fixa o chão ou se ergue em direção ao teto distante onde não pode haver ninguém. [...] Nada impede de afirmar que o olho acaba por se habituar a essas condições e por se adaptar a elas, se não é o contrário que se produz sob forma de uma lenta degradação da visão arruinada com o passar do tempo por esse avermelhamento fuliginoso e vacilante e pelo contínuo esforço sempre frustrado, sem falar do abatimento moral que se reflete no órgão. E se fosse possível seguir de perto durante bastante tempo dois olhos dados, de preferência azuis enquanto mais perecíveis, os veríamos cada vez mais esbugalhados e injetados de sangue e as pupilas progressivamente dilatadas até devorarem a córnea inteira. Tudo isto evidentemente num movimento tão lento e tão pouco sensível que os próprios interessados não se dão conta se essa moção é mantida. E para o ser pensante que vem se inclinar friamente sobre todos esses dados e evidências seria realmente difícil ao cabo de sua análise não julgar sem razão que, em vez de empregar o termo vencidos que tem de fato um pequeno traço patético desagradável, o melhor seria falar de cegos simplesmente."

S. Beckett, *Le dépeupleur*,
Paris, Minuit, 1970, pp. 7-8 e 34-5.

1.
A INELUTÁVEL CISÃO DO VER

O que vemos só vale — só vive — em nossos olhos pelo que nos olha. Inelutável porém é a cisão que separa dentro de nós o que vemos daquilo que nos olha. Seria preciso assim partir de novo desse paradoxo em que o ato de ver só se manifesta ao abrir-se em dois. Inelutável paradoxo — Joyce disse bem: "inelutável modalidade do visível", num famoso parágrafo do capítulo em que se abre a trama gigantesca de *Ulisses*:

"Inelutável modalidade do visível (*ineluctable modality of the visible*): pelo menos isso se não mais, pensado através dos meus olhos. Assinaturas de todas as coisas estou aqui para ler, marissêmen e maribodelha, a maré montante, estas botinas carcomidas. Verdemuco, azulargênteo, carcoma: signos coloridos. Limites do diáfano. Mas ele acrescenta: nos corpos. Então ele se compenetrava deles corpos antes deles coloridos. Como? Batendo com sua cachola contra eles, com os diabos. Devagar. Calvo ele era e milionário, *maestro di color che sanno*. Limite do diáfano em. Por que em? Diáfano, adiáfano. Se se pode pôr os cinco dedos através, é porque é uma grade, se não uma porta. Fecha os olhos e vê."[1]

Eis portanto proferido, trabalhado na língua, o que imporia a nossos olhares a inelutável modalidade do visível: inelutável e paradoxal, paradoxal porque inelutável. Joyce nos fornece o pensamento, mas o que é pensado aí só surgirá como uma travessia física, algo que passa através dos olhos (*thought through my eyes*) como uma mão passaria através de uma grade. Joyce nos fornece signos a ler (*signatures of all things I am here to read... colored signs*), mas também, e no

---

[1] J. Joyce, *Ulisses* (1922), ed. bras.: trad. de Antônio Houaiss, Rio de Janeiro, Civilização Brasileira, 1966, pp. 41-2.

mesmo movimento, matérias sórdidas ligadas à procriação animal (ovas de peixe, *seaspawn*), à ruína e aos dejetos marinhos (o sargaço, *seawrack*). Há também, sob a autoridade quase infernal de Aristóteles,[2] a evocação filosófica do diáfano, mas, imediatamente, de seus limites (*limits of the diaphane*)[3] — e, para terminar, de sua própria negação (*diaphane, adiaphane*).

É que a visão se choca sempre com o inelutável volume dos corpos humanos. *In bodies*, escreve Joyce, sugerindo já que os corpos, esses objetos primeiros de todo conhecimento e de toda visibilidade, são coisas a tocar, a acariciar, obstáculos contra os quais "bater sua cachola" (*by knocking his sconce against them*); mas também coisas de onde sair e onde reentrar, volumes dotados de vazios, de cavidades ou de receptáculos orgânicos, bocas, sexos, talvez o próprio olho. E eis que surge a obsedante questão: quando vemos o que está *diante* de nós, por que uma outra coisa sempre nos olha, impondo um *em*, um *dentro*? "Por que em?" pergunta-se Joyce. Algumas linhas adiante, a questão será contemplar (*gaze*) um ventre materno originário, "Ventre sem jaça, bojando-se ancho, broquel de velino reteso, não, alvicúmulo trítico, oriente e imortal, elevando-se de pereternidade em pereternidade. Matriz do pecado",[4] infernal cadinho. E compreendemos então que os corpos, especialmente os corpos femininos e maternos, impõem o inelutável modo de sua visibilidade como outras tantas coisas onde "passar — ou não poder passar — seus cinco dedos", tal como fazemos todo dia ao passar pelas grades ou pelas portas de nossas casas. "Fechemos os olhos para ver" (*shut your eyes and see*) — esta será portanto a conclusão da famosa passagem.

Que significa ela? Duas coisas, pelo menos. Primeiro nos ensina, ao reapresentar e inverter ironicamente velhíssimas proposições me-

---

[2] É no primeiro círculo do Inferno (o Limbo) que Dante — textualmente citado na passagem de Joyce — ergue os olhos para perceber Aristóteles, "o mestre de todo homem de saber" (*Poi ch'innalzai un poco più le ciglia,/ vidi 'l maestro di color che sanno...*). Dante, *Divina Comédia*, Inferno, IV, 130-1.

[3] Ou seja, para Aristóteles, o *lugar* mesmo da cor e do visível. Cf. Aristóteles, *Da alma*, II, 7, 418a, trad. J. Tricot, Paris, Vrin, 1972, pp. 105-106. *Idem, Do sentido e dos sensíveis*, III, 439a, trad. J. Tricot, Paris, Vrin, 1951, p. 14. *Idem, De coloribus*, III-IV, 792a-b, trad. W. S. Hett, Londres-Cambridge, Loeb Classical Library, 1936, p. 8-21.

[4] J. Joyce, *op. cit.*, p. 43.

tafísicas ou mesmo místicas, que *ver* só se pensa e só se experimenta em última instância numa experiência do *tocar*. Joyce não fazia aqui senão pôr antecipadamente o dedo no que constituirá no fundo o testamento de toda fenomenologia da percepção. "Precisamos nos habituar", escreve Merleau-Ponty, "a pensar que todo visível é talhado no tangível, todo ser tátil prometido de certo modo à visibilidade, e que há invasão, encavalgamento, não apenas entre o tocado e quem toca, mas também entre o tangível e o visível que está incrustado nele".[5] Como se o ato de ver acabasse sempre pela experimentação tátil de um obstáculo erguido diante de nós, obstáculo talvez perfurado, feito de vazios. "Se se pode passar os cinco dedos através, é uma grade, se não, uma porta"...[6] Mas esse texto admirável propõe um outro ensinamento: devemos fechar os olhos para ver quando o ato de *ver* nos remete, nos abre a um *vazio* que nos olha, nos concerne e, em certo sentido, nos constitui.

Que espécie de vazio? A ficção de *Ulisses*, nesse ponto da narrativa, já forneceu sua exata configuração: Stephen Dedalus, que leu Dante e Aristóteles, que produziu no labirinto do texto joyciano a passagem em primeira pessoa (*my eyes*) sobre a "inelutável modalidade do visível" — Stephen Dedalus acaba de ver com seus olhos os olhos de sua própria mãe moribunda erguerem-se para ele, implorarem alguma coisa, uma genuflexão ou uma prece, algo, em todo caso, ao qual ele terá se recusado, como que petrificado no lugar:

"Lembranças assaltam-lhe o cérebro meditabundo. Seu corpo dela com a água da bica da cozinha, para depois que houvera comungado. [...] Seus olhos perscrutadores, fixando-se-me da morte, para sacudir e dobrar minha alma. Em mim somente. O círio dos mortos a alumiar sua agonia. Lume agonizante sobre face torturada. Seu áspero respirar ruidoso estertorando-se de horror, enquan-

[5] E ele concluía: "Toda visão efetua-se algures no espaço tátil". M. Merleau-Ponty, *Le visible et l'invisible*, Paris, Gallimard, 1964, p. 177. Cf., a esse respeito, o recente estudo de L. Richir, "La réversibilité chez Merleau-Ponty", *La Part de l'Oeil*, n° 7, 1991, pp. 47-55.

[6] Algumas páginas adiante, Joyce volta ao mesmo tema: "Chão vejo, pensa então em distância, perto, longe, chão vejo. [...] Toca-me. Olhos doces. Mão doce doce doce. [...] Toca, toca-me." J. Joyce, *op. cit.*, p. 55.

A inelutável cisão do ver

to todos rezavam a seus pés. Seus olhos sobre mim para redobrar-me."[7]

Depois, Stephen terá visto esses olhos se fecharem definitivamente. Desde então o corpo materno inteiro aparece-lhe em sonho, "devastado, flutuante", não mais cessando, doravante, de *fixá-lo*.[8] Como se tivesse sido preciso fechar os olhos de sua mãe para que sua mãe começasse a olhá-lo verdadeiramente. A "inelutável modalidade do visível" adquire então para Dedalus a forma de uma coerção ontológica, medusante, em que *tudo o que se apresenta a ver é olhado pela perda de sua mãe*, a modalidade insistente e soberana dessa perda que Joyce nomeia, numa ponta de frase, simplesmente como: "as feridas abertas em seu coração".[9] Uma ferida tão definitivamente aberta quanto as pálpebras de sua mãe estão definitivamente fechadas. Então os espelhos se racham e cindem a imagem que Stephen quer ainda buscar neles: "Quem escolheu esta cara para mim?" pergunta-se diante da fenda.[10] E, é claro, a mãe o olha aqui desde seu âmago de semelhança e de cisão misturadas — seu âmago de parto e de perda misturados.

Mas, a partir daí, é todo o espetáculo do mundo *em geral* que vai mudar de cor e de ritmo. Por que, em nossa passagem sobre o visível *em geral*, essa insistência tão singular dirigida ao sêmen marinho e ao "sargaço que a onda traz"? Por que "a maré que sobe", e essa estranha coloração denominada "verde-muco" (*snotgreen*)? Porque Stephen, em seus sonhos, via o mar esverdeado "como uma grande e doce mãe" que ele precisava encontrar e olhar (*the snotgreen sea... She is our great sweet mother. Come and look*). Porque "a curva da baía e do horizonte cercava uma massa líquida de um verde fosco". Porque, na realidade, "um vaso de porcelana branca ficara ao lado do seu leito de morte com a verde bile viscosa que ela devolvera do fígado putrefeito nos seus barulhentos acessos estertorados de vômito".[11] Porque antes de cerrar os olhos, sua mãe havia aberto a boca num acesso de

[7] *Id., ibid.*, pp. 11-2.

[8] *Id., ibid.*, pp. 6-7.

[9] *Id., ibid.*, p. 10.

[10] *Id., ibid.*, p. 7.

[11] *Id., ibid.*, p. 6.

humores verdes (*pituitas*). Assim Stephen não via mais os olhos em geral senão como manchas de mar glauco, e o próprio mar como uma "um vaso de águas amargas" que iam e vinham, "maré sombria" batendo no espaço e, enfim, "batendo em seus olhos, turvando sua visão".[12] Então começamos a compreender que cada coisa a ver, por mais exposta, por mais neutra de aparência que seja, torna-se *inelutável* quando uma perda a suporta — ainda que pelo viés de uma simples associação de ideias, mas constrangedora, ou de um jogo de linguagem —, e desse ponto nos olha, nos concerne, nos persegue. Quando Stephen Dedalus contempla o mar parado à sua frente, o mar não é simplesmente o objeto privilegiado de uma plenitude visual isolada, perfeito e "separado"; não se mostra a ele nem uniforme, nem abstrato, nem "puro" em sua opticidade.[13] O mar, para Dedalus, torna-se uma tigela de humores e de mortes pressentidas, um muro horizontal ameaçador e sorrateiro, uma superfície que só é plana para dissimular e ao mesmo tempo *indicar* a profundeza que a habita, que a move, qual esse ventre materno oferecido à sua imaginação como um "broquel de velino esticado", carregado de todas as gravidezes e de todas as mortes por vir.

O que é então que *indica* no mar visível, familiar, exposto à nossa frente, esse poder inquietante do fundo — senão o jogo rítmico "que a onda traz" e a "maré que sobe"? A passagem joyciana sobre a inelutável modalidade do visível terá portando oferecido, em sua precisão, todos os componentes teóricos que fazem de um simples plano ótico, que vemos, uma potência visual que nos olha na medida mesmo em que põe em ação o jogo *anadiômeno*,[14] rítmico, da superfície e do fundo, do fluxo e do refluxo, do avanço e do recuo, do aparecimento e do desaparecimento.[15] No movimento perpétuo, perpetuamente aca-

[12] *Id., ibid.*, p. 11. Cf. também pp. 7, 20, 41, 43, etc.

[13] O que Rosalind Krauss sugere de Ruskin, de Monet e do "modernismo" em geral. Cf. R. Krauss, "Note sur l'inconscient optique", *Cahiers du Musée National d'Art Moderne*, n° 37, 1991, pp. 61-2.

[14] Conforme o atributo dado a Vênus *anadiômena*, que significa "saída das águas". (N. do T.)

[15] Sobre esses dois motivos imbricados do *pano* e da ritmicidade *anadiômena* do visual, permito-me remeter o leitor a dois trabalhos mais antigos: *La peinture incarnée*, Paris, Minuit, 1985, e "La couleur d'écume, ou le paradoxe d'Apelle", *Critique*, n° 469-470, 1986, pp. 606-29.

riciante e ameaçador, da onda, da "maré que sobe", há de fato esse arquejo materno no qual se indica e se murmura, contra a têmpora de Stephen — ou seja, exatamente entre seu olho e sua orelha — que uma morta para sempre o olha. Nas ovas de peixe e no sargaço que o mar arquejante expele, *diante de* Stephen, há portanto toda a dor vomitada, esverdeada, de alguém *de onde* ele vem, que *diante* dele trabalhou — como se diz do trabalho de parto — seu próprio desaparecimento. E este, por sua vez, vem pulsar *em* Stephen, entre seu olho e sua orelha, turvando sua língua materna e turvando sua visão.

Tal seria portanto a modalidade do visível quando sua instância se faz inelutável: um trabalho do *sintoma* no qual o que vemos é suportado por (e remetido a) uma *obra de perda*. Um trabalho do sintoma que atinge o visível em geral e nosso próprio corpo vidente em particular. Inelutável como uma doença. Inelutável como um fechamento definitivo de nossas pálpebras. Mas a conclusão da passagem joyciana — "fechemos os olhos para ver" — pode igualmente, e sem ser traída, penso, ser revirada como uma luva a fim de dar forma ao trabalho visual que deveria ser o nosso quando pousamos os olhos sobre o mar, sobre alguém que morre ou sobre uma obra de arte. *Abramos os olhos para experimentar o que não vemos*, o que não mais veremos — ou melhor, para experimentar que o que não vemos com toda a evidência (a evidência visível) não obstante nos olha como uma obra (uma obra visual) de perda. Sem dúvida, a experiência familiar do que vemos parece na maioria das vezes dar ensejo a um *ter*: ao ver alguma coisa, temos em geral a impressão de ganhar alguma coisa. Mas a modalidade do visível torna-se inelutável — ou seja, votada a uma questão de *ser* — quando ver é sentir que algo inelutavelmente nos escapa, isto é: quando ver é perder. Tudo está aí.

Está claro, aliás, que essa modalidade não é nem particularmente arcaica, nem particularmente moderna, ou modernista, ou seja lá o que for. Essa modalidade atravessa simplesmente a longa história das tentativas práticas e teóricas para dar forma ao paradoxo que a constitui (ou seja, essa modalidade tem uma história, mas uma história sempre anacrônica, sempre a "contrapelo", para falar com Walter Benjamin).[16] Já se tratava disso na Idade Média, por exemplo, quando os teólogos

---

[16] W. Benjamin, "Thèses sur la philosophie de l'histoire" (1940), trad. M. de Gandillac, *L'homme, le langage, la culture*, Paris, Denoël/Gonthier, 1971, p. 188.

sentiram a necessidade de distinguir do conceito de imagem (*imago*) o de *vestigium*: o vestígio, o traço, a ruína. Eles tentavam assim explicar que o que é visível diante de nós, em torno de nós — a natureza, os corpos — só deveria ser visto como portando o *traço de uma semelhança perdida*, arruinada, a semelhança a Deus perdida no pecado.[17] Ainda era essa a questão — embora num contexto e tendo em vista propósitos evidentemente distintos — quando um dos grandes artistas da vanguarda americana, nos anos 50, podia reivindicar produzir "um objeto que falasse da perda, da destruição, do desaparecimento dos objetos"...[18] E talvez tivesse sido melhor dizer: *um objeto visual que mostrasse a perda*, a destruição, o desaparecimento dos objetos ou dos corpos.

Ou seja, coisas a ver de longe e a tocar de perto, coisas que se quer ou não se pode acariciar. Obstáculos, mas também coisas de onde sair e onde reentrar. Ou seja, volumes dotados de vazios. Precisemos ainda a questão: o que seria portanto um volume — um volume, um corpo já — que mostrasse, no sentido quase wittgensteiniano do termo,[19] a perda de um corpo? O que é um volume portador, mostrador de vazio? Como mostrar um vazio? E como fazer desse ato uma forma — uma forma que nos olha?

---

[17] Cf. por exemplo R. Javelet, *Image et ressemblance au XIIe siècle de saint Anselme à Alain de Lille*, Paris, Letouzey et Ané, 1967, I, pp. 224-236. Quanto ao século XIII, Boaventura, *Itinerarium mentis in Deum*, I-II, ou Tomás de Aquino, *Summa theologiae*, Ia, 93, 6. Quanto a uma implicação da problemática do *vestigium* no campo da pintura, cf. G. Didi-Huberman, *Fra Angelico. Dissemblance et figuration*, Paris, Flammarion, 1990, pp. 51-5.

[18] "An object that tells of the loss, destruction, disappearance of objects." J. Johns, citado e comentado por J. Cage, "Jasper Johns: Stories and Ideas", *J. Johns. Paintings, Drawings and Sculpture, 1954-1964*, Londres, Whitechapel Gallery, 1964, p. 27.

[19] "Há seguramente o inexprimível. Este *se mostra*..." L. Wittgenstein, *Tractatus logico-philosophicus*, § 6.522, trad. P. Klossowski, Paris, Gallimard, 1961 (ed. 1972), p. 175.

A inelutável cisão do ver

1. Lousa funerária do abade Isarn, segunda metade do século XI. Mármore, 178 x 60 cm. Criptas da abadia Saint-Victor, Marselha. D.R.

2.

O EVITAMENTO DO VAZIO:
CRENÇA OU TAUTOLOGIA

Talvez seja preciso, para não enfraquecer a exigência aberta pelo texto joyciano — como seríamos tentados a fazê-lo assim que deixamos o território transtornado e arruinado de nossas mães mortas para abordar aquele, cultivado, pretensamente ajuizado, das obras de arte —, tornar a partir de uma situação exemplar (direi: fatal) em que a questão do volume e do vazio se coloca inelutavelmente a nosso olhar. É a situação de quem se acha face a face com um túmulo, diante dele, pondo sobre ele os olhos (*fig. 1, p. 36*).

Situação exemplar porque abre nossa experiência em duas, porque impõe tangivelmente a nossos olhos aquela cisão evocada de início. Por um lado, há aquilo que vejo do túmulo, ou seja, *a evidência de um volume*, em geral uma massa de pedra, mais ou menos geométrica, mais ou menos figurativa, mais ou menos coberta de inscrições: uma massa de pedra *trabalhada* seja como for, tirando de sua face o mundo dos objetos talhados ou modelados, o mundo da arte e do artefato em geral. Por outro lado, há aquilo, direi novamente, que me olha: e o que me olha em tal situação não tem mais nada de evidente, uma vez que se trata ao contrário de uma *espécie de esvaziamento*. Um esvaziamento que de modo nenhum concerne mais ao mundo do artefato ou do simulacro, um esvaziamento que aí, diante de mim, diz respeito ao inevitável por excelência, a saber: o destino do corpo semelhante ao meu, esvaziado de sua vida, de sua fala, de seus movimentos, esvaziado de seu poder de levantar os olhos para mim. E que no entanto me olha num certo sentido — o sentido inelutável da perda posto aqui a trabalhar.

Havia ainda, no exemplo de Stephen Dedalus atormentado por sua mãe e contemplando o mar, algo de livre e mesmo de excessivo na operação imaginária. Alguma outra coisa que permitia a ele, Stephen, não sentir nem o fundo marinho, nem as ovas de peixe, nem o sargaço nauseabundos, portadores de morte — e contemplar o mar com o olhar idealista de um puro esteta amador de planos azuis; ou, mais simplesmente ainda, com o olhar pragmático de um apreciador de cenas de banho. Mas, diante de um túmulo, a experiência torna-se mais monolítica, e nossas imagens são mais diretamente coagidas ao que o *túmulo* quer dizer, isto é, ao que o túmulo encerra. Eis por que o túmulo, quando o vejo, me olha até o âmago — e nesse ponto, aliás, ele vem perturbar minha capacidade de vê-lo simplesmente, serenamente — na medida mesmo em que me mostra que perdi esse corpo que ele recolhe em seu fundo. Ele me olha também, é claro, porque impõe em mim *a imagem impossível de ver* daquilo que me fará o igual e o semelhante desse corpo em meu próprio destino futuro de corpo que em breve se esvaziará, jazerá e desaparecerá num volume mais ou menos parecido. Assim, diante da tumba, eu mesmo tombo, caio na angústia — a saber, esse "modo fundamental do sentimento de toda situação", essa "revelação privilegiada do *ser-aí*", de que falava Heidegger...[1] É a angústia de olhar o fundo — o *lugar* — do que me olha, a angústia de ser lançado à questão de saber (na verdade, de não saber) o que vem a ser meu próprio corpo, entre sua capacidade de fazer volume e sua capacidade de se oferecer ao vazio, de se abrir.

Que fazer diante disso? Que fazer nessa cisão? Poderemos soçobrar, eu diria, na lucidez, supondo que a atitude lúcida, no caso, se chame melancolia. Poderemos, ao contrário, tentar tapar os buracos, suturar a angústia que se abre em nós diante do túmulo, e por isso mesmo nos abre em dois. Ora, suturar a angústia não consiste senão em recalcar, ou seja, acreditar preencher o vazio pondo cada termo da cisão num espaço fechado, limpo e bem guardado pela razão — uma razão miserável, convém dizer. Dois casos de figuras se apresentam em nossa fábula. O primeiro seria permanecer *aquém da cisão* aberta pelo que nos olha no que vemos. Atitude equivalente a pretender ater-se ao que é visto. É acreditar — digo bem: acreditar — que todo o resto não mais nos olharia. É decidir, diante de um túmulo, permanecer em seu volume enquanto tal, o *volume visível*, e postular o resto como inexistente, rejeitar o resto ao domínio de uma invisibilidade sem nome.

Notar-se-á que há nessa atitude uma espécie de horror ou de denegação do *cheio*, isto é, do fato de este volume, diante de nós, estar cheio de um ser semelhante a nós, mas morto, e deste modo cheio de uma angústia que nos segreda nosso próprio destino. Mas há tam-

---

[1] Cf. M. Heidegger, *L'être et le temps* (1927), trad. R. Boehm e A. de Waelhens, Paris, Gallimard, 1964, pp. 226-33.

bém nessa atitude um verdadeiro horror e uma denegação do *vazio*: uma vontade de permanecer nas arestas discerníveis do volume, em sua formalidade convexa e simples. Uma vontade de permanecer a todo custo no que vemos, para ignorar que tal volume não é indiferente e simplesmente convexo, posto que oco, esvaziado, posto que faz receptáculo (e concavidade) a um corpo ele próprio oco, esvaziado de toda a sua substância. Essa atitude — essa dupla recusa — consiste, como terão compreendido, em fazer da experiência do ver *um exercício da tautologia*: uma verdade rasa ("essa tumba que vejo não é senão o que vejo nela: um paralelepípedo de cerca de um metro e oitenta de comprimento...") lançada como anteparo a uma verdade mais subterrânea e bem mais temível ("a que está aí abaixo..."). O anteparo da tautologia: uma esquiva em forma de mau truísmo ou de evidência tola. Uma vitória maníaca e miserável da linguagem sobre o olhar, na afirmação fechada, congelada, de que aí não há *nada mais que um volume*, e que esse volume não é senão ele mesmo, por exemplo um paralelepípedo de cerca de um metro e oitenta de comprimento...

O homem da tautologia — como nossa construção hipotética autoriza a chamá-lo doravante — terá portanto fundado seu exercício da visão sobre uma série de embargos em forma de (falsas) vitórias sobre os poderes inquietantes da cisão. Terá feito tudo, esse homem da tautologia, para recusar as latências do objeto ao afirmar como um triunfo a identidade manifesta — minimal, tautológica — desse objeto mesmo: "Esse objeto que vejo *é* aquilo que vejo, um ponto, nada mais". Terá assim feito tudo para recusar a temporalidade do objeto, o trabalho do tempo ou da metamorfose no objeto, o trabalho da memória — ou da obsessão — no olhar. Logo, terá feito tudo para recusar a *aura* do objeto, ao ostentar um modo de indiferença quanto ao que está justamente por baixo, escondido, presente, jacente. E essa própria indiferença se confere o estatuto de um modo de satisfação diante do que é evidente, evidentemente visível: "O que vejo é o que vejo, e me contento com isso"...[2] O resultado último dessa indiferença,

---

[2] O que definiria a atitude não freudiana por excelência. Freud eventualmente produz, diante das imagens, tautologias: por exemplo quando, diante das figuras femininas de Leonardo da Vinci, encontra apenas o adjetivo "leonardesco" para qualificá-las (S. Freud, *Un souvenir d'enfance de Léonard de Vinci* [1910], trad. coletiva, Paris, Gallimard, 1987, p. 132), ou então quando, na *Traumdeutung*, rebate as imagens de sonhos ("o sonho pensa sobretudo por imagens visuais") sobre

dessa ostentação em forma de satisfação, fará da tautologia uma espécie de cinismo: "O que vejo é o que vejo, e o resto não me importa".

Frente à tautologia, na outra extremidade da paisagem, aparece um segundo meio para suturar a angústia diante da tumba. Ele consiste em querer ultrapassar a questão, em querer dirigir-se *para além da cisão* aberta pelo que nos olha no que vemos. Consiste em querer superar — imaginariamente — *tanto* o que vemos *quanto* o que nos olha. O volume perde então sua evidência de granito, e o vazio perde igualmente seu poder inquietante de morte presente (morte do outro ou nossa própria morte, esvaziamento do outro ou nosso próprio esvaziamento). O segundo caso de figura equivale portanto a produzir um *modelo fictício* no qual tudo — volume e vazio, corpo e morte — poderia se reorganizar, subsistir, continuar a viver no interior de um grande sonho acordado.

Como a precedente, essa atitude supõe um horror e uma denegação do cheio: como se houvesse aí, nessa tumba, apenas um volume vazio e desencarnado, como se a vida — chamada então de *alma* — já tivesse abandonado esse lugar decididamente concreto demais, material demais, demasiado próximo de nós, demasiado inquietante em significar algo de inelutável e de definitivo. Nada, nessa hipótese, será definitivo: a vida não estará mais aí, mas noutra parte, onde o corpo será sonhado como permanecendo belo e benfeito, cheio de substância e cheio de vida — e compreende-se aqui o horror do vazio que gera uma tal ficção —, simplesmente será sonhado, agora ou bem

---

"elementos que se comportam como imagens" (S. Freud, *L'interprétation des rêves* [1900], trad. I. Meyerson revista por D. Berger, Paris, PUF, 1971, p. 52, passagem que me foi assinalada por P. Lacoste). Mas, em ambos os casos, a tautologia indica questionamento e insatisfação, ou seja, o contrário do que apontamos aqui. Quando Freud produz uma tautologia diante de um quadro, talvez não faça senão reproduzir um sintoma que ele próprio conhece bem — a saber, a atitude de Dora que passa "duas horas em admiração recolhida e sonhadora" diante da *Madona Sixtina* de Rafael, e que responde à pergunta do "que tanto lhe havia agradado nesse quadro" com apenas duas palavras (tautológicas mas desejantes): "A Madona". Cf. S. Freud, "Fragment d'une analyse d'hysterie (Dora)" (1905), trad. M. Bonaparte e R. M. Loewenstein, *Cinq psychanalyses*, Paris, PUF, 1954, (ed. 1979), p. 71. Comentei essa ultrapassagem freudiana da "tautologia do visível" em "Une ravissante blancheur", *Un siècle de recherches freudiennes en France*, Toulouse, Erès, 1986, pp. 71-83.

mais tarde, *alhures*. É o ser-aí e a tumba como lugar que são aqui recusados pelo que são verdadeiramente, materialmente.

Essa segunda atitude consiste portanto em fazer da experiência do ver *um exercício da crença*: uma verdade que não é nem rasa nem profunda, mas que se dá enquanto verdade superlativa e invocante, etérea mas autoritária. É uma vitória obsessional — igualmente miserável, mas de forma mais desviada — da linguagem sobre o olhar; é a afirmação, condensada em dogma, de que aí não há nem um volume apenas, nem um puro processo de esvaziamento, mas "algo de Outro" que faz reviver tudo isso e lhe dá um sentido, teleológico e metafísico. Aqui, o que vemos (o triste volume) será eclipsado, ou melhor, *relevado* pela instância legiferante de um *invisível* a prever; e o que nos olha se ultrapassará num enunciado grandioso de verdades do além, de Alhures hierarquizados, de futuros paradisíacos e de face a face messiânicos... Outra recusa, outro modo de satisfação reivindicada diante do que, no entanto, continua a nos olhar como a face do pior. É uma ostentação simétrica da precedente, extática e não mais cínica. É um outro recalque, que não diz respeito à existência como tal da cisão, mas ao estatuto de sua intervenção lógica e ontológica.[3] Ela não é porém senão a outra face da mesma moeda, a moeda de quem tenta escapar a essa cisão aberta em nós pelo que nos olha no que vemos.

A atividade de produzir imagens tem com frequência muito a ver com esse tipo de escapes. Por exemplo, o universo da crença cristã revelou-se, na longa duração, forçado a tal exuberância dessas imagens "escapes" que uma história específica dela terá resultado — a história que denominamos hoje com o vocábulo insatisfatório de história da arte. A "arte" cristã terá assim produzido as imagens inumeráveis de túmulos fantasmaticamente *esvaziados de seus corpos* — e portanto, num certo sentido, esvaziados de sua própria capacidade *esvaziante* ou angustiante. O modelo continua sendo, é claro, o do próprio Cristo que, pelo simples fato (se se pode dizer) de abandonar seu túmulo, suscita e conduz em sua totalidade o processo mesmo da

---

[3] Haveria portanto *duas* formas de recalque: o recalque não amnésia (forma histérica) e o recalque que "trabalha com meios lógicos", segundo uma expressão de Freud (forma obsessiva). Cf. P. Lacoste, *La sorcière et le transfert. Sur la métapsychologie des névroses*, Paris, Ramsay, 1987, pp. 63-100.

O evitamento do vazio: crença ou tautologia

crença. O Evangelho de São João nos fornece uma formulação inteiramente cristalina disso. É quando o discípulo — precedido por Simão-Pedro e seguido por Maria, depois por Maria Madalena — chega diante do túmulo, constata a pedra deslocada e olha o interior... "e viu e creu" (*et vidit, et credidit*), observa lapidarmente São João:[4] acreditou *porque viu*, como outros mais tarde acreditarão por ter tocado, e outros ainda sem ter visto nem tocado. Mas ele, que é que ele viu? Nada, justamente. E é esse nada — ou esse três vezes nada: alguns panos brancos na penumbra de uma cavidade de pedra —, é esse *vazio de corpo* que terá desencadeado para sempre toda a dialética da crença. Uma aparição de *nada*, uma aparição mínima: alguns indícios de um desaparecimento. Nada ver, para crer em tudo (*fig. 2, p. 44*).

A partir daí, sabemos, a iconografia cristã terá inventado todos os procedimentos imagináveis para fazer imaginar, justamente, a maneira como um corpo poderia se fazer capaz de *esvaziar os lugares* — quero dizer esvaziar o lugar real, terrestre, de sua última morada. Vemos então por toda parte os corpos tentando escapar, em imagens, evidentemente, aos volumes reais de sua inclusão física, a saber, as tumbas: essas tumbas que não mais cessarão de reproduzir a sinistra, a sórdida presença dos cadáveres, em representações elaboradas que declinam todas as hierarquias ou então todas as fases supostas do grande processo de *Aufhebung* [superação] gloriosa, de ressurreição sonhada.[5] Com muita frequência, com efeito, a escultura dos túmulos tende a afastar — lateralmente, em viés ou em altura — as representações do corpo em relação ao lugar real que contém o cadáver. Com muita frequência, as efígies fúnebres duplicam-se de outras imagens que evocam o momento futuro do Juízo final, que define um tempo em que todos os corpos se erguem de novo, saem de suas tumbas e se apresentam face a face a seu juiz supremo, no domínio sem fim de um olhar superlativo. Da Idade Média aos tempos modernos, vemos assim,

---

[4] *João*, XX, 8. Cf. em geral o comentário semiótico desse relato por L. Marin, "Les femmes au tombeau. Essai d'analyse structurale d'un texte évangelique", *Langages*, VI, n° 22, 1971, pp. 39-50.

[5] Sobre a iconografia cristã dos túmulos, ver, entre a abundante literatura, E. Panofsky, *Tomb Sculpture. Its Changing Aspects fron Ancient Egypt to Bernini*, Nova York, Abrams, 1964. E, mais recentemente, I. Herklotz, *"Sepulcra" e "Monumenta" del Medioevo. Studi sull'arte sepolcrale in Italia*, Roma, Rari Nantes, 1985.

junto às paredes das igrejas, incontáveis túmulos que transfiguram os corpos singulares encerrados em suas caixas, entre as representações do modelo crístico — a *Colocação no túmulo* ou a *Imago Pietatis* — e representações mais gloriosas que fazem o retrato do morto *evadir-se* em direção a um alhures de beleza pura, mineral e celeste (*fig. 3, p. 44*)... Enquanto seu rosto real continua, este, a esvaziar-se fisicamente.

Tal é portanto a grande imagem que a crença quer impor-se ver e impõe a todos sentir-se nela tragados: um túmulo, em primeiro plano — objeto de angústia —, mas um túmulo vazio, o do deus morto e ressuscitado. Exposto vazio como um modelo, uma prefiguração para todos os outros cujas lajes jazem disseminadas, enquanto suas entranhas geométricas se tornam puras caixas de ressonância para uma maravilhosa — ou temível — sinfonia de trompas celestes. Eis portanto seus volumes ostensivamente esvaziados de seus conteúdos, enquanto seus conteúdos — os corpos ressuscitados — se precipitam em multidão para as portas dos lugares que lhes cabem: Paraíso ou Inferno[6] (*fig. 4, p. 45*). As tumbas cristãs deviam assim esvaziar-se de seus corpos para se encher de algo que não é somente uma promessa — a da ressurreição —, mas também uma dialética muito ambígua de astúcias e punições, de esperanças dadas e ameaças brandidas. Pois a toda imagem mítica é preciso uma contraimagem investida dos poderes da convertibilidade.[7] Assim, toda essa estrutura de crença só valerá na verdade pelo jogo estratégico de suas polaridades e de suas contradições sobredeterminadas.

Era logicamente preciso, portanto, uma contraversão infernal ao modelo glorioso da ressurreição crística, e é Dante, sem dúvida, que terá dado sua proferição mais circunstanciada, mais abundante. Lembremo-nos simplesmente dos cantos IX e X do Inferno, círculo de onde irrompem chamas e gritos lançados pelos Heréticos que sofrem seu castigo. É ali que Virgílio diz a Dante:

---

[6] Descrevo aqui, muito sumariamente, a parte central do célebre *Juízo final* de Fra Angelico em Florença (Museu de San Marco), pintado por volta de 1433. Sobre a iconografia medieval do Juízo, cf. a obra coletiva *Homo, memento Finis. The Iconography of Just Judgement in Medieval Art and Drama*, Medieval Institute Publications, Kalamazoo, Western Michigan University Press, 1985.

[7] Cf. por exemplo C. Lévi-Strauss, *La pensée sauvage*, Paris, Plon, 1962, pp. 48-143.

O evitamento do vazio: crença ou tautologia

2. Fra Angelico, Mulheres junto ao túmulo, detalhe da *Ressurreição*, c. 1438-50. Afresco. Convento de San Marco, Florença. Foto Scala.

3. Maso di Banco, Túmulo Bardi di Vernio com um *Juízo final*, século XIV. Afresco. Igreja Santa Croce, Florença. Foto N. Orsi Battaglini.

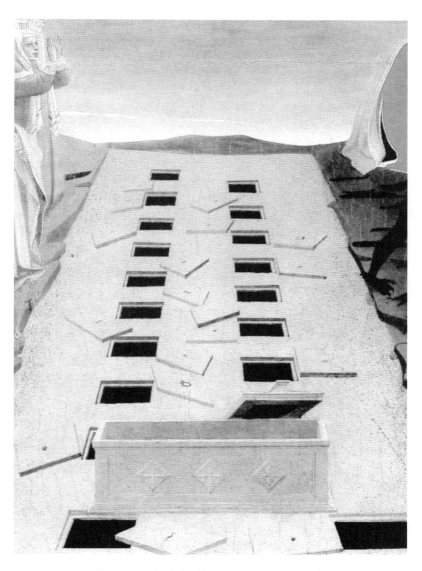

4. Fra Angelico, *Juízo final*, detalhe, c. 1433. Têmpera sobre madeira. Museu de San Marco, Florença, Foto Scala.

E quelli a me: "Qui son li eresiarche
Con lor seguaci, d'ogne setta, e molto
Piú che non credi son le tombe carche.
Simile qui con simile è sepolto,
E i monumenti son piú e men caldi."
E poi ch'a la man destra si fu vòlto,
passammo tra i martiri e li altri spaldi.

E ele explicou: "Aqui os heresiarcas,
com seus sequazes, cada tumba aleita
e esses são mais que os que em tua mente abarcas.
Tem cada tumba os réus da mesma seita,
e o vário fogo varia suas torturas."
Os dois então volvemos à direita,
passando entre a muralha e as sepulturas.[8]

É nesse lugar que, por um processo exatamente inverso ao dos Eleitos, todas as tampas dos túmulos permanecerão levantadas até o Juízo final... para se fecharem para sempre sobre a cabeça de seus ocupantes no dia em que os Bem-aventurados, por sua vez, deixarem suas tumbas finalmente abertas (*fig. 5, p. 47*). E poderíamos citar muitos outros exemplos dessas inversões estruturais, desses sistemas de imagens que não cessam de se instalar, positiva ou negativamente, *em torno* — ou seja, à distância, mas na perspectiva — da cisão aberta pelo que nos olha no que vemos. É o caso dos Simoníacos do canto XIX que se encontram em posição invertida, com a cabeça para baixo em seus sepulcros; ou ainda dos Aduladores do canto XVIII, que se banham "num mar de fezes" (*e quindi giù nel fosso/ vidi gente attuffata in uno sterco*)... E os artistas não se privam, em suas iluminuras, de apresentar algumas inversões explícitas à iconografia tradicional da Ressurreição crística ou do túmulo virginal cheio de flores.[9]

[8] Dante, *Divina Comédia*, Inferno, canto IX, 127-33, ed. bras.: trad. Italo Eugenio Mauro, São Paulo, Editora 34, 1998, p. 77.

[9] *Id., ibid.*, XVIII-XX. Sobre a iconografia da *Divina Comédia*, o livro principal continua sendo o de P. Brieger, M. Meiss e C. S. Singleton, *Illuminated Manuscripts of the Divine Comedy*, Princeton, Princeton University Press, 1969, 2 vol. ("Bollingen Series", 91).

5. Anônimo italiano, *Dante, Virgílio e Farinata*, século XV. Iluminura para a *Divina Comédia*, Inferno, canto X. Biblioteca Marciana, Veneza (cod. it. IX, 276). D.R.

Seja como for, o homem da crença *verá sempre alguma outra coisa além do que vê,* quando se encontra face a face com uma tumba. Uma grande construção fantasmática e consoladora faz abrir seu olhar, como se abriria a cauda de um pavão, para liberar o leque de um mundo estético (sublime ou temível) e também temporal (de esperança ou de temor). O que é visto, aqui, sempre se prevê; e o que se prevê sempre está associado a um fim dos tempos: um dia — um dia em que a noção de dia, como a de noite, terá caducado —, seremos salvos do encerramento desesperador que o volume dos túmulos sugere. Um dia chegará para que chegue tudo o que esperamos se acreditamos nesse dia, e tudo o que tememos se não acreditamos nele. Posto de lado o caráter alienante dessa espécie de *double bind* totalitário, cumpre reter na atitude da crença esse movimento pelo qual, de forma insistente, obsessiva, se reelabora uma ficção do tempo. Prefiguração, retorno, julgamento, teleologia: um *tempo* reinventa-se aí, diante da tumba, na medida mesmo em que é o *lugar* real que é rejeitado com pavor — a materialidade do jazigo e sua função de caixa que encerra, que opera a perda de um ser, de um corpo doravante ocupado em se desfazer. O homem da crença prefere esvaziar os túmulos de suas carnes putrescentes, desesperadamente informes, para enchê-los de imagens corporais sublimes, depuradas, feitas para confortar e informar — ou seja, *fixar* — nossas memórias, nossos temores e nossos desejos.

3.
O MAIS SIMPLES OBJETO A VER

Aparentemente, o homem da tautologia inverte ao extremo esse processo fantasmático. Ele pretenderá eliminar toda construção temporal fictícia, quererá permanecer no tempo presente de sua experiência do visível. Pretenderá eliminar toda imagem, mesmo "pura", quererá permanecer no que vê, absolutamente, especificamente. Pretenderá diante da tumba não rejeitar a materialidade do espaço real que se oferece à sua visão: quererá *não ver outra coisa além do que vê* presentemente.

Mas onde encontrar uma figura para essa segunda atitude? Onde achar um exemplo de emprego efetivo de tal programa, de tal radicalidade? Talvez no rigor ostentado por certos artistas americanos que, por volta dos anos 60, levaram ao extremo, parece, o processo destrutivo invocado por Jasper Johns e antes dele por Marcel Duchamp. Essa visão da história — hoje comum, isto é, muito partilhada, mas também trivial — foi claramente enunciada pelo filósofo Richard Wollheim, que quis diagnosticar, dos primeiros *ready made* às telas pretas de Ad Reinhardt, um processo geral de destruição (*work of destruction*) que culminaria numa arte que ele acaba por nomear — para nomear o quase nada resultante dessa destruição — de arte *minimalista*: uma arte dotada, como ele dizia, de um "mínimo de conteúdo de arte" (*a minimal art-content*).[1]

O exemplo parece convir tanto melhor à minha pequena fábula filosófica quanto os artistas assim nomeados produziram, na maioria das vezes, puros e simples volumes, em particular paralelepípedos privados de qualquer *imagerie*, de qualquer elemento de crença, voluntariamente reduzidos a essa espécie de aridez geométrica que eles da-

---

[1] R. Wollheim, "Minimal Art" (1965), *On Art and the Mind*, Londres/Cambridge, Harvard University Press, 1974, p. 101 (e, em geral, pp. 101-111). Convém não esquecer, na leitura dessa expressão, a polissemia da palavra *content*, que significa igualmente o teor, a capacidade, o volume...

vam a ver. Uma aridez sem apelo, sem conteúdo. Volumes — paralelepípedos, por exemplo — e nada mais (*fig. 6, p. 51*). Volumes que decididamente não indicavam outra coisa senão eles mesmos. Que decididamente renunciavam a toda ficção de um tempo que os modificaria, os abriria ou os preencheria, ou seja lá o que for. Volumes sem sintomas e sem latências, portanto: objetos tautológicos. Se fosse preciso resumir brevemente os aspectos fundamentais reivindicados pelos artistas desse movimento — sendo que vários desses artistas, sobretudo Donald Judd e Robert Morris, escreveram alguns textos teóricos famosos[2] —, teríamos que começar por deduzir o jogo do que eles propunham a partir de tudo o que proscreviam ou proibiam. Tratava-se em primeiro lugar de *eliminar toda ilusão* para impor objetos ditos *específicos*, objetos que não pedissem outra coisa senão serem vistos por aquilo que são. O propósito, simples em tese, se revelará excessivamente delicado na realidade de sua prática. Pois a ilusão se contenta com pouco, tamanha é sua avidez: a menor representação rapidamente terá fornecido algum alimento — ainda que discreto, ainda que um simples detalhe — ao homem da crença.

Como fabricar um objeto visual despido de todo ilusionismo espacial? Como fabricar um artefato que não minta sobre seu volume? Tal foi a questão inicialmente colocada por Morris e por Judd. O primeiro partia de uma insatisfação sentida diante da maneira como um discurso de tipo iconográfico ou iconológico — ou seja, um discurso oriundo em última análise das mais acadêmicas tradições pictóricas — investe regularmente a arte da escultura, e a investe para trair regularmente seus parâmetros reais, seus parâmetros específicos.[3] O segundo tentou pensar a essência mesma — geral e portanto radical — do que se devia entender por ilusão. Assim a rejeição desta veio se aplicar não apenas aos modos tradicionais do "conteúdo" — conteúdo figurativo ou iconográfico, por exemplo — mas também aos modos de opticidade que a grande pintura abstrata dos anos 50, a de

---

[2] Cf. sobretudo D. Judd, "Specific Objects" (1965), *Complete Writings 1975-1985*, Eindhoven, Van Abbemuseum, 1987, I, pp. 115-124, trad. C. Gintz, *Regards sur l'art américain des années soixante*, Paris, Territoires, pp. 65-72. E R. Morris, "Notes on Sculpture" (1966), ed. G. Battcock, *Minimal Arte. A Critical Anthology*, Nova York, Dutton, 1968, pp. 222-35, trad. C. Gintz, *Regards sur l'art américain, op. cit.*, pp. 84-92.

[3] R. Morris, "Notes on Sculpture", *art. cit.*, p. 84.

6. D. Judd, *Sem título*, 1974. Compensado, 91,4 x 152,4 x 152,4 cm.
Corpus Christi, Art Museum of South Texas. D.R.

Rothko, de Pollock ou de Newman, havia empregado. Para Donald Judd, duas cores postas em presença eram suficientes para que uma "avançasse" e a outra "recuasse", desencadeando já todo o jogo do insuportável ilusionismo espacial:

"Tudo o que está sobre uma superfície tem um espaço atrás de si. Duas cores sobre a mesma superfície se encontram quase sempre em profundidades diferentes (*lie on different depths*). Uma cor regular, especialmente se obtida com pintura a óleo que cobre a totalidade ou a maior parte de uma pintura, é ao mesmo tempo plana e infinitamente espacial (*both flat and infinitely spatial*). O espaço é pouco profundo em todas as obras nas quais o acento é posto sobre o plano retangular. O espaço de Rothko é pouco profundo e seus retângulos suaves são paralelos ao plano, mas o espaço é quase tradicionalmente ilusionista (*almost traditionally illusionistic*). Nas pinturas de Reinhardt, logo atrás do plano da tela, há um plano liso e este, em troca, parece indefinidamente profundo.

A pintura de Pollock está manifestamente *sobre* a tela e o espaço é essencialmente aquele criado pelas marcas que figuram sobre uma superfície, de modo que não é nem muito descritivo nem muito ilusionista. As faixas concêntricas de Noland não são tão especificamente pintura *sobre* uma superfície quanto a pintura de Pollock, mas as faixas aplainam mais o espaço literal (*literal space*). Por mais planas e não ilusionistas que sejam as pinturas de Noland, suas faixas avançam e recuam. Mesmo um único círculo irá puxar a superfície, deixando um espaço atrás de si. Exceto no caso de um campo total e uniformemente coberto de cor ou de marcas, qualquer coisa colocada *em* um retângulo e *sobre* um plano sugere algo que está *em* e *sobre* alguma outra coisa (*something in and on something else*), algo em sua contiguidade, o que sugere uma figura ou um objeto em seu espaço, no qual essa figura ou esse objeto são exemplos de um mundo similar [ilusionista]: é o objetivo essencial da pintura. As recentes pinturas não são completamente simples (*single*)."[4]

[4] D. Judd, "Specific Objects", *art. cit.*, pp. 67-8.

Percebe-se, ao ler esse texto de Judd, a impressão estranha de um *déjà-vu* que teria se voltado contra ele mesmo: uma familiaridade trabalhando em sua própria negação. Esse, com efeito, é o argumento modernista por excelência, o da especificidade — alegada em pintura na renúncia à ilusão da terceira dimensão[5] —, que retorna aqui para condenar à morte essa pintura mesma enquanto prática destinada, seja esta qual for, a um ilusionismo que define sua essência e sua história passada. Donald Judd radicalizava assim a exigência de especificidade — ou "literalidade do espaço", como ele diz (*literal space*) — a ponto de ver nos quadros de Rothko um ilusionismo espacial "quase tradicional". Compreende-se então que, à questão de como se fabrica um objeto visual despido de qualquer ilusionismo espacial, Donald Judd respondesse: é preciso fabricar um *objeto espacial*, um objeto em três dimensões, produtor de sua própria espacialidade "específica". Um objeto suscetível deste modo a ultrapassar tanto o iconografismo da escultura tradicional quanto o ilusionismo inveterado da própria pintura modernista.[6] Seria preciso, segundo Judd, fabricar um objeto que se apresentasse (e se representasse) apenas por sua mera volumetria de objeto — um paralelepípedo, por exemplo —, um objeto que não inventasse nem tempo nem espaço além dele mesmo.

É impressionante constatar, no argumento das duas cores postas em presença num quadro, que o obstáculo a essa especificidade ideal, ou o que poderíamos chamar o crime elementar de lesa-especificidade, resida no simples *colocar em relação* partes mesmo abstratas. Pois todo colocar em relação, por mais simples que seja, já será duplo e dúplice, constituindo por isso mesmo um atentado àquela simplicidade da obra (*singleness*, palavra que significa também probidade) invocada por Judd. Tocamos aqui a segunda exigência fundamental reivindicada, ao que parece, pelos artistas minimalistas: *eliminar todo detalhe* para impor objetos compreendidos como *totalidades* indivisíveis, indecomponíveis. "Todos sem partes", objetos qualificados por essa razão de "não relacionais". Robert Morris insistia sobre o fato de que uma obra deveria se apresentar como uma *Gestalt*, uma forma autônoma, específica, imediatamente perceptível; ele reformulava

---

[5] Cf. C. Greenberg, *Art et culture. Essais critiques* (1961), trad. A. Hindry, Paris, Macula, 1988, p. 154 (e, em geral, pp. 148-84).

[6] Cf. Donald Judd, "Specific Objects", *art. cit.*, p. 65.

assim seu elogio dos "volumes simples que criam poderosas sensações de *Gestalt*": "Suas partes são tão unificadas que oferecem um máximo de resistência a toda percepção separada".[7]

Quanto a Donald Judd, reiterando fortemente sua crítica de toda pintura inclusive modernista — "um quadro de Newman não é afinal mais simples que um quadro de Cézanne" —, ele apelava a "uma coisa tomada como um todo" dotada de uma "qualidade [ela própria] tomada como um todo" (*the thing as a whole, its quality as a whole, is what is interesting*), para concluir que "as coisas essenciais são isoladas (*alone*) e mais intensas, mais claras e mais fortes" que todas as outras.[8] Uma obra forte, para Judd, não devia portanto comportar "nem zonas ou partes neutras ou moderadas, nem conexões ou zonas de transição"; uma obra forte não devia ser *composta*; colocar algo num canto do quadro ou da escultura e "equilibrá-lo" com alguma outra coisa num outro canto, eis o que significava para Judd a incapacidade mesma de produzir um objeto específico; "o grande problema, dizia, é preservar o sentido do todo".[9]

O resultado dessa eliminação do detalhe — e mesmo de toda "parte" composicional ou relacional — terá sido portanto propor objetos de formas excessivamente simples, geralmente simétricos, objetos reduzidos à forma "minimal" de uma *Gestalt* instantânea e perfeitamente reconhecível. Objetos reduzidos à simples formalidade de sua forma, à simples visibilidade de sua configuração visível, oferecida sem mistério, entre linha e plano, superfície e volume.[10] Estaremos

---

[7] R. Morris, "Notes on Sculpture", *art. cit.*, p. 87 (e, em geral, pp. 87-90).

[8] D. Judd, "Specific Objects", *art. cit.*, p. 70.

[9] *Id. ibid.*, p. 70, e B. Glaser, "Questions à Stella et Judd" (1964), trad. C. Gintz, *Regards sur l'art américain, op. cit.*, p. 55.

[10] A melhor introdução à arte minimalista em língua francesa — além da coletânea de textos *Regards sur l'art américain des années soixante*, já citada, que retoma alguns artigos da antologia fundamental de Gregory Battcock — continua sendo o duplo catálogo editado sob a responsabilidade de J.-L. Froment, M. Bourel e S. Couderc, *Art minimal I. De la Ligne au parallélépipède*, Bordeaux, CAPC, 1985, e *Art minimal II. De la surface au plan*, Bordeaux, CAPC, 1987 (com uma boa bibliografia e uma cronologia das exposições minimalistas). Cabe igualmente assinalar o número especial da revista *Artstudio*, nº 6, 1987, ou, mais recentemente, o livro consagrado à *L'art des années soixante et soixante-dix. La collection Panza*, Milão, Jaca Book; Lyon, Musée d'Art Contemporain; Saint-Étienne, Musée d'Art

na região absolutamente nova e radical de uma estética da tautologia? Parece que sim, a julgar pela célebre resposta dada por Frank Stella — pintor que teria produzido os únicos quadros "específicos" daqueles anos, a saber, a famosa série de faixas pintadas entre 1958 e 1965[11] — a uma questão que lhe colocava o crítico Bruce Glaser:

"GLASER — Você sugere que não há mais soluções a encontrar, ou problemas a resolver em pintura? [...] STELLA — Minha pintura se baseia no fato de que nela se encontra apenas o que nela pode ser visto. É realmente um objeto. Toda pintura é um objeto, e todo aquele que nela se envolve suficientemente acaba por se confrontar à natureza de objeto do que ele faz, não importa o que faça. Ele faz uma coisa. Tudo isto deveria ser óbvio. Se a pintura fosse suficientemente incisiva, precisa, exata, bastaria simplesmente você olhá-la. A única coisa que desejo que obtenham de minhas pinturas e que de minha parte obtenho é que se possa ver o todo sem confusão. Tudo que é dado a ver é o que você vê (*what you see is what you see*)."[12]

Vitória da tautologia, portanto. O artista não nos fala aqui senão "do que é óbvio". O que ele faz quando faz um quadro? "Faz uma coisa". Que faz você quando olha o quadro dele? "Você precisa apenas ver". E o que você vê exatamente? *Você vê o que vê*, ele responde em última instância. Tal seria a *singleness* da obra, sua simplicidade, sua probidade no assunto. Sua maneira, no fundo, de se apresentar

Moderne, 1989. A bibliografia americana, curiosamente, não é muito importante. Poder-se-ão consultar, entre outros catálogos, W. C. Seitz, *The Responsive Eye*, Nova York, Museum of Modern Art, 1965; *American Sculpture of the 60'*, Los Angeles County Museum, 1967; *Contemporary American Sculpture*, Nova York, Whitney Museum, 1971; *Minimalism x 4. An Exhibiton of Sculpture from the 1960s*, Nova York, Whitney Museum, 1982.

[11] Cf. L. Rubin, *Frank Stella. Paintings 1958 to 1965*, Nova York, Stewart, Tabori & Chang, 1986; A. Pacquement, *Frank Stella*, Paris, Flammarion, 1988, pp. 10-59.

[12] B. Glaser, "Questions à Stella et Judd", *art. cit.*, p. 58.

O mais simples objeto a ver

como irrefutável. Diante do volume de Donald Judd, você não terá outra coisa a ver senão sua própria volumetria, sua natureza de paralelepípedo que nada mais representa senão ele mesmo através da percepção imediata, e irrefutável, de sua natureza de paralelepípedo. Sua própria simetria — ou seja, a possibilidade virtual de rebater uma parte sobre uma outra junto a ela — é uma forma de tautologia.[13] Sempre diante dessa obra você vê o que vê, sempre diante dessa obra você verá o que viu: a *mesma coisa*. Nem mais, nem menos. Isto chama-se um "objeto específico". Poderia chamar-se um objeto visual tautológico. Ou o sonho visual da *coisa mesma*.

Aqui se esboça um terceiro propósito, intimamente ligado aos dois primeiros, e que se revela como uma tentativa de *eliminar toda temporalidade* nesses objetos, de modo a impô-los como objetos a ver sempre imediatamente, sempre exatamente como são. E esses objetos só "são" tão exatamente porque são *estáveis*, além de serem precisos. Sua estabilidade, aliás — e esse é um propósito não ocasional, mas realmente central em toda essa construção —, os protege contra as mudanças do sentido, diríamos as mudanças de humores, as nuanças e as irisações produtoras de aura, as inquietantes estranhezas de tudo que é suscetível de se metamorfosear ou simplesmente de indicar uma ação do tempo. São estáveis, esses objetos, porque se dão como insensíveis às marcas do tempo, geralmente fabricados, aliás, em materiais industriais: ou seja, materiais do tempo presente (maneira de criticar os materiais tradicionais e "nobres" da estatuária clássica), mas também materiais precisamente feitos para resistir ao tempo. Não é por acaso então que as obras de Judd utilizem todo tipo de metais — cobre, alumínio, aço inoxidável ou ferro — anodizados ou galvanizados; que as obras de Robert Morris utilizem a fundição de metais, a resina poliéster; ou que as obras de Carl Andre utilizem o chumbo ou o tijolo refratário.[14]

Mas esses objetos reivindicam a estabilidade num outro nível ainda. É que o único índice de sua produção — refiro-me à tempora-

[13] Cf. D. Judd, "Symmetry" (1985), *Complete Writings*, op. cit., I, pp. 92-5.

[14] Apresento aqui uma interpretação um pouco diferente da de R. Krauss, que vê, nessa "tendência a empregar elementos extraídos de materiais comerciais", uma espécie de "*ready made* cultural". Cf. R. Krauss, *Passages in Modern Sculpture* (1977), Cambridge-Londres, The MIT Press, 1981, pp. 249-53.

lidade de sua produção, à organicidade de sua manifestação — parece reduzir-se a um processo exatamente *repetitivo* ou serial *(fig. 7, p. 58)*. Judd, Morris, Carl Andre, Dan Flavin ou Sol LeWitt, todos esses artistas *grosso modo* qualificados de minimalistas, aparentemente limitaram ou abreviaram a exposição de uma ação do tempo em suas obras fazendo jogar o mesmo com o mesmo, reduzindo a variação — sua exuberância potencial, sua capacidade de romper as regras do jogo que ela se impõe — ao domínio de uma simples variável lógica, ou tautológica, aquela em que o mesmo repete invariavelmente o mesmo.[15]

Foi certamente por tomar essa estabilidade ao pé da letra — a pura repetição dos volumes de Judd considerada como uma espécie de elogio tautológico do volume por ele mesmo — que um artista como Joseph Kosuth acreditou dever redobrar na linguagem o circuito autorreferencial do volume "minimal": cinco caixas cúbicas, vazias, transparentes, feitas de vidro, redobram sua mesmidade de objetos com uma "descrição" ou "definição" inscrita diretamente nos objetos: *Box — Cube — Empty — Clear — Glass*[16] *(fig. 8, p. 58)*. Assim, a obra não se contenta mais em mostrar que o que você vê é apenas o que vê, a saber, cubos vazios em vidro transparente, ela o diz em acréscimo, numa espécie de redobramento tautológico da linguagem sobre o objeto reconhecido.

O resultado de tudo isto — e o esboço de um quarto propósito — seria portanto promover esses objetos "específicos" como objetos

---

[15] Antecipo o desenvolvimento da análise precisando de saída que essa ideia teórica — a que se pode inferir do texto de Judd, por exemplo — é muito frequentemente contradita pelas próprias obras. O caso de Sol LeWitt e seu uso tão particular da variação demonstra-se, sob esse aspecto, absolutamente singular e mesmo secretamente antitético com seus "princípios" do minimalismo. Cf. M. Bochner, "Art sériel, systèmes, solipsisme" (1967), trad. C. Gintz, *Regards sur l'art américain, op. cit.*, pp. 93-6. R. Pincus-Witten, "Sol LeWitt: mot-objet", trad. C. Gintz, *ibid.*, pp. 97-102. R. Krauss, "LeWitt in Progress" (1978), *The Originality of the Avant-Garde and Other Modernist Myths*, Cambridge-Londres, The MIT Press, 1985, pp. 245-58.

[16] Sobre J. Kosuth, ver sobretudo *Joseph Kosuth: Art Investigations and "Problematics" since 1965*, Lucerna, Kunstmuseum, 1973, 5 vol. É evidente que esse redobramento da tautologia numa *inscrição linguageira* aplicada sobre o volume afasta a obra de toda problemática minimalista em sentido estrito. Como se, enunciada contemporaneamente a seu ato volumétrico, a tautologia ultrapassasse de algum modo as condições formais de seu exercício.

O mais simples objeto a ver

7. D. Judd, *Sem título*, 1985. Aço inoxidável e plexiglas, 4 elementos, 86,4 x 86,4 x 86,4 cm cada um. Coleção Saatchi, Londres. D.R.

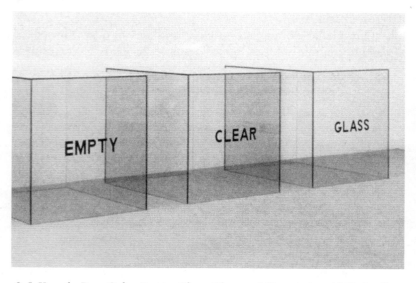

8. J. Kosuth, *Box, Cube, Empty, Clear, Glass — A Description*, 1965, detalhe. 5 cubos de vidro, 100 x 100 x 100 cm cada um. Coleção Panza di Biumo, Varese. D.R.

teoricamente *sem jogos de significações*, portanto sem equívocos. Objetos de certeza tanto visual quanto conceitual ou semiótica (*"Isto é um paralelepípedo de aço inoxidável..."* Banida a "similitude desidentificante" de que falava Michel Foucault em *Isto não é um cachimbo*).[17] Diante deles, nada haverá a crer ou a imaginar, uma vez que não mentem, não escondem nada, nem mesmo o fato de poderem ser vazios. Pois, de um modo ou de outro — concreto ou teórico —, eles são *transparentes*. A visão desses objetos, a leitura dos manifestos teóricos que os acompanharam, tudo parece advogar em favor de uma arte esvaziada de toda conotação, talvez até "esvaziada de toda emoção" (*an art without feeling*).[18] Em todo caso, de uma arte que se desenvolve fortemente como um antiexpressionismo, um antipsicologismo, uma crítica da interioridade à maneira de um Wittgenstein — se nos lembrarmos de como este reduzia ao absurdo a existência da linguagem privada, opunha sua filosofia do conceito a toda filosofia da consciência, ou reduzia a migalhas as ilusões do conhecimento de si.[19]

Nenhuma interioridade, portanto. Nenhuma latência. Nada mais daquele "recuo" ou daquela "reserva" de que falou Heidegger ao questionar o sentido da obra de arte.[20] Nenhum tempo, portanto nenhum ser — somente um objeto, um "específico" objeto. Nenhum recuo, portanto nenhum mistério. Nenhuma aura. Nada aqui "se exprime", posto que nada sai de nada, posto que não há lugar ou latência — uma hipotética jazida de sentido — em que algo poderia se ocultar para tornar a sair, para ressurgir em algum momento. É preciso ler ainda Donald Judd a fim de poder formular definitivamente o que seria o tal propósito dessa problemática: *eliminar todo antropomorfismo* para reencontrar e impor essa obsedante, essa imperativa *especificidade* do

[17] M. Foucault, *Ceci n'est pas une pipe*, Montpellier, Fata Morgana, 1973, p. 79, etc.

[18] É, em todo caso, a expressão de B. Glaser, "Questions à Stella et Judd", *art. cit.*, p. 60 — a que Donald Judd responde de maneira bem mais nuançada.

[19] Cf. R. Krauss, *Passages in Modern Sculpture* (1977), Cambridge-Londres, The MIT Press, 1981, pp. 258-62. Sobre Wittgenstein, cf. o estudo de J. Bouveresse, *Le mythe de l'intériorité. Expérience, signification et langage chez Wittgenstein*, Paris, Minuit, 1976 (ed. 1987).

[20] Cf. M. Heidegger, "L'origine de l'oeuvre d'art" (1936), trad. W. Brokmeier, *Chemins qui ne mènent nulle part*, Paris, Gallimard, 1980 (nova ed.), pp. 57-60.

objeto que os artistas da *minimal art* tomaram, sem a menor dúvida, como seu manifesto.[21] Eliminar toda forma de antropomorfismo era devolver às formas — aos volumes como tais — sua potência intrínseca. Era inventar formas que soubessem renunciar às imagens e, de um modo perfeitamente claro, que fossem um obstáculo a todo processo de crença diante do objeto.

Assim poderemos dizer que o puro e simples volume de Donald Judd — seu paralelepípedo em madeira compensada — *não representa nada* diante de nós como imagem. Ele está aí, diante de nós, simplesmente, simples volume íntegro e integralmente dado (*single, specific*): simples volume a ver e a ver muito claramente. Sua aridez formal o separa, aparentemente, de todo processo "ilusionista" ou antropomórfico em geral. Só o vemos tão "especificamente" e tão claramente na medida em que ele não nos olha.

[21] Cf. D. Judd, "Specific Objects", *art. cit.*, pp. 71-2. B. Glaser, "Questions à Stella et Judd", *art. cit.*, p. 57, etc.

4.
O DILEMA DO VISÍVEL,
OU O JOGO DAS EVIDÊNCIAS

E, no entanto, as coisas não são tão simples. Reflitamos um instante: o paralelepípedo de Donald Judd *não representa nada*, eu disse, não representa nada como imagem de outra coisa. Ele se oferece como o simulacro de nada. Mais precisamente, teremos de convir que ele não representa nada na medida mesmo em que *não joga com alguma presença* suposta alhures — aquilo a que toda obra de arte figurativa ou simbólica se esforça em maior ou menor grau, e toda obra de arte ligada em maior ou menor grau ao mundo da crença. O volume de Judd não representa nada, não joga com alguma presença, porque ele é dado aí, diante de nós, como *específico em sua própria presença*, sua presença "específica" de objeto de arte. Mas o que isso quer dizer, uma "presença específica"? E o que é que isso implica no jogo hipotético do que vemos face ao que nos olha?

É preciso reler mais uma vez as declarações de Judd, de Stella e de Robert Morris — nos anos 1964-1966 — para perceber de que modo os enunciados tautológicos referentes ao ato de ver não conseguem se manter até o fim, e de que modo o que nos olha, constantemente, inelutavelmente, acaba retornando no que acreditamos apenas ver. "A arte é algo que se vê" (*art is something you look at*), afirma inicialmente Judd em reação ao tipo de radicalidade que determinado gesto de Yves Klein, por exemplo, pôde encarnar.[1] A arte é algo que se vê, se dá simplesmente a ver, e, por isso mesmo, impõe sua "específica" presença. Quando Bruce Glaser pergunta a Stella o que *presença* quer dizer, o artista lhe responde de início, um pouco apressadamente: "É justamente um outro modo de falar".[2] Mas a palavra soltou-se. A ponto de não mais abandonar, doravante, o universo teórico da arte minimalista. Ele começará por fornecer uma constelação de adjetivos que realçam ou reforçam a simplicidade visual do objeto,

---

[1] B. Glaser, "Questions à Stella et Judd", *art. cit.*, p. 62 (tradução minha).

[2] *Id., ibid.*, p. 61.

O dilema do visível, ou o jogo das evidências 61

votando esta ao mundo da *qualidade*. Assim, quando Judd quiser defender a simplicidade do objeto minimalista, afirmará: "As formas, a unidade, [...] a ordem e a cor são específicas, agressivas e fortes" (*specific, aggressive and powerful*).[3] Específicas... agressivas e fortes. Há nessa sequência de adjetivos uma ressonância bastante estranha. E não obstante muito compreensível. A primeira palavra define um propósito de transparência solitária, se se pode dizer, um propósito de autonomia e de vedação inexpressivas. As duas outras evocam um universo da experiência intersubjetiva, portanto um propósito relacional. Mas a contradição era apenas aparente na ótica de Judd e de Stella: pois tratava-se de fornecer algo como uma *força* à tautologia do *what you see is what you see*. Tratava-se de dizer que esse *what* ou esse *that* do objeto minimalista existe (*is*) como objeto tão evidentemente, tão abruptamente, tão fortemente e "especificamente" quanto você como sujeito.

Esse apelo à qualidade de ser, à força, à eficácia de um objeto, constitui no entanto claramente uma deriva lógica — na realidade, fenomenológica — em relação à reivindicação inicial de especificidade formal. Pois é ao mundo fenomenológico da *experiência* que a qualidade e a força dos objetos minimalistas serão finalmente referidas. Quando Bruce Glaser, no final de sua entrevista com Judd e Stella, evoca a reação dos espectadores "ainda atordoados e desconcertados por essa simplicidade", Stella dá uma resposta conclusiva que permanecerá célebre:

"Talvez seja por causa dessa simplicidade. Quando Mantle lança a bola com tanta força que ela sai dos limites do campo, todos ficam atordoados durante um minuto por ser muito simples. Ele lança justamente para fora dos limites do campo e em geral isso basta."[4]

Talvez não se tenha dado a devida importância ao fato de que a metáfora utilizada por Stella fazia derivar a atenção do *objeto* (ou do

[3] D. Judd, "Specific Objects", *art. cit.*, p. 69.

[4] B. Glaser, "Questions à Stella et Judd", *art. cit.*, p. 62. Desse modelo ótico de eficácia (ou melhor, de uma de suas variantes), R. Krauss fez uma crítica circunstanciada num artigo intitulado "La pulsion de voir", *Cahiers du Musée National d'Art Moderne*, nº 29, 1989, pp. 36-7.

jogo entre objetos: um taco, uma bola) para o *sujeito* (ou o jogo entre os sujeitos: de um lado, Mantle, o grande jogador de beisebol, de outro, seu público) por meio de uma ênfase dada à transposição quase instantânea de um *lugar* normalmente destinado tanto a um como a outro (ou seja, a superfície de jogo face às arquibancadas). O que é que isso implica para nossa consideração? Antes de tudo, que a força do objeto minimalista foi pensada em termos fatalmente intersubjetivos. Em suma, que o objeto foi aqui pensado como "específico", abrupto, forte, incontrolável e desconcertante — na medida mesmo em que se tornava insensivelmente, face a seu espectador, *uma espécie de sujeito*.

Antes de nos perguntarmos que tipo de "sujeito" seria este, assinalemos já a lucidez com que um artista como Robert Morris pôde assumir o caráter fenomenológico — o caráter de experiência subjetiva — que suas próprias esculturas engendravam, por mais "específicas" que fossem. Enquanto Donald Judd postulava a "especificidade" do objeto como praticamente independente de todas as suas condições exteriores, sua exposição, por exemplo,[5] Robert Morris reconhecia de bom grado que "a simplicidade da forma não se traduz necessariamente por uma igual simplicidade na experiência". E acrescentava: "As formas unitárias não reduzem as relações. Elas as ordenam".[6] E até mesmo as complicam ao ordená-las. É um pouco o que se passa nas peças em que Morris põe em jogo dois ou vários elementos formalmente idênticos, mas diferentemente "postos" ou dispostos em relação ao espectador *(fig. 9 e 10, pp. 64-65)*. Dessa dialética conceitualmente estranha, mas visualmente soberana, Rosalind Krauss forneceu, já há algum tempo, uma clarividente descrição:

"Pouco importa, com efeito, compreendermos perfeitamente que os três L são idênticos; é impossível percebê--los — o primeiro erguido, o segundo deitado de lado e o terceiro repousando sobre suas duas extremidades — como sendo realmente semelhantes. A experiência diferente que é feita de cada forma depende, sem dúvida, da orientação dos L no espaço que eles partilham com nosso próprio cor-

[5] Cf. D. Judd, "Statement" (1977), *Complete Writings, op. cit.*, I, p. 8 ("The quality of a work can not be changed by the conditions of its exhibition or by the number of people seeing it").

[6] R. Morris, "Notes on Sculpture", *art. cit.*, p. 88.

O dilema do visível, ou o jogo das evidências

9. R. Morris, *Columns*, 1961-1973. Alumínio pintado, dois elementos, 244 x 61 x 61 cm cada um. Cortesia Ace Gallery, Los Angeles.

10. R. Morris, *Sem título*, 1965. Compensado pintado, 3 elementos, 244 x 244 x 61 cm cada um. Cortesia CAPC, Musée d'Art Contemporain, Bordeaux.

po; assim, o tamanho dos L muda em função da relação específica (*specific relation*) do objeto com o chão, ao mesmo tempo em termos de dimensões globais e em termos de comparação interna entre os dois braços de um L dado."[7]

Há portanto uma experiência. A constatação deveria ser óbvia, mas merece ser sublinhada e problematizada na medida em que as expressões tautológicas da "especificidade" tendiam antes a obliterá-la. Há uma experiência, logo há *experiências*, ou seja, diferenças. Há portanto *tempos*, durações atuando em ou diante desses objetos supostos instantaneamente reconhecíveis. Há relações que envolvem presenças, logo há *sujeitos* que são os únicos a conferir aos objetos minimalistas uma garantia de existência e de eficácia. Notar-se-á que, na descrição de Rosalind Krauss, o vocabulário da especificidade de certo modo se deslocou do objeto para a relação (*specific relation*): trata-se aqui da relação entre o objeto e seu lugar, mas, como o lugar abriga o encontro de objetos e de sujeitos, essa relação pode igualmente caracterizar uma dialética intersubjetiva. Não há somente tacos e bolas no jogo de beisebol, há também um lugar onde jogadores se aquecem para que espectadores os olhem. Mas Robert Morris não precisou dessa metáfora esportiva, acima de tudo ambígua, para compreender e afirmar que o objeto minimalista existia, não como um termo (no sentido de um ponto de não retorno) específico, mas como um termo (no sentido de um elemento diferencial) numa relação:

"A experiência da obra se faz necessariamente no tempo. [...] Algumas dessas obras novas ampliaram os limites da escultura ao acentuarem ainda mais as condições em que certas espécies de objetos são vistas. O próprio objeto é cuidadosamente colocado nessas novas condições, para não ser mais que um dos termos da relação. [...] O que importa no momento é alcançar um controle maior da situação inteira (*entire situation*) e/ou uma melhor coordenação. Esse controle é necessário, se quisermos que as variáveis (*variables*)

---

[7] R. Krauss, "Sens et sensibilité. Réflexion sur la sculpture de la fin des années soixante" (1973), trad. C. Gintz, *Regards sur l'art américain*, *op. cit.*, p. 117. Uma análise semelhante é retomada por R. Krauss em *Passages in Modern Sculpture*, *op. cit.*, pp. 238-9 e 266-7.

— objeto, luz, espaço e corpo humano — possam funcionar. O objeto propriamente dito não se tornou menos importante. Apenas, ele não é suficiente por si só. Intervindo como um elemento entre outros, o objeto não se reduz a uma forma triste, neutra, comum ou apagada. [...] O fato de dar às formas uma *presença* que é necessária, e sem que esta domine ou seja comprimida, apresenta muitos outros aspectos positivos que ainda resta formular."[8]

Esses "outros aspectos positivos" certamente têm, no pensamento de Robert Morris, o valor de consequências, ainda despercebidas, dos princípios que ele acaba de enunciar nesse momento. E, em primeiro lugar, daquele que, doravante, *faz do objeto uma variável numa situação*: uma variável, transitória ou mesmo frágil, e não um termo último, dominador, específico, excluído em sua visibilidade tautológica. Uma variável numa situação, ou seja, um protocolo de experiência sobre o tempo, num lugar. O exemplo dos dois ou três elementos — colunas ou volumes em formas de L — diferentemente dispostos no lugar de sua exposição procedia já de tal protocolo. Robert Morris irá mais longe, sabemos, submetendo seus objetos geométricos aos protocolos explicitamente teatrais da "performance":

"A cortina se abre. No centro da cena há uma coluna, erguida, de oito pés de altura, dois de largura, em compensado, pintada de cinza. Não há nada mais em cena. Durante três minutos e meio, nada se passa; ninguém entra ou sai. Súbito, a coluna tomba. Três minutos e meio se passam. A cortina volta a se fechar."[9]

Terão compreendido: o modo como o objeto se torna uma variável na situação não é senão um modo de se colocar como *quase sujeito* — o que poderia ser uma definição minimal do ator ou do duplo. Que espécie de quase sujeito? Aquela que, diante de nós, simplesmente *tomba*. A *presença* que Robert Morris põe em cena terá se reduzi-

[8] R. Morris, "Notes on Sculpture", *art. cit.*, p. 90.

[9] R. Krauss, *Passages in Modern Sculpture*, *op. cit.*, p. 201. Sublinhemos que a obra — ou a performance, se quiserem — data de 1961. Sobre a escultura de Robert Morris como "being an actor", cf. *ibid.*, pp. 236-8.

do, aqui, à ritmicidade elementar — ela também mínima, praticamente reduzida a um mero contraste fenomenológico — de um objeto capaz de se manter de pé para, súbita e como que inelutavelmente, cair: para tornar-se um *ser jacente* por três minutos e meio, antes que a própria cortina caia e não haja absolutamente mais nada a ver.

Convém notar o valor já surpreendente — em todo caso perturbador — que tal problemática submete ao discurso da "especificidade", ao discurso da tautologia visível.

O consentimento dado ao valor de experiência primeiro irá reintroduzir o jogo de equívocos e de significações que se quisera no entanto eliminar: pois a coluna erguida se encontra irremediavelmente em face da coluna deitada (*fig. 9, p. 64*) como um ser vivo estaria em face de um ser jacente — ou de uma tumba. E isto só é possível graças ao trabalho temporal a que o objeto doravante é submetido, sendo portanto desestabilizado em sua evidência visível de objeto geométrico. Quisera-se eliminar todo detalhe, toda composição e toda "relação", vemo-nos agora em face de obras feitas de elementos que agem uns sobre os outros e sobre o próprio espectador, tecendo assim toda uma rede de relações. Quisera-se eliminar toda ilusão, mas agora somos forçados a considerar esses objetos na facticidade e na teatralidade de suas apresentações diferenciais. Enfim e sobretudo, quisera-se eliminar todo antropomorfismo: um paralelepípedo devia ser visto, especificamente, por aquilo que dava a *ver*. Nem de pé, nem deitado — mas paralelepípedo simplesmente. Ora, vimos que as *Colunas* de Robert Morris — mesmo sendo paralelepípedos muito exatos e muito específicos — eram subitamente capazes de uma potência relacional que nos fazia *olhá-las* de pé, tombando ou deitadas, ou mesmo mortas.

Mas como julgar uma tal transposição, uma tal passagem à qualidade ou potência, ou seja, uma tal passagem à interioridade? Como qualificar o fato de que um volume de *evidência* — um volume sem história, se se pode dizer, um simples paralelepípedo de oito pés de altura e dois de largura — de repente se torne o "sujeito" de uma *latência*, e que um sintoma o agite (não percebemos de onde; seria do interior? veremos mais adiante) a ponto de fazê-lo tombar ou mesmo "morrer", em suma, de lhe dar um destino?

Seria uma ultrapassagem introduzida em 1966 — ou a partir de 1961, como antecipação — por Robert Morris na problemática de seus companheiros minimalistas? Ou basta dizer que Robert Morris produziu uma obra antagônica das de Stella e de Judd? Nada disto é satisfatório. Primeiro porque nos falta uma *história* séria, circunstanciada e problemática, desse período artístico.[10] Depois porque linhas de partilha se revelam, desde a primeira inspeção, bem mais complexas e inevidentes: Stella e Judd talvez falem com uma só voz — e ainda assim teríamos que ouvir de perto para reconhecer algumas fatais dissonâncias — na entrevista de 1964 com Bruce Glaser; mas, no fundo, suas obras têm pouco em comum, ao passo que muitos aspectos aproximam decisivamente as produções de Judd e de Morris naqueles anos; ambos, com efeito, voltavam as costas à pintura, ambos fabricavam nos mesmos tipos de materiais objetos em três dimensões, geométricos, simples e "isolados"; objetos radicais, não expressionistas e, para dizer tudo, objetos autenticamente *minimais*.

Cabe então reconhecer uma contradição interna ao minimalismo em geral? Mas em qual modo pensar uma tal contradição? Como um limite relativo ao estatuto dos próprios objetos? Ou como uma incapacidade do discurso — mesmo o dos artistas como pessoas, mesmo inteligente como costumava ser —, incapacidade de um discurso de dar conta do mundo visual sobre o qual ele projeta um mundo fatalmente diferente de intenções ideais? Essas questões valem a pena ser colocadas, e distinguidas, na medida em que o amálgama dos discursos e das obras representa com muita frequência uma solução tão errônea quanto tentadora para o crítico de arte. O artista geralmente *não* vê a diferença entre o que ele diz (o que ele diz que deve ser visto: *what you see is what you see*) e o que ele faz. Mas pouco importa, afinal de contas, se o crítico é capaz de *ver o que é feito*, portanto de assinalar a disjunção — sempre interessante e significativa, com frequência mesmo fecunda — que trabalha nesse intervalo dos discursos e dos objetos. Assinalar o trabalho das disjunções é com frequência revelar o próprio trabalho — e a beleza — das obras. Isto faz parte, em todo caso, das belezas próprias ao trabalho crítico. Ora, muitas vezes o crítico de arte *não quer ver* isto: isto que definiria o lugar de uma abertura, de uma brecha que se abre em seus passos; isto que o obrigaria a sempre dialetizar — portanto cindir, portanto inquietar — seu próprio discurso. Ao se dar a obrigação, ou o turvo prazer, de rapidamente

[10] O caráter de "fábula filosófica" que dou a esse texto não me orienta, em todo caso, para o projeto de colocar ou recolocar *historicamente* o problema. O que seguramente seria necessário para quem quisesse questionar a entidade do "minimalismo" enquanto tal — supondo que ela realmente exista.

O dilema do visível, ou o jogo das evidências

julgar, o crítico de arte prefere assim cortar em vez de abismar seu olhar na espessura do corte. Prefere então o dilema à dialética: expõe uma contrariedade de evidências (visíveis ou teóricas), mas se afasta do jogo contraditório (o fato de jogar *com* contradições) acionado por parâmetros mais transversais, mais latentes — menos manifestos — do trabalho artístico.

Um exemplo, nesse contexto, vem imediatamente ao espírito. Trata-se de um texto crítico que ficará famoso — pela radicalidade sem apelação de seu propósito, pelas reações que suscitou —, no qual Michael Fried escolheu justamente *julgar* de uma vez por todas o minimalismo com base num dilema sobre o visível em geral e sobre a "especificidade" das obras de arte modernas em particular.[11] Michael Fried não conservava a denominação de *minimal art* proposta em 1965 por Richard Wollheim; preferia falar de uma "arte literalista" (*literalist art*) — o que, além de se referir ao *literal space* reivindicado por Donald Judd,[12] evoca de imediato a palavra ao pé da letra, e mesmo a letra que mata enquanto o espírito vivifica... E, de fato, Michael Fried começava seu texto colocando como dado de princípio que o "empreendimento" minimalista era de natureza fundamentalmente "ideológica" — ou seja, antes de tudo, *uma questão de palavras.*[13] Maneira de projetar os discursos, sempre discutíveis quanto a seu valor de verdade, sobre obras por natureza resistentes à refutação lógica. Maneira de bater-se com Judd de discurso a discurso, se posso dizer, e de manifestar *na linguagem* a questão, que percebemos vital para Michael Fried, de saber *o que é e o que não é arte* naquele momento da "cena" americana.

[11] M. Fried, "Art and Objecthood" (1967), ed. G. Battcock, *Minimal Art*, *op. cit.*, pp. 116-47, trad. Brunet e C. Ferbos, *Artstudio*, n° 6, 1987, pp. 12-27.

[12] Cf. D. Judd, "Specific Objects", *art. cit.*, p. 67, citado aqui mesmo, *supra*, p. 27.

[13] M. Fried, "Art and Objecthood", *art. cit.*, p. 11: "O empreendimento conhecido sob as denominações diversas de Arte Minimal, ABC Arte, Estruturas Primárias e Objetos Específicos é em grande parte ideológico. Visa a enunciar e a ocupar uma posição que possa ser formulada com palavras, e o foi de fato por alguns de seus principais praticantes". Sobre a relação com a linguagem que esse tipo de abordagem supõe, cf. R. Krauss, "Using Language to do Business as Usual", *Visual Theory. Painting and Interpretation*, ed. N. Bryson, M. A. Holly e K. Moxey, Nova York, Harper Collins, 1991, pp. 87-93.

Uma querela de palavras, de certo modo. Bastante vã num certo sentido. Mas cometeríamos um erro, primeiro, em não dar importância a ela — como se não devêssemos dar importância aos debates acadêmicos do século XVII, por exemplo —, segundo, em acreditá-la muda sobre o estatuto mesmo dos objetos. Na realidade, Michael Fried não fez senão lançar-se na brecha teórica já explicitamente aberta em Robert Morris, a saber: a contradição entre "especificidade" e "presença", a contradição entre a transparência semiótica de uma concepção tautológica da visão (*what you see is what you see*) e a opacidade fatal de uma experiência intra ou intersubjetiva suscitada pela exposição mesma dos objetos minimalistas. Michael Fried lançou-se numa brecha teórica e o fez magistralmente, levando a contradição até a incandescência, pondo os próprios objetos sob uma luz tão crua que ela terá se tornado literalmente cegante, tornando esses objetos finalmente invisíveis. Era com efeito a melhor maneira de aniquilá-los, de assassiná-los.

Mas, de início, Michael Fried começará por ver sob a luz crua, e portanto por ver bem. O que ele vê tão bem — seu texto adquirindo, quanto a isso, algo como um valor definitivo, um valor de referência — é o *paradoxo* mesmo dos objetos minimalistas: um paradoxo que não é apenas teórico, mas quase instantaneamente, e *visualmente*, perceptível. De um lado, portanto, sua pretensão ou sua tensão dirigida à *especificidade* formal, à "literalidade" geométrica de volumes *sem equívocos*; de outro, sua irresistível vocação a uma *presença* obtida por um jogo — fatalmente equívoco — sobre as dimensões do objeto ou seu pôr-se em situação face ao espectador.[14] Assim Michael Fried analisará as produções mais paradoxais (as mais arriscadas, sem dúvida) do minimalismo, sobretudo as obras de Robert Morris e de Tony Smith.[15] Acabará por diagnosticar nelas o que a descrição por Rosalind Krauss das esculturas de Robert Morris manifestava já claramente, no texto citado mais acima, quando ela falava do "tamanho" dos objetos em forma de L, de seus "braços", de sua posição "de pé" ou "deitada de lado": a saber, a natureza fundamentalmente *antropomórfica* de todos esses objetos. Caberá então a Michael Fried conjugar os temas da presença e do antropomorfismo sob a autoridade da palavra

[14] M. Fried, "Art and Objecthood", *art. cit.*, p. 13, que se apoia desde o início — e implicitamente se apoiará até o final — em C. Greenberg, "Recentness of Sculpture" (1967), *Minimal Art. A Critical Anthology, op. cit.*, pp. 180-6.

[15] M. Fried, "Art and Objecthood", *art. cit.*, pp. 14-7 e 18-21.

O dilema do visível, ou o jogo das evidências   71

teatro — palavra pouco clara enquanto conceito (mais imposta do que posta no texto), mas excessivamente clara, quando não excessivamente violenta, enquanto qualificação depreciativa:

"A resposta que eu gostaria de propor é a seguinte: a adesão literalista à objetidade na verdade não é senão um pretexto para um novo gênero de teatro, e o teatro é agora a negação da arte (*theatre is now the negation of art*). [...] O sucesso mesmo ou a sobrevivência das expressões artísticas depende cada vez mais de sua capacidade de pôr em xeque o teatro. [...] As expressões artísticas degeneram à medida que se tornam teatro (*art degenerates as it approaches the condition of theatre*)."[16]

E ele terminava assim, com uma nota de pavor diante da universalidade dos poderes infernais da *perversão* feita teatro:

"Gostaria porém, nestas últimas linhas, de chamar a atenção para a dominação absoluta (*the utter pervasiveness*) — a universalidade virtual — da sensibilidade ou do modo de existência que qualifiquei de corrompido ou pervertido pelo teatro (*as corrupted or perverted by theatre*). Somos todos, toda a nossa vida ou quase, literalistas."[17]

Há nessas passagens algo como uma reminiscência involuntária dos grandes moralismos antigos, violentos e excessivos, aqueles moralismos de anátemas essencialmente religiosos e assombrosos, derrubadores de ídolos mas também vítimas de seu próprio sistema de violência, e nesse ponto sempre derrubados por eles próprios, contraditórios e paradoxais — no estilo de um Tertuliano, por exemplo.[18]

[16] *Id.*, *ibid.*, pp. 14, 22, 24.

[17] *Id.*, *ibid.*, p. 27. E ele concluía com uma frase de tonalidade tão profética que os tradutores não ousaram passá-la para o francês: "Presentness is Grace"...

[18] Penso evidentemente no tratado de Tertuliano contra o teatro, *De spectaculis*, ed. e trad. M. Turcan, Paris, Cerf, 1986 ("Sources chrétiennes", nº 332). Permito-me remeter, sobre o paradoxo interno ligado a esse ódio secular ao teatro, a um estudo intitulado "La couleur de chair, ou le paradoxe de Tertullien", *Nouvelle Revue de Psychanalyse*, XXXV, 1987, pp. 9-49.

O que Michael Fried derruba em primeiro lugar, como um asceta quebraria um ídolo, é nada menos que toda a construção teórica de Donald Judd. Lá onde Judd propunha um recurso à ideologia modernista, Fried denuncia no minimalismo *a ideologia por excelência* (a saber, a mesma de todos). Lá onde Judd reivindicava uma especificidade dos objetos minimalistas, Fried denuncia uma *não especificidade* operando nesses objetos que não querem ser — exatamente enquanto "objetidades" — nem pinturas, nem esculturas, mas um meio-termo definido por Fried como "a ilusão de que as barreiras entre as diferentes expressões artísticas estão em via de desmoronar".[19] Lá onde Judd denunciava o ilusionismo operando em toda pintura modernista que compreendesse duas cores pelo menos, Fried sobredenunciará *o ilusionismo teatral* operando em todos os objetos minimalistas que impõem aos espectadores sua insuportável "presença". Lá onde Judd reivindicava uma arte não relacional porque não expressionista, Fried não verá senão uma pura e simples *relação* posta em cena entre objetos e olhares. Lá onde Judd afirmava a estabilidade e a imediatidade temporal de seus "objetos específicos", Fried não verá mais que uma *temporalização* complexa e infinita, incômoda e contraditória, dramatizada e impura.[20]

Compreende-se, para terminar, que a forma de arte reivindicada por Donald Judd com o objetivo de derrubar o antropomorfismo incorrigível da pintura tradicional — tradicional incluindo sua própria tradição modernista — será ela própria invertida por Michael Fried, que a julga como uma forma por excelência de *não arte* em razão do fato — do pecado capital — de que ela se revelava inteira e unilateralmente como um *antropomorfismo* crônico, perverso e "teatral". A inversão era portanto total. Ela resultava na posição explícita de um dilema, uma alternativa compreendendo duas vias antitéticas entre as quais cada um — artista ou crítico, o leitor em geral — era intimado a escolher: "Uma guerra se trava entre o teatro e a pintura modernista, entre o teatral e o pictórico"[21] — e nessa guerra você terá que escolher seu lado, a não arte ou a arte, a insignificante "presença" dos objetos minimalistas ou a "graça" modernista dos quadros de Olitski...

[19] M. Fried, "Art and Objecthood", *art. cit.*, p. 24.

[20] *Id.*, *ibid.*, p. 26.

[21] *Id.*, *ibid.*, p. 21.

O dilema do visível, ou o jogo das evidências

Que fazer diante do dilema? Escolher seu lado?[22] Assumir a não especificidade do minimalismo e reivindicar sobranceiramente sua vocação teatral?[23] Ou constatar simplesmente que o dilema não era, em seu ponto de partida, senão um *falso dilema* — e que no limite é a forma mesma da alternativa que terá representado, no caso, a atitude "perversa" (ou melhor, aqui, uma atitude paranoica)? Para nós, que hoje podemos olhar um quadro de Barnett Newman ao lado de uma escultura de Tony Smith sem sentir o dilema de um abismo visual intransponível, o debate em questão parece antes o da bem denominada *pequena diferença*. É impressionante ver como os pares de oposições, nesse dilema, têm a capacidade vertiginosa de se inverter como se revira uma luva, ou seja, praticamente de se equivaler, ou, mais exatamente, de produzir uma *forma espelhada* da forma "invertida". Quando você vira pelo avesso uma luva da mão direita, você obtém uma luva da mão esquerda, certamente, mas esta continua sendo uma luva, continua servindo à mesma coisa, não altera o sistema que ela contribui antes para rematar, estabilizar. O que manifesta portanto o dilema da *presença* minimalista e da *presentness* modernista — como o propõe Michael Fried —, senão uma estrutura global que prende os termos numa relação de captação dual e agressiva, em suma, na estrutura imaginária de um fato de crença? De que se trata, senão de um par estrutural em que cada imagem convoca e repudia sua contraimagem próxima, como os túmulos dos Eleitos convocam e detestam os dos Heréticos na organização da *Divina Comédia*?

Assim, o dilema que opôs Donald Judd e Michael Fried em seus respectivos textos assemelha-se mais a um círculo vicioso, ou a uma comédia — bem pouco divina — da vanguarda reivindicada como uma economia de exclusões. É um dilema que põe face a face *dois tipos de evidências* — a evidência "ótica", de um lado, a evidência da "presen-

---

[22] Cf. por exemplo R. Smithson nas "Letters" de *Artforum*, VI, n° 2, 1967, p. 4. L. Lang ("Art and Objecthood: Notes de présentation", *Artstudio*, n° 6, 1987, p. 9, nota 6) traduziu essa passagem: "Como bom puritano fanático, Fried produz para o mundo da arte [...] uma espécie de paródia já consumada da guerra entre o classicismo da Renascença (a modernidade) e o anticlassicismo maneirista (o teatro)...".

[23] Cf. T. de Duve, "Performance ici et maintenant: l'art minimal, un plaidoyer pour un nouveau théâtre" (1981), *Essais datés, I. 1974-1986*, Paris, La Différence, 1987, pp. 159-205.

ça", de outro: evidências que, pelo próprio jogo de seu conflito, e por serem dadas, reivindicadas como evidências, farão perder a cada termo sua verdadeira consistência conceitual. Assim, a palavra "especificidade" não quer dizer mais nada, já que muda facilmente de sentido quando passamos da análise — inteligente, mas surda — de Donald Judd à análise — igualmente inteligente, e igualmente surda — de Michael Fried. As palavras "teatro", "objetidade", "presença" ou "estar-presente" também não significam mais grande coisa, postas ou impostas — quando deveriam ser elaboradas, isto é, desconstruídas filosoficamente, isto é, tensionadas e *abertas*, dialetizadas não no sentido da síntese transcendental, mas da atenção dada às *cisões em obra*.[24] Não há real cisão num dilema, salvo quando ele tensiona sem solução um único e mesmo corpo, um único e mesmo ato. O dilema da "especificidade" representa, ao contrário, tal como foi posto, um dilema de organismos que deviam separar-se absolutamente (imaginariamente, agressivamente) para conservar cada qual sua identidade fechada e não cindida: a não arte da arte, os objetos espaciais da pintura, o antropomorfismo do formalismo ótico, etc.

Era portanto um debate de gêneros que só foram teorizados para melhor se excluírem — mas se excluírem "em espelho", por assim dizer: *fechados* um face ao outro. Era portanto um debate acadêmico. Uma questão de palavras. Uma controvérsia maniqueísta. Era responder à exclusão pelo anátema, e ao anátema pela exclusão. Era encerrar o visual num jogo de evidências visíveis e teóricas postas umas contra as outras de maneira sempre binária, de maneira muito precisamente *dual*. Era produzir um sintoma reativo contra um outro, sem perceber a coerção lógica e fantasmática do sistema inteiro — do sistema totalitário — produtor dos *dois* sintomas. Ao abordar as coisas visuais pelo prisma do dilema, acreditamos poder escolher um lado, isto é, obter finalmente uma posição estável; mas na realidade encerramo-nos na imobilidade sem recurso das ideias fixas, das posições entrincheiradas. E nos condenamos a uma guerra imóvel: um conflito transformado em estátua, medusado.

[24] Leo Steinberg já havia mostrado a fraqueza da argumentação "antiteatral" de Clement Greenberg a propósito de um quadro de Picasso (L. Steinberg, "Other Criteria" [1972], trad. C. Gintz, *Regards sur l'art américain*, op. cit., p. 38), e Rosalind Krauss assinalou no vocabulário da teatralidade um "termo guarda-chuva" (*theatricality is an umbrella term*) (R. Krauss, *Passages in Modern Sculpture*, op. cit., p. 204).

O dilema do visível, ou o jogo das evidências

Mas o que é, nesse dilema, que funciona como operação medusante? Que é que obriga o conflito a se fixar deste modo? Sem dúvida, e paradoxalmente, o ponto imaginário de não conflito, o ponto sobre o qual cada um está de acordo... para tentar, sempre ineficazmente, arrancá-lo do outro. É a tautologia. Espécie de superfície lisa onde o espelho põe uma contra a outra a evidência da "especificidade" modernista e a evidência da "especificidade" minimalista. Sob esse aspecto é altamente significativo que Frank Stella tenha sido reivindicado como "aliado" pelas duas partes em conflito. Por que Judd subscrevia com ele tomadas de posições teóricas, e por que Michael Fried queria opô-lo a Judd? Porque ele representava — pelo menos em suas declarações e nessa época precisa[25] — o *ponto comum tautológico* que devia servir tanto à "especificidade" modernista quanto à "especificidade" minimalista. *What you see is what you see* — eis aí a forma tautológica que serve de interface a todo esse dilema. Eis o ponto de ancoragem de todo esse sistema de oposições binárias, com sua série de postulados que reivindicam estabilidades lógicas ou ontológicas expressas em termos de identidades redobradas: estabilidade do objeto visual (*what is what*), estabilidade do sujeito que vê (*you are you*), estabilidade e instantaneidade sem falha do tempo para ver (*you see, you see*). Quanto ao dilema, se se revela tão vazio e fechado, é apenas porque a tautologia constitui de fato, sobre a questão do visual, o fechamento e a vacuidade por excelência: a fórmula mágica por excelência, forma ela própria invertida — equivalente, como uma luva virada ao avesso ou uma imagem no espelho — da atitude da crença. Pois a tautologia, como a crença, *fixa termos* ao produzir um engodo de satisfação: ela fixa o objeto do ver, fixa o ato — o tempo — e o sujeito do ver.

Ora, o objeto, o sujeito e o ato de ver jamais se detêm no que é visível, tal como o faria um termo discernível e adequadamente nomeável (suscetível de uma "verificação" tautológica do gênero: "*A Rendeira* de Vermeer é uma rendeira, nada mais, nada menos" — ou do gênero: "*A Rendeira* não é mais que uma superfície plana coberta

---

[25] É evidente que tal análise se limita aqui às declarações dos artistas, e não às suas obras. Já sugeri que as obras traem com frequência os discursos (sem contar os casos em que os próprios discursos se traem). A observação vale, é claro, para Donald Judd, cuja obra é muito mais complexa e *inquieta* — e nesse ponto apaixonante — que o que a leitura de "Specific Objects" faria supor.

de cores dispostas numa certa ordem"). O ato de ver não é o ato de uma máquina de perceber o real enquanto composto de evidências tautológicas. O ato de dar a ver não é o ato de dar evidências visíveis a pares de olhos que se apoderam unilateralmente do "dom visual" para se satisfazer unilateralmente com ele. Dar a ver é sempre inquietar o ver, em seu ato, em seu sujeito. Ver é sempre uma operação de sujeito, portanto uma operação fendida, inquieta, agitada, aberta. Todo olho traz consigo sua névoa, além das informações de que poderia num certo momento julgar-se o detentor. Essa cisão, a crença quer ignorá-la, ela que se inventa o mito de um olho perfeito (perfeito na transcendência e no "retardamento" teleológico); a tautologia a ignora também, ela que se inventa um mito equivalente de perfeição (uma perfeição inversa, imanente e imediata em seu fechamento). Donald Judd e Michael Fried sonharam ambos com um olho puro, um olho sem sujeito, sem ovas de peixe e sem sargaço (isto é, sem ritmo e sem restos): contraversões, ingênuas em sua radicalidade, da ingenuidade surrealista ao sonhar com um olho em estado selvagem.

Os pensamentos binários, os pensamentos do dilema são portanto incapazes de perceber seja o que for da economia visual como tal. Não há que escolher *entre* o que vemos (com sua consequência exclusiva num discurso que o fixa, a saber: a tautologia) e o que nos olha (com seu embargo exclusivo no discurso que o fixa, a saber: a crença). Há apenas que se inquietar com o *entre*. Há apenas que tentar dialetizar, ou seja, tentar pensar a oscilação contraditória em seu movimento de diástole e de sístole (a dilatação e a contração do coração que bate, o fluxo e o refluxo do mar que bate) a partir de seu ponto central, que é seu ponto de inquietude, de suspensão, de entremeio. É preciso tentar voltar ao ponto de inversão e de convertibilidade, ao motor dialético de todas as oposições. É o momento em que o que vemos justamente começa a ser atingido pelo que nos olha — um momento que não impõe nem o excesso de sentido (que a crença glorifica), nem a ausência cínica de sentido (que a tautologia glorifica). É o momento em que se abre o antro escavado pelo que nos olha no que vemos.

O dilema do visível, ou o jogo das evidências   77

5.
A DIALÉTICA DO VISUAL, OU O JOGO DO ESVAZIAMENTO

Quando uma criança pequena, deixada sozinha, considera diante dela os poucos objetos que povoam sua solidão — por exemplo uma boneca, um carretel, um cubo ou simplesmente o lençol de sua cama —, o que ela vê exatamente, ou melhor, como ela vê? O que ela faz? Imagino-a primeiramente balançando-se ou batendo suavemente a cabeça contra a parede. Imagino-a ouvindo seu próprio coração batendo contra sua têmpora, entre seu olho e sua orelha. Imagino-a vendo a seu redor, ainda muito distante de toda certeza e de todo cinismo, ainda muito distante de acreditar no que quer que seja. Imagino-a na expectativa: ela vê no estupor da espera, sobre o fundo da ausência materna. Até o momento em que o que ela *vê* de repente se abrirá, atingido por algo que, no fundo — ou *do fundo*, isto é, desse mesmo fundo de ausência —, racha a criança ao meio e a *olha*. Algo, enfim, com o qual ela irá fazer uma *imagem*. A mais simples imagem, por certo: puro ataque, pura ferida visual. Pura moção ou deslocamento imaginário. Mas também um objeto concreto — carretel ou boneca, cubo ou lençol da cama — exatamente *exposto* a seu olhar, exatamente transformado. Um objeto *agido*, em todo caso, ritmicamente agido.

Assim com o carretel: a criança o vê, toma-o nas mãos e, ao tocá--lo, não quer mais vê-lo. Atira-o longe: o carretel desaparece atrás da cortina. Quando retorna, puxado pelo fio como um peixe surgiria do mar puxado pelo anzol, ele a olha. Abre na criança algo como uma cisão ritmicamente repetida. Torna-se por isso mesmo o necessário instrumento de sua capacidade de existir, entre a ausência e a presa, entre o impulso e a surpresa. Certamente terão reconhecido nessa situação a cena paradigmática descrita por Freud em *Além do princípio de prazer*: seu próprio netinho, com dezoito meses de vida, discretamente observado enquanto acompanhava vocalmente o desaparecimento de seu carretel com um invariável *o-o-o-o* prolongado, depois saudando seu reaparecimento, escreve Freud, "por um alegre *Da!*" ("Ah! Aí está!").[1] Faço alusão a isso apenas para sublinhar de novo o quadro geral em que nosso problema se coloca: quando o que vemos é suportado por uma obra de *perda*, e quando disto alguma coisa *resta*.

No texto de Freud, como se lembram, o jogo da criança é apresentado ao leitor sobre um fundo de essencial crueldade: a guerra mundial, "a guerra terrível que acaba de terminar", com seu cortejo de perdas definitivas, de desgraças insistentes e operantes, com a questão colocada de saída ao conceito de susto (*Schreck*), com a introdução metapsicológica da "neurose traumática" cujo enunciado Freud subitamente abandona... para oferecer, sem transição, o famoso paradigma infantil, que percebemos com clareza nada ter de inocente.[2] O jogo risonho talvez se mostre aqui como um além do pavor, mas não pode deixar de ser lido, ao mesmo tempo, e em sua exposição mesma, como um *repor em jogo o pior*. Ora, esse repor em jogo, sabemos, é apresentado por Freud como *constituinte* do sujeito enquanto tal. Seja qual for o ponto escolhido no quadro sutil, na ampla trama interpretativa proposta por Freud — na qual a renúncia volta a cruzar o júbilo, na qual a passividade reproduzida se torna ato de controle, na qual a vingança convoca uma estética, etc.[3] —, é a identidade imaginária da criança, com efeito, que vemos aqui se instaurar. Mas, suportada pela oposição fonemática e significante do *Fort-Da* ("Longe, ausente" — "Aí, presente"), essa identificação imaginária revela ao mesmo tempo um ato de simbolização primordial que os comentários mais profundos da pequena fábula freudiana — embora sob inflexões diferentes e mesmo divergentes — trazem à luz: estaríamos lidando aqui, por antecipação, com a descoberta mesma dos poderes da fala.[4]

[1] S. Freud, "Au-delà du principe du plaisir" (1920), trad. S. Jankélévitch, *Essais de psychanalyse*, Paris, Payot, 1951 (ed. 1968), p. 16.

[2] *Id., ibid.*, pp. 13-5.

[3] *Id., ibid.*, pp. 17-20.

[4] É a expressão de N. Abraham, *L'écorce et le noyau*, Paris, Flammarion, 1978 (ed. 1987), p. 413, que fala também do *Fort-Da* "como o tipo mesmo da primeira linguagem simbólica" (p. 417). Antes dele, Jacques Lacan exprimia assim o "destino de linguagem" contido no objeto do jogo: "Esse objeto, incorporando-se imediatamente no par simbólico de duas jaculações elementares, anuncia no sujeito a integração diacrônica da dicotomia dos fonemas, da qual a linguagem existente oferece a estrutura sincrônica para sua assimilação; assim a criança começa a se envolver no sistema do discurso concreto do ambiente, reproduzindo

Mas a toda fala poderosa — ainda que uma "jaculação elementar", como dizia Lacan — é preciso um objeto adequado, ou seja, eficaz, ainda que ele próprio excessivamente simples e indeterminado, ainda que minúsculo, trivial e insignificante.[5] Um carretel, por exemplo: ele cabe por inteiro na mão de uma criança; graças a seu fio ele não parte definitivamente; é uma massa e é um fio — um traço vivo —, nessa qualidade oferece uma singularidade visual que o torna evidentemente fascinante; ele parte depressa, retorna depressa, é ao mesmo tempo rápido e inerte, animal e manipulável. Traz portanto em si, como objeto concreto, aquele poder de alteridade tão necessário ao processo mesmo da identificação imaginária.[6] Certamente deveríamos acrescentar que lhe é preciso um *poder de alteração*, e inclusive de autoalteração: o carretel *joga* porque pode se desenrolar, desaparecer, passar debaixo de um móvel inatingível, porque seu fio pode se romper ou resistir, porque pode de repente perder toda a sua *aura* para a criança e passar assim à inexistência total. Ele é frágil, ele é *quase*. Num certo sentido, é sublime. Sua energética é formidável, mas está ligada a muito pouco, pois pode morrer a qualquer momento, ele que vai e vem como bate um coração ou como reflui a onda.

Ora, é num tal poder de alteração que se abre justamente o antro do que olha a criança pequena — a obra da ausência, a obra da perda — no coração mesmo desse objeto que ela vê aparecer e desaparecer. Este "coração" a ser pensado ao mesmo tempo como seu interior sempre problemático — o que é o interior de um carretel? — e como sua vocação essencial de ritmo *anadiômeno*, de repetição que

mais ou menos aproximadamente em seu *Fort!* e em seu *Da!* os vocábulos que dele recebe". J. Lacan, "Fonction et champ de la parole et du langage en psychanalyse" (1953), *Ecrits*, Paris, Seuil, 1966, p. 319. Cabe assinalar ainda a interpretação de Pierre Fédida, que no caso joga poeticamente com a palavra *objeu* [objeto-jogo] (tomada de Francis Ponge): "*Objeu* é acontecer de palavra num gargalhar de coisa. É júbilo de encontro, exatamente entre coisa e palavra". P. Fédida, *L'absence*, Paris, Gallimard, 1978, p. 97 (e, em geral, pp. 97-195); as passagens especificamente dedicadas ao *Fort-Da* se encontram nas pp. 132-3, 139-51, 159-68, 181-95).

[5] Caso extremo: a eucaristia. A fala só é eficaz aqui — um sacramento, ou seja, uma mudança radical de ordem de realidade — porque um pequeníssimo objeto, humilde e familiar, mas que se torna a própria estranheza, vem encarná-la visualmente, tatilmente, gustativamente: pequena superfície de pão branco, pequeno fundo de vinho num cálice.

[6] Cf. por exemplo N. Abraham, *L'écorce et le noyau, op. cit.*, p. 38.

A dialética do visual, ou o jogo do esvaziamento

flui e reflui. Eis por que o objeto eleito pela criança só "vive" ou só "vale" sobre um fundo de ruína: esse objeto foi inerte e indiferente, e tornará a sê-lo fatalmente, fora do jogo, num momento ou noutro. Esse objeto esteve morto, e o estará: toda a sua eficácia pulsativa, pulsional, prende-se ao intervalo rítmico que ele mantém ainda sob o olhar da criança. Assim, não nos surpreenderemos de encontrar, na estrutura mesma do texto freudiano, esse caráter momentâneo, frágil, do jogo infantil preso a tiracolo entre dois pavores e entre duas mortes. *Além do princípio de prazer*, sabemos, descreve um movimento em que a morte acaba por se definir estruturalmente como o *quadro* e como a razão *interna* dos próprios processos energéticos.[7]

Então compreendemos melhor de que modo também o pequeno objeto, o carretel, tende a sustentar-se numa imagem visual — pois visual é o acontecimento de sua partida; visual ainda, seu próprio desaparecimento, como um relâmpago de cordão; visual, sem dúvida, seu reaparecimento, como um sempre *frágil resto* —, e de que modo esse reaparecimento pode suportar, no exemplo freudiano, algo como uma arqueologia do símbolo. É que o carretel só é "vivo" e dançante ao

---

[7] "Se admitirmos, como um fato experimental não sujeito a qualquer exceção, que tudo o que vive retorna ao estado inorgânico, morre por razões *internas*, podemos dizer: *o fim para o qual tende toda vida é a morte*; e, inversamente: *o não vivo é anterior ao vivo*." S. Freud, "Au-delà du principe du plaisir", *art. cit.*, p. 48. Esse desenvolvimento culmina nos dois últimos capítulos sobre o "Dualismo das pulsões: pulsão de vida e pulsão de morte" (pp. 55-81). Em seu admirável comentário, Lacan reproduz exatamente essa sequência em que o jogo se enquadra na morte para incluí-la, nele, como "nascimento do símbolo": "... o instinto de morte exprime essencialmente o limite da função histórica do sujeito. Esse limite é a morte, não como prazo eventual da vida do indivíduo, nem como certeza empírica do sujeito, mas segundo a fórmula dada por Heidegger, como 'possibilidade absolutamente própria, incondicional, insuperável, certa e como tal indeterminada do sujeito' [...]. Com isso, não há mais necessidade de recorrer à noção caduca de masoquismo primordial para compreender a razão dos jogos repetitivos em que a subjetividade fomenta ao mesmo tempo o domínio de sua derrelição e o nascimento do símbolo. Esses jogos são jogos de ocultamento que Freud, numa intuição genial, produziu, a nosso ver, para que neles reconhecêssemos que o momento no qual o desejo se humaniza é também aquele no qual a criança nasce para a linguagem. [...] Assim, o símbolo se manifesta primeiro como assassinato da coisa, e essa morte constitui no sujeito a eternização de seu desejo. O primeiro símbolo no qual reconhecemos a humanidade em seus vestígios é a sepultura, e a intermediação da morte se reconhece em toda relação na qual o homem chega à vida de sua história". J. Lacan, "Fonction et champ...", *art. cit.*, pp. 318-9.

figurar a ausência, e só "joga" ao eternizar o desejo, como um mar demasiado vivo devora o corpo do afogado, como uma sepultura eterniza a morte para os vivos. Talvez só haja imagem a pensar radicalmente — metapsicologicamente — para além do princípio de prazer: Freud, como se lembram, terminava sua passagem com uma alusão ao "jogo do luto" (*Trauerspiel*, a tragédia) e apelava a "uma estética guiada pelo ponto de vista econômico" (*eine ökonomisch gericktete Asthetik*).[8] Ora, não importa a ideia que Freud se fizesse então da atividade artística em geral, devemos igualmente sublinhar a *crítica da imitação* que acompanhava toda a sua reflexão: "Explicar o jogo por um instinto de imitação é formular uma hipótese inútil".[9] Talvez só haja imagem a pensar radicalmente para além do princípio de imitação. É talvez no momento mesmo em que se torna capaz de desaparecer ritmicamente, enquanto objeto visível, que o carretel se torna uma imagem visual. O símbolo, certamente, o "substituirá", o assassinará — segundo a ideia de que "o símbolo se manifesta primeiro como assassinato da coisa"[10] —, mas ele subsistirá num canto, esse carretel: num canto da alma ou num canto da casa. Subsistirá como *resto assassinado* do desejo da criança.

Então a criança se voltará talvez para sua boneca. A boneca imita, dizem. É de fato a imagem em miniatura de um corpo humano — o antropomorfismo por excelência. No entanto, a boneca não é menos capaz, nas mãos e sob o olhar da criança, de *se alterar* também, de *se abrir* cruelmente, de *ser assassinada* e com isso ter acesso ao estatuto de uma imagem bem mais eficaz, bem mais essencial — sua visualidade tornando-se de repente o espedaçamento de seu aspecto visível, seu dilaceramento agressivo, sua desfiguração corporal. Imagino, com efeito, que num momento ou noutro a criança *não pode mais ver* sua boneca, como se diz, e que a maltrata até arrancar-lhe os olhos, abri-la e esvaziá-la... através do quê passará a olhá-la realmente desde seu âmago informe. É o que Baudelaire chamou a "moralidade do brinquedo", estritamente compreendida como um *acting out* do olhar e ao mesmo tempo como "uma primeira tendência metafísica" bastante paradoxal — mas bastante inelutável, parece:

[8] S. Freud, "Au-delà du principe du plaisir", *art. cit.*, pp. 19-20.

[9] *Ibid.*, p. 19.

[10] J. Lacan, "Fonction et champ...", *art. cit.*, p. 319.

A dialética do visual, ou o jogo do esvaziamento   83

"A maior parte dos garotinhos quer sobretudo *ver a alma*, uns ao cabo de algum tempo de exercício, outros *de imediato*. É a invasão mais ou menos rápida desse desejo que faz maior ou menor a longevidade dos brinquedos. Não me sinto com coragem de reprovar essa mania infantil: é uma primeira tendência metafísica. Quando esse desejo se fixou no miolo cerebral da criança, ele confere a seus dedos e a suas unhas uma agilidade e uma força singulares. A criança gira, revira seu brinquedo, arranha-o, bate-o contra as paredes, atira-o no chão. De tempo em tempo, faz que ele recomece seus movimentos mecânicos, às vezes em sentido inverso. A vida maravilhosa se detém. A criança, como o povo em assédio às Tulherias, faz um supremo esforço; enfim consegue entreabri-lo, ela é mais forte. Mas *onde está a alma*? Aqui começa o estupor e a tristeza. Há outras que quebram em seguida o brinquedo mal depositado em suas mãos, mal examinado; quanto a estas, confesso ignorar o sentimento misterioso que as faz agir. Serão tomadas de uma cólera supersticiosa contra esses miúdos objetos que imitam a humanidade, ou será que os submetem a uma espécie de prova maçônica antes de introduzi-los na vida infantil? — *Puzzling question*!"[11]

Pode acontecer também que a criança se contente com um simples lençol de cama, a saber, algo que, por não ser uma "imagem" no sentido usual — e poderia a rigor se tornar o *subjétil* de uma representação —, logo se transformará naquele "resto assassinado" e operatório de uma cerimônia perturbadora na qual a criança, imagino, não mais quererá se ver ou ser vista pelo que a cerca. Então ela se cobrirá com o grande lençol branco, mas quando este a toca inteiramente e a isola no domínio sutil de suas dobras, ei-la ainda a sentir-se *olhada pela perda*, num "jogo do luto" que fará arquejar ritmicamente as lágrimas do medo com as do riso:

"Alguns dias após o falecimento de sua mãe, Laura — de quatro anos — brinca de estar morta. Com sua irmã —

---

[11] C. Baudelaire, "Morale du joujou" (1853), *Oeuvres complètes*, ed. C. Pichois, Paris, Gallimard, 1975, I, p. 587.

dois anos mais velha — pega um lençol de cama com o qual pede para ser coberta, enquanto explica o ritual que deverá ser escrupulosamente cumprido para que possa desaparecer. A irmã colabora até o momento em que, Laura não mais se mexendo, começa a gritar. Laura reaparece e, para acalmar a irmã, lhe pede, por sua vez, para fingir-se de morta: ela exige que o lençol que a cobre permaneça impassível. Mas não consegue arrumá-lo, pois os soluços de choro se transformaram, de repente, em risos que agitam o lençol de alegres sobressaltos. E o lençol — que era um sudário — vira vestido, casa, bandeira içada no alto de uma árvore... antes de acabar por se rasgar em risos de farândola desenfreada, na qual é morto um velho coelho de pelúcia cujo ventre é arrebentado por Laura!"[12]

O que nos ensina essa comovente dramaturgia? Primeiro, o que dela nos diz Pierre Fédida, que observou a cena — a saber, que "o luto põe o mundo em movimento".[13] Nessa estranha festa, com efeito, as duas menininhas trocam entre si — com uma rapidez e um desembaraço rítmico que confundem — a capacidade de ser mortas e a capacidade de *velar* um corpo morto. Com os objetos que as cercam, trocam também — e com a mesma vivacidade — a capacidade de matar e a de se tornar inertes como objetos mortos. "O jogo esclarece o luto", escreve Pierre Fédida, que lembra a referência freudiana ao *Trauerspiel* e evoca o sentimento de um paciente diante de sua própria vida como diante da imagem sempre malograda de um *trabalho da morte*: "Enquanto não se está morto, se finge sempre morrer. É tão pouco verdadeiro quanto uma ligação amorosa".[14] Então, o jogo da criança — o jogo em geral — se transforma aos nossos olhos, se colore estranhamente, se chumba:

---

[12] P. Fédida, *L'absence*, op. cit., p. 138.

[13] Id., *ibid.*, onde é inclusive assinalado que "o aparecimento de cinestesias no Rorschach de crianças pequenas no momento de um luto pessoal confirma essa relação de temporalização da morte por uma movimentação do mundo".

[14] Id., *ibid.*, pp. 138, 184, 186.

A dialética do visual, ou o jogo do esvaziamento

"Por seu jogo, a criança tanto morre quanto ri. Talvez em sua vida, quando riem, os humanos deixem transparecer de quê serão mortos."[15]

Assim, quando "sufocamos" ou "arrebentamos" de rir, quando rimos "até não poder mais" ou "como doidos", quando rimos a bandeiras despregadas ou nos torcemos de tanto rir, fazemos pelos estilhaços dinâmicos de um riso insensato o que a criança produz também em seu jogo: liberamos imagens. Elas escapam de nós como fogos de artifício, tentamos fazer malabarismos com elas, manipulá-las. Mas elas nos escapam sempre, retornam, deixam-se por um instante dominar e se vão de novo, e sempre *tornam a cair*. Como o carretel do *Fort-Da* teve de fazê-lo num momento ou noutro. É preciso então tentar pensar esse paradoxo: que a escansão pulsativa coloca como seu quadro e inclui como seu cerne um momento de imobilidade mortal. Momento central da oscilação, *entre* diástole e sístole — o antro inerte aberto subitamente no espetáculo "vivo", e mesmo maníaco, de um carretel sempre lançado para longe de si e trazido de volta a si. Momento central de imobilidade, suspensiva ou definitiva — uma sempre oferecida como memória da outra —, em que somos *olhados* pela perda, ou seja, *ameaçados* de perder tudo e de perder a nós mesmos. Talvez esteja aí também o que há de mortal na repetição: Stephen Dedalus olhando o mar imóvel e movente no âmago de uma mãe morta que o olha e o afoga na angústia; a criança do carretel olhando seu jogo como se sofre a ausência repetida — e cedo ou tarde fixada, inelutável, definitiva — de uma mãe.[16] Quando uma criança brinca de *deixar cair* os objetos, não estará fazendo a experiência de um abandono em que se projetam, não apenas a ausência que ela teme e da qual ela mesma pode simetricamente ser o objeto, "abandonada" pelos que a cercam,[17] mas também, e correlativamente, a inércia em que lhe é indicado que todo objeto caído se torna um "resto assassinado", uma imagem mortífera?

O segundo paradoxo produzido por tal situação é que a própria imagem joga, brinca com a imitação: ela só a utiliza para subvertê-la,

[15] *Id., ibid.*, p. 186.

[16] *Id., ibid.*, pp. 189-95 ("mãe como repetição" e "repetição como mãe").

[17] *Id., ibid.*, pp. 98 e 187-8.

só a convoca para lançá-la fora de sua visão. É o que fazem as duas menininhas de luto com o lençol: este lhes serve a princípio de imitação perfeita, já que o sudário cuja imagem o lençol oferece não é senão, em suma, uma espécie de lençol branco. Mas, quando o lençol se torna bandeira, ele abre de vez a imitação aos poderes da figurabilidade: ao mesmo tempo jogo de palavras[18] e jogo de imagens, entre outras a da bandeira branca que assinala, como é bem conhecido, que *perdemos*, que nos rendemos. E, quando o lençol de cama se torna vestido ou então casa, a transparência representativa — a equação do lençol e do sudário — *se abre* inteiramente, quero dizer que voa pelos ares ao mesmo tempo que passa para um registro semiótico bem mais amplo e mais essencial, que a supõe e a inclui: dialeticamente ela se *realiza*, na medida mesmo em que se abre aos deslocamentos de sentido pelos quais a superfície branca indeterminada será capaz de recolher um feixe, impossível de conter, de sobredeterminações. E isto, sublinhemos, sem nada perder de sua essencial simplicidade material.

Por outro lado, esse emprego do figurável *abre* concretamente a espacialidade ideal do lençol — uma simples superfície — para a capacidade diferentemente fundamental de produzir um lugar, um receptáculo para os corpos, uma *volumetria* de estojo. O que já o sudário realizava de um modo que não pode ser mais claro. Mas, ao propor em acréscimo a sequência vertiginosa do vestido e da casa — segundo uma mudança de escala digna de Lewis Carroll —, a própria superfície se torce de rir, e é deste modo que ela indica às duas pequenas órfãs a vocação essencial de toda superfície que nos *olha*, isto é, de toda superfície que nos *concerne* para além de sua visibilidade evidente, sua opticidade ideal e sem ameaça. Quando se torna capaz de abrir cisão do que nos olha no que vemos, a superfície visual vira um *pano*, um pano de vestido ou então a parede de um quarto que se fecha sobre nós, nos cerca, nos toca, nos devora. Talvez só haja imagem a pensar radicalmente para além do princípio de superfície. A espessura, a profundidade, a brecha, o limiar e o habitáculo — tudo isto obsidia a imagem, tudo isto exige que olhemos a questão do volume como uma questão essencial. Sabemos que as crianças gostam de incluir sem fim bonecas em outras bonecas — ainda que para as *ver desaparecer* sem fim, como que inelutavelmente — ou então brincar com cubos.

---

[18] Em francês, entre *drap* (lençol) e *drapeau* (bandeira). (N. do T.)

A dialética do visual, ou o jogo do esvaziamento

O que é um cubo? Um objeto quase mágico, com efeito. Um objeto a fornecer imagens, da maneira mais inesperada e mais rigorosa que existe. Certamente em razão de nada imitar antes dele, de ser para si mesmo sua própria razão figural. Ele é portanto um instrumento eminente de figurabilidade. Evidente num certo sentido, porque sempre dado como tal, imediatamente reconhecível e formalmente estável. Inevidente por outro lado, na medida em que sua extrema capacidade de manipulação o destina a todos os jogos, portanto a todos os paradoxos.

O cubo se torna, nas mãos da criança, um objeto a lançar tão facilmente quanto um carretel: ele rapidamente semeia em seu quarto uma desordem disseminada — e não obstante constrói. Pois, tão logo lançado, o cubo se fixa e se imobiliza em sua calma estatura de monumento. Num certo sentido ele está *sempre caído*, mas poderemos dizer igualmente que está *sempre erigido*. É uma figura de construção, mas se presta interminavelmente aos jogos da desconstrução, sempre propício, por acoplamento, a reconstruir alguma outra coisa. Portanto a metamorfosear. Sua vocação estrutural é onipresente, virtual; mas igualmente virtual é sua vocação de espalhamento para outras associações, outros arranjos modulares — que fazem parte de sua vocação estrutural mesma. O cubo é por outro lado uma figura perfeita da convexidade, mas que inclui um vazio sempre potencial, já que seguidamente serve de *caixa*; mas o empilhamento dos vazios também produz a compacidade e a aparência plena dos *blocos*, das paredes, dos monumentos, das casas.[19]

O cubo terá portanto revelado sua complexidade no momento mesmo em que chegamos a seu caráter de elemento simples. Porque ele é resultado e processo ao mesmo tempo; porque faz parte tanto do universo infantil quanto dos pensamentos mais elaborados, por exemplo, as radicais exigências a que a arte contemporânea destinou o mundo das figuras, desde Malevitch, Mondrian ou El Lissitzky. Assim ele faz malograr de antemão todo modelo genético ou teleológico aplicado às imagens, em particular às imagens da arte: pois não é mais arcaico do que seria o simples resultado de um processo ideal da "abs-

---

[19] Problema de *tijolos*, de certo modo. Antes de pensar na obra do escultor Carl Andre, poderemos nos referir aos estudos admiráveis de C. Malamoud sobre "O tijolo furado" e "Tijolos e palavras", em *Cuire le monde. Rite et pensée dans l'Inde ancienne*, Paris, La Découverte, 1989, pp. 71-91 e 253-73.

tração" formal. A maneira como a arte minimalista[20] põe em jogo essa virtualidade do cubo continua sendo, sob esse aspecto, exemplar. É com a obra de Tony Smith que convém certamente começar ou recomeçar a interrogar esse colocar em jogo, não apenas pelo valor inaugural que as primeiras esculturas de Tony Smith puderam adquirir para outros artistas minimalistas, mas também pelo valor de parábola teórica que a própria história de sua invenção transmite. Digo "parábola" para sugerir que essa história não é uma simples anedota associada à existência de uma obra de arte, mas o relato de seu processo mesmo, o *relato de sua poética*.

E isto, efetivamente, assemelha-se a uma fábula: era uma vez um homem que passara anos, dezenas de anos, a conceber volumes, a estudar suas inúmeras e áridas condições de possibilidade, sem jamais realizar um único com suas mãos. Ele desenhava, ensinava, estudava a arquitetura,[21] imaginava casas impossíveis ou demasiado simples. Professava em algumas escolas de arte os problemas de construção. Não obstante, era amigo dos artistas mais devastadores e menos "construtivistas" de sua época.[22] Praticava a pintura, sem assiduidade, sem sistematismo algum: grandes superfícies de uma mesma cor, ou então pontilhados vaporosos. Quando pintava um hexágono, acontecia-lhe compreender de repente que havia pintado um cubo em perspectiva.[23]

Mas eis aqui a história em questão. História modesta, em verdade, sem heroísmo, sem pretensão ao sistema: um acontecimento fortuito, mais do que uma historicidade imperiosa. Era noite, e Tony Smith conversava com seu amigo e crítico de arte E. C. Goossen, no escritório deste. Falavam, claro, de escultura, mais particularmente a de alguém cuja obra já era célebre, e cujo nome não era indiferente,

---

[20] E não *cubista*, se quisermos compreender bem o julgamento de Robert Morris, que separava claramente a problemática minimalista da cubista: "A intenção [da escultura minimalista] é diametralmente oposta à do cubismo, que se preocupa em apresentar visões simultâneas num único plano". R. Morris, "Notes on Sculpture", *art. cit.*, p. 90.

[21] Em particular na equipe de Frank Lloyd Wright, com quem trabalhou em alguns prédios utilizando sistemas modulares.

[22] Principalmente Jackson Pollock e Mark Rothko.

[23] Quadro de 1933. Cf. L. R. Lippard, *Tony Smith*, Londres, Thames and Hudson, 1972, p. 14.

A dialética do visual, ou o jogo do esvaziamento

pois se tratava de David Smith. Já falavam portanto, seja como for, da *escultura de Smith*, da que existia solidamente e da que ainda só existia como jogo de nomes. Evocavam também e criticavam juntos o "pictorialismo" dessa escultura existente, lamentando que ela não encontrasse sua real, sua específica *dimensão*: fizeram a hipótese certamente irônica — e muito carrolliana, associando um jogo de linguagem com um abismo ontológico — de uma volumetria que não fosse além de imagens "em duas dimensões e meia", em vez de atingir a plenitude simples — infantil, diríamos — de suas três dimensões. Enquanto falava e escutava, Tony Smith, como fazia com frequência, associava formas num bloco de papel.[24]

Súbito, pôs-se a olhar fixamente (*staring*), literalmente *siderado*, para a escrivaninha de seu amigo.[25] Ali não havia, porém, nenhuma estrela, nenhum astro brilhante a olhar — apenas uma *caixa preta*, um velho fichário em madeira pintada que devia estar ali desde sempre. Tão logo fora visto, portanto, esse objeto insignificante, simples como um cubo de criança mas negro como um relicário privado, pusera-se a olhá-lo... Desde onde? Não nos será dado saber, pouco importa afinal. Sabemos apenas que, de volta para casa tarde da noite, por volta das três ou quatro da madrugada, Tony Smith perdera o sono. "Não conseguia mais dormir. Continuava a ver a caixa preta" (*I couldn't sleep. I kept seeing the black box*)[26] — como se a própria noite, diante de seus olhos abertos, tivesse tomado as *dimensões* íntimas do objeto visto na casa de seu amigo. Como se a insônia consistisse em querer abarcar a noite segundo as dimensões de um volume negro desconcertante, problemático, demasiado pequeno ou demasiado grande, mas perfeito por isto (ou seja, perfeito por abrir o antro daquilo que o olhava no que ele vira). Tony Smith acaba assim por telefonar a seu amigo que, estupefato, é instado a fornecer as medidas exatas da caixa, sem outra forma de explicação. Alguns dias mais tarde, Tony Smith insta-

---

[24] E. C. Goossen, "Tony Smith, 1912-1980", *Art in America*, LXIX, 4, p. 11.

[25] *Id., ibid.*

[26] T. Smith, comentário a *The Black Box*, em *Tony Smith. Two Exhibitions of Sculpture*, Hartford, Wadsworth Atheneum; University of Pennsylvania, The Institute of Contemporary Art, 1966-1967, não paginado. Cumpre sublinhar o caráter puramente *fatual* — e muito breve — desse relato redigido por Tony Smith: nenhuma retórica do fantasma ou mistério nesse texto.

lava num lugar isolado, nos fundos de sua casa, uma réplica cinco vezes maior — mas sempre em madeira preta — do fichário em questão. Sua filha pequena, para quem a importância da coisa não passara despercebida, perguntou-lhe o que ele tanto queria esconder lá dentro.[27] Isto foi em fevereiro de 1962. Tony Smith já não era muito jovem, tinha cinquenta anos. Acabava no entanto de realizar o que ele próprio considerou como sua primeira obra, intitulada descritivamente, e até tautologicamente — pelo menos é o que parece —, *The Black Box*[28] (*fig. 11, p. 92*). Mas a história não terminou, ao contrário, está apenas começando, ela recomeça. Pois esse rito de passagem ao *volume realizado* realiza-se ele próprio, como em quase todos os relatos de conversão, em dois tempos. O segundo, algumas semanas mais tarde no mesmo ano de 1962, poderia ser assim reconstituído: primeiro, Tony Smith joga com as palavras. Ele reflete sobre a expressão *seis palmos*. O que lhe diz essa expressão? Trata-se de uma medida, de um puro e simples enunciado de dimensões: praticamente um metro e oitenta e três centímetros. O tamanho de um homem. Mas igualmente, e por isso mesmo, "seis palmos sugere que se está morto. Uma caixa de seis palmos. Seis palmos sob a terra"...[29] Tão logo convocada, a dimensão se encarnará, por assim dizer, na escala humana, e a humanidade será bruscamente vertida na faculdade demasiado humana de morrer, de desaparecer seis palmos sob a terra no encerramento de um volume de cerca de um metro e oitenta de comprimento, o volume de uma caixa denominada ataúde.

Compreende-se então que no vaivém rítmico, na escansão interna ao próprio jogo de palavras — a dimensão, o homem, o desapare-

---

[27] E. C. Goossen, "Tony Smith", *art. cit.*, p. 11.

[28] Ainda que saibamos que ele realizou, por ocasião de uma viagem à Alemanha, em 1953-1955, uma ou duas assemblages de madeira. Cf. L. R. Lippard, *Tony Smith, op. cit.*, pp. 7-8. De maneira geral, a obra de Tony Smith coloca problemas particulares de datação para o historiador da arte, que deve levar em conta esboços feitos num momento, modelos em cartolina ou em gesso realizados noutro momento, obras originais e ainda tiragens em série realizadas posteriormente (o caso vale, por exemplo, para a obra intitulada *Cigarette*). Mas nossa "história" restringe-se aqui apenas a seu valor de parábola filosófica: deixaremos portanto de lado esses problemas.

[29] "Six feet has a suggestion of being cooked. Six foot box. Six foot under." T. Smith, comentário a *Die*, em *Tony Smith. Two Exhibitions, op. cit.*

A dialética do visual, ou o jogo do esvaziamento

11. T. Smith, *The Black Box*, 1961. Madeira pintada, 57 x 84 x 84 cm. Coleção Norman Ives, New Haven. D.R.

cimento, o homem, a dimensão novamente — terá se projetado a existência de um *objeto virtual*: um objeto ele próprio capaz de uma associatividade e de uma latência às quais ele devia no começo a existência; um "objeto complexo", como dirá mais tarde Tony Smith.[30] Um objeto no entanto excessivamente simples e "minimal", de uma simplicidade de certo modo exigida pela força das palavras: um volume de seis palmos de lado — um cubo. Tony Smith insistiu sobre o fato de que, o objeto se impondo por si, ele não precisava sequer ser desenhado: "Apenas peguei o telefone e passei uma ordem".[31] Um cubo inventado na fala, portanto, um cubo que repete ou salmodia seis palmos por seis palmos por seis palmos... Mas concreto, maciço, preto como o fichário, ou como a noite, ou como o ato de fechar os olhos para ver. Maciço e de aço, talvez para resistir ao tempo. O objeto, em todo caso, não era mais virtual; havia se tornado uma concretíssima imagem da arte (*fig. 12, p. 94*).

O processo se encerra numa terceira operação, que retorna, uma vez mais, ao jogo das palavras. Trata-se do título dado por Tony Smith à sua obra. Os "seis palmos" desaparecem enquanto enunciado, certamente porque aparecem doravante na estatura visual, na escala mesma do objeto. Tony Smith resolve então intitulá-la com a palavra *Die*, que em inglês faz consonância tanto com o pronome pessoal "eu" quanto com o nome "olho", e que é o infinitivo — mas também o imperativo — do verbo "morrer". Além disso, é o singular de *dice*, "dados de jogar", e nessa qualidade fornece uma descrição nominal elementar, sem equívoco, do objeto: um grande dado preto, simples mas poderosamente mortífero.[32] Pois a palavra *Die* condensa aqui — em exata relação com o objeto — uma espécie de fria neutralidade mínima, poderíamos dizer "desafetada", com algo como um valor equívoco de autorretrato: autorretrato sublime, paradoxal, melancólico, não icônico. Pensemos no "mistério precipitado" do *Coup de dés* [Lance de dados] mallarmeano, que produzia a pura abertura de um

[30] *Id., ibid.*: "This is a complicated piece. It has too many references to be coped with coherently".

[31] *Id., ibid.*: "I didn't make a drawing; I just picked up the phone and ordered it".

[32] Cf. J.-P. Criqui, "Trictrac pour Tony Smith", *Artstudio*, n° 6, 1987, p. 43, que assinala também a expressão *to dice with death*, "arriscar a vida".

A dialética do visual, ou o jogo do esvaziamento 93

12. T. Smith, *Die*, 1962. Aço, 183 x 183 x 183 cm. Cortesia Paula Cooper Gallery, Nova York.

lugar — "nada terá tido lugar senão o lugar" — ao mesmo tempo que produzia, inclusive na temporalidade subjuntiva de seus verbos — "existisse, começasse e cessasse, cifrasse, iluminasse..." —, a abertura de um *jogo*, mortal ou mortificado, que Mallarmé, como se lembram, chamou um "rítmico suspense do sinistro".[33] Então compreendemos que a mais simples imagem nunca é simples, nem sossegada como dizemos irrefletidamente das imagens. A mais simples imagem, contanto venha à luz como veio à luz o cubo de Tony Smith, não dá a perceber algo que se esgotaria no que é visto, e mesmo no que diria o que é visto. Talvez só haja imagem a pensar radicalmente para além da oposição canônica do visível e do legível. A imagem de Tony Smith, seja como for, escapa de saída, apesar de sua simplicidade, de sua "especificidade" formal, à expressão tautológica — segura de si mesma até o cinismo — do *O que vemos é o que vemos*. Por mais minimal que seja, é uma *imagem dialética*: portadora de uma latência e de uma energética. Sob esse aspecto, ela exige de nós que dialetizemos nossa própria postura diante dela, que dialetizemos o que vemos nela com o que pode, de repente — de um *pano* —, nos olhar nela. Ou seja, exige que pensemos o que agarramos dela face ao que nela nos "agarra" — face ao que nela nos deixa, em realidade, despojados. O cubo de Tony Smith, apesar de seu formalismo extremo — ou melhor, por causa da maneira como seu formalismo se dá a ver, se apresenta —, frustra de antemão uma análise formalista que se considerasse como pura definição das "especificidades" do objeto. Mas frustra igualmente uma análise iconográfica que quisesse considerá-la a todo custo como "símbolo" ou alegoria no sentido trivial desses termos (ou seja, no sentido dos manuais de iconografia).

Diante dele, nosso *ver* é inquietado. Mas de que maneira um simples cubo pode chegar a inquietar nosso *ver*? A resposta talvez esteja, mais uma vez, na noção de *jogo*, quando o jogo supõe ou engendra um poder próprio do *lugar*.[34] A criança com o carretel havia de fato

[33] S. Mallarmé, "Un coup de dés", *Oeuvres complètes*, ed. H. Mondor e G. Jean-Aubry, Paris, Gallimard, 1945, pp. 473-5.

[34] Lembremos que o paradigma do *xadrez*, proposto por Hubert Damisch para abordar a questão do quadro, alude evidentemente a uma tal conjunção. Cf. H. Damisch, "La défense Duchamp", *Marcel Duchamp: tradition de la rupture ou rupture de la tradition?*, ed. J. Clair, Paris, UGE, 1979, pp. 65-99; "*Wie absichtslos. Le faire et le croire, la ruse, la théorie*", *Nouvelle Revue de Psychanalyse*,

inventando, por seu jogo rítmico — elementarmente temporalizado e mesmo temporizador —, *um lugar para inquietar sua visão*, e portanto para operar todas as expectativas, todas as previsões a que seu desejo a levava. Na verdade, essa inquietude era como a obra de seu jogo, enquanto o carretel ia e vinha, transpondo o limiar do lugar para desaparecer, voltando a transpor o limiar do lugar para aparecer... E o que *jogava* verdadeiramente transpondo esses lugares, criando esses lugares, era o ato do *lançamento* — o ato simples e complexo do lançamento compreendido como fundador do próprio sujeito.[35]

Ora, nesse lançamento que vai e volta, no qual um lugar se instaura, no qual todavia "a ausência dá conteúdo ao objeto" ao mesmo tempo que constitui o próprio sujeito,[36] o visível se acha de parte a parte inquietado: pois o que está aí presente se arrisca sempre a desaparecer ao menor gesto compulsivo; mas o que desaparece atrás da cortina não é inteiramente *invisível*, ainda tatilmente retido pela ponta do fio, já presente na imagem repetida de seu retorno; e o que reaparece de repente, o carretel que surge, tampouco é visível com toda evidência e estabilidade, pois dá viravoltas e rola sem cessar, capaz a todo instante de desaparecer de novo. O que a criança vê, um jogo do próximo e do distante, uma *aura* de objeto visível, não cessa aqui de oscilar, e constantemente inquieta a estabilidade de sua própria existência: o objeto se arrisca constantemente a se perder, e também o sujeito que dele ri. A dialética *visual* do jogo — a dialética do jogo visual

n° 18, 1978, pp. 55-73; "L'échiquier et la forme tableau", *World Art. Themes of Unity in Diversity* (Acts of the XXVIth International Congress of the History of Art), ed. I. Lavin, University Park, Londres, The Pennsylvania State University Press, 1989, I, pp. 187-91. Mas seria preciso diferenciar o alto prestígio simbólico, associado ao jogo de xadrez, do balbucio rítmico e solitário em que a criança com o carretel opera sua identificação imaginária. Será que essa diferença coincidiria teoricamente com a diferença entre o *quadro* (com o que a palavra supõe de organização formal, "uma série de séries", como dizia Michel Foucault) e a *estátua* (com o que a palavra supõe de estatura e portanto de antropomorfismo, de captação dual)? A resposta certamente não é simples de dar.

[35] Cf. P. Fédida, *L'absence, op. cit.*, pp. 97, 109 ("... reconhecer à subjetividade essa dupla dimensão correlativa do projeto e da projeção: de modo que lhe seja inerente e constitutivo o *eixo do lançar* [jeter]. [...] *Subjetivo* designa portanto ao mesmo tempo a fenda e o salto, o obstáculo e o lançamento [jet]...") e 112.

[36] *Id., ibid.*, p. 7.

— é assim também uma dialética de alienação, como a imagem de uma coerção do sujeito a desaparecer ele próprio, a *esvaziar os lugares*.[37] Mas o cubo? Nossa hipótese será a seguinte: as imagens da arte — por mais simples e "minimais" que sejam — sabem *apresentar* a dialética visual desse jogo no qual soubemos (mas esquecemos de) inquietar nossa visão e inventar lugares para essa inquietude. As imagens da arte sabem produzir uma poética da "representabilidade" ou da "figurabilidade" (a *Darstellbarkeit* freudiana) capaz de *substituir* o aspecto regressivo notado por Freud a propósito do sonho,[38] e de constituir essa "substituição" em uma verdadeira exuberância rigorosa do pensamento. As imagens da arte sabem de certo modo *compacificar* esse jogo da criança que se mantinha apenas por um fio, e com isso sabem lhe dar um estatuto de monumento, algo que resta, que se transmite, que se compartilha (mesmo no mal-entendido). Assim os cubos de Tony Smith sabem dar uma massa ao que, alhures ou outrora, cumpriria a função de objeto perdido; e o fazem ao *trabalhar o vazio* em

[37] Cf. J. Lacan, *Le Séminaire, XI. Les quatres concepts fondamentaux de la psychanalyse* [1964], Paris, Seuil, 1973, p. 216. Estarão lembrados de que o próprio Freud dá uma versão do *Fort-Da* em que o garotinho brincava de fazer desaparecer a si mesmo... num espelho: "Um dia, voltando a mãe para casa após uma ausência de várias horas, foi saudada pela exclamação: 'Bebê o-o-o-o' que a princípio pareceu ininteligível. Mas não tardou-se a descobrir que durante essa longa ausência da mãe a criança havia encontrado o meio de fazer desaparecer a si mesma. Tendo percebido sua imagem num grande espelho que chegava quase ao chão, ela havia se agachado, o que fizera desaparecer a imagem". S. Freud, "Au-delà du principe du plaisir", *art. cit.*, p. 17.

[38] Cf. S. Freud, *L'interprétation des rêves* (1900), trad. I. Meyerson revista por D. Berger, Paris, PUF, 1967, pp. 465-6. É evidente que o emprego dessa "substituição" (Aufhebung) não visa nenhum modelo genético: o jogo funciona aqui apenas como hipótese metapsicológica, isto é, como elemento de uma fábula teórica. Por outro lado, para muitos a questão continuará sendo saber como poder falar das imagens da arte (que são objetos) em tal proximidade com as imagens da alma (refiro-me às imagens psíquicas). A questão já se coloca ao psicanalista a propósito da noção mesma de objeto. Cf., sobre o assunto, P. Fédida, *L'absence*, *op. cit.*, pp. 98-9, que justifica o risco dessa proximidade. Cf. igualmente G. Didi-Huberman, *Devant l'image. Question posée aux fins d'une histoire de l'art*, Paris, Minuit, 1990, pp. 175-95. Certamente Lacan já havia abordado o problema ao afirmar, por exemplo, que, "se ser e ter se excluem em princípio, eles se confundem, ao menos quanto ao resultado, quando se trata de uma falta". J. Lacan, *Écrits*, *op. cit.*, p. 565.

A dialética do visual, ou o jogo do esvaziamento

seu volume. Assim os cubos de Tony Smith sabem dar uma estatura ao que, alhures, faria o sujeito esvair-se: ao *chamar um olhar* que abre o antro de uma inquietude em tudo o que vemos.

Voltemo-nos portanto novamente para esses dois volumes de madeira ou de aço negros. Em que consiste o elemento maciço e imediato de sua visualidade? Consiste em seu simples *negrume*. Antes mesmo de reconhecê-los como volumetrias de paralelepípedo ou de cubo, os percebemos primeiramente — ou de longe — como manchas negras no espaço. E esse negrume não é acidental ou circunstancial às duas primeiras obras de Tony Smith: parece realmente necessário, soberano a ponto de afetar, doravante, todas as esculturas de Tony Smith. Como se as imagens devessem incorporar a própria cor do elemento que lhes havia dado a existência: a noite. A noite que não traz conselho quando se vive na insônia, ou mesmo no devaneio sonolento, mas a noite que traz fadigas e imagens.[39] É essa experiência, sabemos, que terá presidido à invenção da primeira *Caixa preta*; mas Tony Smith já havia feito, dez anos antes, a prova análoga — a prova assombrosa — da noite como o que abre nosso olhar à questão da perda. Foi em 1951 ou 1952, quando o artista, ainda desocupado de suas esculturas, flanava por uma autoestrada inacabada de Nova Jersey (uma autoestrada em construção, que por isso mesmo, como iremos compreender, se tornou "infinita"):

> "Era uma noite escura, e não havia iluminação nem sinalização nas laterais da pista, nem linhas brancas nem resguardos, nada a não ser o asfalto que atravessava uma paisagem de planícies cercadas de colinas ao longe, mas pontuada por chaminés de fábricas, torres de rede elétrica, fumaças e luzes coloridas. Esse percurso foi uma experiência reveladora. A estrada e a maior parte da paisagem eram

---

[39] Penso em Freud citando as experiências de H. Silberer a fim de "surpreender o trabalho do sonho, por assim dizer, em flagrante delito de transposição dos pensamentos abstratos em imagens visuais. Quando, em estados de fadiga e de invencível vontade de dormir, ele queria forçar-se a um trabalho intelectual, o pensamento lhe escapava com frequência e em seu lugar aparecia uma visão que era manifestamente seu substituto." S. Freud, "Révision de la théorie du rêve", *Nouvelles conférences d'introduction à la psychanalyse* (1933), trad. R. M. Zeitlin, Paris, Gallimard, 1984, p. 35.

artificiais, e no entanto não se podia chamar aquilo uma obra de arte. Por outro lado, eu sentia algo que a arte jamais me fizera sentir. A princípio não soube o que era, mas aquilo me liberou da maior parte de minhas opiniões acerca da arte. Parecia haver ali uma realidade que não tinha nenhuma expressão na arte. A experiência da estrada constituía claramente algo de definido, mas isso não era socialmente reconhecido. Eu pensava comigo mesmo: é claro que é o fim da arte."[40]

Dessa situação, que mereceria por si só um comentário extenso, podemos já reter que ela fornece algo como uma experiência em que a privação (do visível) desencadeia, de maneira inteiramente inesperada (como um sintoma), a abertura de uma dialética (visual) que a ultrapassa, que a revela e que a implica.[41] É quando fazemos a experiência da noite sem limite que a noite se torna o *lugar* por excelência, em pleno *meio* do qual somos absolutamente, em qualquer ponto do espaço onde nos encontremos. É quando fazemos a experiência da noite, na qual todos os objetos se retiram e perdem sua estabilidade visível, que a noite revela para nós a importância dos *objetos* e a essencial fragilidade deles, ou seja, sua vocação a *se perderem* para nós exatamente quando nos são mais próximos. A esse respeito, Merleau--Ponty continuará sendo nosso guia mais precioso:

"Quando, por exemplo, o mundo dos objetos claros e articulados se acha abolido, nosso ser perceptivo amputado de seu mundo desenha uma espacialidade sem coisas. É o que acontece na noite. Ela não é um objeto diante de

---

[40] Cito a tradução de J.-P. Criqui, "Tritrac pour Tony Smith", *art. cit.*, pp. 44-6, que fala de uma "forma moderna e industrial do sublime" e contesta a interpretação do mesmo episódio por Michael Fried, "Art and Objecthood", *art. cit.*, pp. 18-20.

[41] É já o que diz Merleau-Ponty de toda *experiência* fenomenológica: é preciso uma privação ou uma "desconstrução" para que ela se revele. "Seja, por exemplo, nossa experiência do 'alto' e do 'baixo'. Não saberíamos percebê-la no comum da vida, pois é então dissimulada por suas próprias aquisições. Precisamos nos dirigir a um caso excepcional em que ela se desfaça e se refaça sob nossos olhos", *Phénomenologie de la perception*, Paris, Gallimard, 1945, p. 282.

mim, ela me envolve, penetra por todos os meus sentidos, sufoca minhas lembranças, apaga quase minha identidade pessoal. Não estou mais entrincheirado em meu posto perceptivo para dali ver desfilar à distância os perfis dos objetos. A noite não tem perfis, ela mesma me toca e sua unidade é a unidade mística do *mana*. Mesmo gritos ou um clarão longínquo não a povoam senão vagamente, é por inteiro que ela se anima, ela é uma profundidade pura sem planos, sem superfícies, sem distância dela a mim. Todo espaço para a reflexão é sustentado por um pensamento que liga suas partes, mas esse pensamento não se faz de parte alguma. Ao contrário, é do meio do espaço noturno que me uno a ele. A angústia dos neuropatas na noite vem de que ela nos faz sentir nossa contingência, o movimento gratuito e radical pelo qual buscamos nos ancorar e nos transcender nas coisas, sem nenhuma garantia de encontrá-las sempre."[42]

Mas além dessa visão geral, a experiência particular de Tony Smith nos ensina algo mais. É que, mesmo na noite escura, como ele próprio diz, uma visibilidade lhe era ainda acessível, sem dúvida parcialmente e a título de "pontuação" (como ele diz também): colinas, chaminés de fábricas, torres de rede elétrica, fumaças ou luzes coloridas — tudo isso sendo nomeado "paisagem", como por um apelo último às categorias estéticas da tradição. O paradoxo — e o momento de cisão — está no fato de que a estrada ela mesma estava absolutamente privada dessas "pontuações", dessas referências, desses últimos sinais: nenhuma iluminação, nenhuma sinalização, nenhuma linha branca, nenhum acostamento, "nada a não ser o asfalto", que se compreende ter sido mais negro que a própria noite. Esse paradoxo abre uma cisão na medida em que o distante era *ainda visível* e identificável, ainda dimensionado, ao passo que o próximo, o lugar mesmo onde Tony Smith estava, caminhava, lhe era *praticamente invisível*, sem referências e sem limites. "Ali onde estou, ali de onde olho, não vejo nada": eis portanto o paradoxo do qual a situação tire talvez sua força de abalo.

Cabe imaginar, nessa história, os objetos fazendo sinal pela última vez a Tony Smith. Mas tão tenuemente visíveis e tão distantes que

[42] *Id., ibid.*, p. 328.

100   O que vemos, o que nos olha

não faziam senão pontuar o *lugar negro* onde ele próprio estava. Os objetos, signos sociais da atividade humana e do artefato, de repente haviam se evadido e se isolado em algo que não era mais, como ele diz, "socialmente reconhecido". Imagino que a noite *apresentasse* a Tony Smith seu próprio desobramento de então.[43] Mas a experiência só era "reveladora" por ser dialética, ultrapassando sua própria negatividade em seu poder de *abrir* e ser constituinte, mostrando o objeto como perda, mas ultrapassando também a privação em dialética do desejo. Quando Tony Smith pensou: "É claro que é o fim da arte" — cumpre também pensar (ele mesmo o indica ao contar posteriormente a história, desde sua posição de escultor) que seu próprio desobramento começava, ainda obscuramente, a chegar ao fim. E imagino que a frase significasse igualmente *para ele*: "É obscuro que é o começo de minha arte"...

O jogo noturno do próximo e do distante, o jogo do aparecimento e do desaparecimento surgem portanto aqui em seu valor literalmente constituinte. Ao nível da percepção, a noite se revela para ser constituinte da "voluminosidade" do lugar, precisamente porque ela nos priva dele por um tempo.[44] Ao nível da significação, o caráter absolutamente neutro do objeto — carretel, cubo ou chaminé de fábrica — produz o rito de passagem de uma operação crucial na qual o sentido se constitui sobre um fundo de ausência, e mesmo como *obra da ausência*.[45] Mas de tudo isto *alguma coisa cai*, e é por exemplo a imagem reinventada de um cubo negro que, literalmente, terá *precipitado* o

---

[43] Lembremo-nos do que Maurice Blanchot escrevia da noite: uma "prova da ausência sem fim" que é a prova por excelência do *desobramento* — a arte só *começando* com um salto nessa prova mesma. Cf. M. Blanchot, *L'espace littéraire*, Paris, Gallimard, 1955 (ed. 1968), pp. 227-34 ("Le regard d'Orphée").

[44] Sobre essa noção de "voluminosidade", cf. M. Merleau-Ponty, *Phénoménologie de la perception, op. cit.*, pp. 307-8, e *infra*, pp. 119-20.

[45] A propósito do *Fort-Da*, Lacan insistia sobre "o valor de objeto enquanto insignificante", e por isso mesmo fornecendo ao sujeito o "ponto de inseminação de uma ordem simbólica". J. Lacan, "La direction de la cure et les principes de son pouvoir" (1958), *Écrits, op. cit.*, p. 594. Para Pierre Fédida, o jogo do carretel produz "uma *negatividade* da des-significação. E é nessa condição que brincar de fazer desaparecer e de fazer reaparecer é criador de *sentido*. [...] A questão é antes a descoberta do sentido como ausência, e o jogo descobre seu poder na criação do efeito de sentido da ausência". P. Fédida, *L'absence, op. cit.*, p. 192.

A dialética do visual, ou o jogo do esvaziamento

desdobramento de um homem de cinquenta anos, muito preocupado com o que *arte* queria dizer, em algo que doravante será preciso chamar uma obra no sentido forte do termo. Assim, Tony Smith não mais irá cessar, a partir de 1962, de construir sua obra a partir da enigmática *Caixa preta*, como uma criança engenhosa a reconstruir em volumes a casuística sem fim — ou a heurística — de uma única noite.

Pois todas as suas esculturas, pelo menos até 1967, aparecem claramente a nosso olhar como *blocos de noite* com "voluminosidades" poderosas e títulos frequentemente evocadores: *We Lost*, por exemplo, que oferece uma variação monumental mas *esvaziada* dos cubos originais (*fig. 13, p. 103*). Ou então *Night*, cujo esboço havia deixado Tony Smith inicialmente insatisfeito, sendo depois, à visão de um anoitecer, retomado e *escurecido* para encontrar sua justa dimensão.[46] Mas a conivência dessa obra com o jogo noturno do visual não se limita, muito pelo contrário, a uma questão de títulos ou mesmo de ocasiões. Observa-se, com efeito, uma constante, quase uma teimosia, nesse artista cujos amigos diziam que "não queria aparecer"[47] — uma teimosia em expor suas obras no movimento mesmo de *retirá-las*, de colocá-las em recuo. Ele havia começado por colocar sua *Caixa preta* isolada nos fundos de sua casa, e dizia preferir que a vissem numa luz declinante; mas fez a mesma exigência para suas outras obras, inclusive as mais monumentais.[48]

Na verdade, o paradigma noturno — com a inquietude visual que supõe — irá dominar o estatuto dessas imagens negras até fazer delas, na ideia mesma de Tony Smith, volumes "dormentes" ou então "hostis", como a própria noite pode sê-lo alternadamente. Maneira,

[46] "At first it had a more lineal quality. I had made only a sketch, and it seemed too decorative to bother with. Then, during the summer of 1962, I sat alone for a long time in a quiet place, and I saw night come up just like that. I changed the proportions..." T. Smith, comentário a *Night*, em *Tony Smith. Two Exhibitions*, *op. cit.*

[47] "Smith did not seek to *appear*..." E. C. Goossen, "Tony Smith", *art. cit.*, p. 11.

[48] "I think my pieces look best with very little light..." T. Smith, citado por G. Baro, "Tony Smith: Toward Speculation in Pure Form", *Art International*, XI, 6, 1967, p. 29. E. C. Goossen, "Tony Smith", *art. cit.*, p. 11, evoca a escultura do Lincoln Center que Tony Smith recusou dispor na praça, preferindo um local mais retirado e mais obscuro.

13. T. Smith, *We Lost*, 1962 (construído em 1966). Aço, 325 x 325 x 325 cm. Cortesia Paula Cooper Gallery, Nova York.

uma vez mais, de dizer seu equilíbrio frágil — ou perigoso —, em todo caso sua incapacidade de funcionar como outros objetos "sociais", mesmo objetos de arte:

"Estas obras parecem inertes ou dormentes por essência — e é por isso que gosto delas; mas elas podem se mostrar agressivas, ou em território hostil, quando vistas entre outros objetos fabricados. Elas não se acomodam facilmente a ambientes comuns e, para aceitá-las, esses ambientes precisam de certas adaptações. Se não forem suficientemente fortes, elas desaparecerão pura e simplesmente; em sentido inverso, elas ameaçam destruir tudo que está ao redor delas, ou obrigar o que está ao redor a se conformar a suas exigências. Elas são negras e provavelmente maléficas. O organismo social não pode assimilá-las senão em lugares que ele próprio abandonou, lugares abandonados."[49]

Compreende-se então que esses grandes objetos negros não eram, na visão que o próprio Tony Smith tinha deles, nem "específicos" nem "teatrais". E aliás poderíamos, sob muitos aspectos, considerá-los como "monumentos de absorção" e de pura solidão melancólica.[50] É significativo em todo caso que muitas esculturas de Tony Smith tenham sido inventadas fora de uma clara visualização prévia — ideal, geométrica, desenhada —, procedendo antes por ajustamentos modulares experimentais.[51] E é significativo sobretudo o fato de geralmente estarmos diante dessas esculturas como diante de objetos difíceis de situar no espaço da profundidade, e mesmo, com frequência, difíceis de apreen-

[49] T. Smith, prefácio a *Tony Smith. Two Exhibitons, op. cit.*

[50] Isto para retomar uma vez mais as oposições utilizadas por Michael Fried, e para sugerir que elas são, no caso, inoperantes. Cf. M. Fried, "Art and Objecthood", *art. cit.*, pp. 18-21, e, mais recentemente, *Absorption and Theatricality. Painting and Beholder in the Age of Diderot*, Chicago-Londres, The University of Chicago Press, 1980, publicado em francês com o título *La place du spectateur. Esthétique et origines de la peinture moderne*, trad. C. Brunet, Paris, Gallimard, 1990. Quanto a Tony Smith, ele refutava qualquer relação de sua obra com teatralidade.

[51] "I can't visualize in advance. I would never have been able to visualize *Amaryllis*..." T. Smith, citado por L. R. Lippard, "Tony Smith: Talk about Sculpture", *Art News*, LXX, 2, 1971, p. 49.

der, de descrever segundo seu simples aspecto formal. Seu essencial negrume, com efeito, é um obstáculo ao claro reconhecimento de suas formas exatas: como a noite, elas são sem perfis internos. Como *na* noite, não podemos *diante* delas reconhecer facilmente o jogo dos planos, dos cortes e das superfícies (por isso elas são extremamente difíceis de fotografar). Sua massa se impõe diante de nós segundo a volumetria paradoxal de uma experiência tipicamente noturna: obnubilando a clareza dos aspectos, intensa e quase tátil — exigindo sempre aproximar-se ou sempre girar ao redor —, demasiado vazia e demasiado cheia ao mesmo tempo, *corpo de sombra* e não sombra de um corpo, sem limite e no entanto poderosa como um pano de muro, aguçando ao extremo o problema de nossas próprias dimensões face a ela ao nos privar parcialmente das referências de espaço em que poderíamos situá-la.

Tal é portanto a estranha visualidade dessas grandes massas negras geométricas. Ela nos impõe talvez reconhecer que só haja imagem a pensar radicalmente para além do princípio de visibilidade, ou seja, para além da oposição canônica — espontânea, impensada — do visível e do invisível. Esse mais além, será preciso ainda chamá-lo *visual*, como o que estaria sempre faltando à disposição do sujeito que vê para restabelecer a continuidade de seu reconhecimento descritivo ou de sua certeza quanto ao que vê. Só podemos dizer tautologicamente *Vejo o que vejo* se recusarmos à imagem o poder de impor sua visualidade como uma abertura, uma perda — ainda que momentânea — praticada no espaço de nossa certeza visível a seu respeito. E é exatamente daí que a imagem se torna capaz de nos olhar.

Isto implica entre outras coisas que só há imagem a pensar radicalmente para além do princípio mesmo do espaço extenso, extensivo, a saber, a ideia medida do grande e do pequeno, do próximo e do distante, do fora e do dentro etc. As esculturas de Tony Smith inquietam sua própria *clareza* formal — sua natureza essencialmente geométrica e não expressionista — pela insistência em se apresentarem *obscuras*. Elas são visualmente compactas e intensivas, mesmo quando articuladas. São pintadas de preto, isto é, são pintadas *no exterior* à imagem do que são *no interior*. Elas nos fazem assim hesitar constantemente entre o ato de ver sua demasiado escura forma exterior e o ato de sempre prever sua espécie de interioridade desdobrada, vazia, invisível em si. Por mais que *representem* uma ordem de evidência visível, a saber, uma certa clareza geométrica, elas rapidamente se

A dialética do visual, ou o jogo do esvaziamento

tornam objetos de inevidência, objetos capazes de *apresentar* sua convexidade como a suspeita de um vazio e de uma concavidade em obra.

Pois essas esculturas, pensando bem, não são senão *caixas*: seus volumes visíveis talvez só valham pelos vazios que nos deixam suspeitar. Elas acabarão assim por nos aparecer como *blocos de latência*: algo, nelas, jaz ou se cobre de terra, invisivelmente. Uma negra interioridade que, apresentada visualmente, arruína para sempre a certeza maníaca do *What you see is what you see*. E estaremos sempre diante delas como a filhinha de Tony Smith diante da primeira *Caixa preta*: nos perguntaremos sem fim — e sem resposta possível nem desejada — o que ele terá tanto querido esconder lá dentro. E ele próprio, aliás, devia se colocar a mesma questão. Como se a invenção de uma imagem, por mais simples que seja, correspondesse primeiro ao ato de construir, de fixar mentalmente um *objeto-questão*, se posso dizer. Algo como aqueles cofrezinhos de chumbo, de ouro ou de prata que, nas fábulas de nossa infância ou de nossa literatura, encerram os destinos ou os desejos inconscientes de seus heróis.[52] Pintadas de preto — cor de buraco, cor dos interiores de pirâmides —, as esculturas de Tony Smith colocam e recolocam *diante* de nós a questão de um *dentro* obscuro. É aliás significativo que o próprio artista tenha visto em seu trabalho um processo segundo o qual "os vazios são modelados com os mesmos elementos que as massas". E ele acrescentava: "Se pensarmos o espaço como um sólido, minhas esculturas são elas próprias como que vazios praticados nesse espaço".[53]

Pintadas de preto — cor de feridas visuais praticadas na extensão colorida das coisas visíveis —, as esculturas de Tony Smith aparecem portanto como os monumentos de uma lucidez muito escura na qual constantemente o volume coloca a questão — e constrói a dialética — de sua própria condenação ao vazio. Mas essa negra lucidez, esse *Trauerspiel* escultural, adquire também, não esqueçamos, a forma de um jogo intempestivo. Um jogo fixado ou cristalizado, que só dispõe uma frontalidade para remetê-la a uma cavidade, que só dispõe uma cavidade para remetê-la a um outro plano... É um perpétuo

[52] Cf. por ex. S. Freud, "Le motiv du choix des coffrets" (1913), trad. B. Féron, *L'inquiétante étrangeté et autres essais*, Paris, Gallimard, 1985, pp. 61-81.

[53] "Voids are made of the same components as the masses. [...] If you think of space as solid, they are voids in that space." Citado por G. Baro, "Tony Smith", *art cit.*, p. 29.

ir e vir de consequências fenomenológicas e semióticas contraditórias suscitadas pelas mesmas formas simples, é um jogo intimamente rítmico no qual coisas aparentemente semelhantes, ou estáveis, se agitam em realidade segundo uma escansão dialética que evoca o *Fort-Da*: dá vontade de jogar de novo com as palavras, como Tony Smith havia feito com *Die*, por exemplo as palavras *Vide!* (em latim, é a injunção mesma do visível: "Vê!") e *Vide!* (em francês, "vazio": "O que vês é vazio, não evidente, mas vazado!")... Ou então as palavras francesas *For* (o "foro" interior) e *Fors* (o fora, o excetuado, o vazado).[54] Uma escultura de Tony Smith — e em primeiro lugar seu cubo — poderia ser assim considerada como um grande brinquedo (*Spiel*) que permite operar dialeticamente, visualmente, a tragédia do visível e do invisível, do aberto e do fechado, da massa e da escavação. É exatamente o que se passa com *We Lost* (*fig. 13*), que só afirma sua massa — um cubo monumental — através do jogo imbricado dos *vazios expostos*, aqueles nos quais podemos nos introduzir, passar, e *vazios supostos* no corpo da escultura.

O jogo do *Fort-Da*, em seu próprio ritmo, era criador de uma espacialidade originária já dialética: a criança nele vigiava o pasmo aberto,[55] a espécie de antro de onde a mãe se havia ausentado, e desse lugar o carretel traçava a impossível geometria. O jogo inventava um lugar para a ausência, precisamente para "permitir que a ausência tivesse lugar".[56] Mas, enquanto é o próprio *agir* que engendra espontaneamente o lugar no movimento de ida e volta do carretel,[57] devemos reconhecer nas figuras da arte uma capacidade diferentemente complexa de *desvio* (esse movimento tão difícil de pensar geneticamen-

[54] Sobre essa palavra, ver o texto de J. Derrida, "Fors", em prefácio a N. Abraham e M. Torok, *Cryptonymie. Le verbier de l'homme aux loups*, Paris, Aubier-Flammarion, 1976, pp. 7-73.

[55] Cf. J. Lacan, *Le Séminaire*, XI, *op. cit.*, p. 60.

[56] P. Fédida, *L'absence*, *op. cit.*, p. 121.

[57] *Id.*, *ibid.*, p. 182: "O jogo possui assim, do mesmo modo que o sonho, a particularidade de constituir um espaço por meio de uma encenação. Sublinho que é a encenação que engendra o espaço e o transforma, e não o inverso. Isso quer dizer que o espaço do jogo é instantaneamente agido e que suas transformações são as do agir". Cf. igualmente pp. 110-1 (sobre o distanciamento da mãe), pp. 116-7 ("o jogo é cercado de vazios"), pp. 149-53 (sobre a dimensão vertical) e p. 175 (sobre o dentro e o fora).

A dialética do visual, ou o jogo do esvaziamento   107

te, e que Freud apreendia, tateando, através da palavra *sublimação*) e de volta. Com efeito, é a partir de um ponto de extrema elaboração — em Tony Smith, a reflexão incessantemente refinada sobre "a incrustabilidade da coisa",[58] reflexão incessantemente torneada e remanejada na língua — que uma escultura se tornará capaz, sem uma palavra, de *repor em jogo* dialeticamente a convivência fundamental do *ver* e do *perder*.

Basta-nos olhar longamente uma escultura de Tony Smith, intitulada *Die* ou então *We Lost*, para pegar no ar a dialética mesma desse despojamento. Basta-nos agarrar esses objetos públicos, esses objetos que hoje se mostram nos museus, para compreender a insistência dos vazios neles, para compreender a experiência *privada* que eles põem ou, mais exatamente, repõem em jogo. Felizmente, essas obras nada têm de introspectivo: não representam nem o relato autobiográfico, nem a iconografia de seus próprios esvaziamentos. É o que lhes confere a capacidade de insistência diante de nós em colocar o vazio enquanto questão visual. Uma questão silenciosa como uma boca fechada (ou seja, oca).

É verdade que Tony Smith forneceu algumas raras figuras, alguns trechos de memória dos quais poderíamos ser tentados a tirar um fio interpretativo. Por exemplo, contou que em criança, acometido de tuberculose, vivia numa minúscula cabine pré-fabricada — um cubo, praticamente[59] — que haviam instalado nos fundos da casa familiar. "Ali, diz ele, tudo era o mais despojado possível. Meus medicamentos chegavam em caixinhas. Com elas eu gostava de construir aldeias de índios".[60] Mas sabemos também o duplo sentido da palavra *pharmakon*: o remédio, o veneno (e também a tintura, a cor). Tony Smith, lembramos, evocava suas próprias esculturas como objetos "negros e provavelmente malignos" (*black and probably malignant*): pensava nelas como "sementes ou germes capazes de espalhar um crescimento ou uma doença".[61] *Growth*, o crescimento, a faculdade de aumentar e de pro-

---

[58] "I'm interested in the inscrutability and mysteriousness of the thing", citado — e criticado — por M. Fried, "Art and Objecthood", *art. cit.*, p. 25.

[59] Pelo menos assim imagino. Em todo caso, um paralelepípedo.

[60] Citado por L. R. Lippard, *Tony Smith*, *op. cit.*, p. 8.

[61] "I think of them as seeds or germs that could spread growth or disease." T. Smith, prefácio a *Tony Smith. Two Exhibitions*, *op. cit.*

liferar, possui já, na frase de Tony Smith, aquela duplicidade que nos obriga a pensar o tumor (*malignant growth*) como processo mortal no momento mesmo em que falamos da semente como processo de desenvolvimento vital.

Haveria portanto — e para além mesmo da evocação pelo artista de suas lembranças de infância — uma espécie de *heurística imaginária* a assinalar no trabalho de Tony Smith: uma heurística da vida e da morte, uma heurística do inerte e da proliferação portadora de vida ou então portadora de doença. Uma heurística talvez a assinalar em todo sistema consequente de imagens encadeadas. Constatamos em todo caso, na obra do escultor americano, um movimento progressivo de extensão em que as caixas pretas, as simples caixas solitárias e *inertes* em sua estatura geométrica simples, começam a produzir um efeito de multiplicação modular e "germinativa". Sobretudo a partir de uma obra eloquentemente intitulada *Generation* — e datada dos anos 1965-1966 —, o trabalho formal de Tony Smith se orientará assim para problemas de morfogênese, de cristalografia, e até mesmo de embriologia, próximos daqueles tratados por D'Arcy Thompson em seu famoso livro *On Growth and Form*.[62] Mas o efeito orgânico de construção e de crescimento — no sentido quase aristotélico do termo — se defronta sempre com a prova de sua negatividade (esse confronto é seu ritmo mesmo), como se as esculturas de Tony Smith só fossem *crescentes* ao tenderem para sua própria extinção, seu próprio abandono à morte. Como se só houvesse imagem a pensar radicalmente para além do princípio de identidade biológica, se se pode dizer, com a oposição espontânea que ela supõe do vivo e do morto.

Pois não há sentido em colocar-se a questão de saber se uma imagem é morta ou viva: tanto uma como outra resposta serão sempre insuficientes, ainda que a imagem seja eficaz. Tony Smith acaba por conceber conjuntos de esculturas dispostas como personagens em situação de "conversação" muda, deslocáveis a cada dia em um novo arranjo (*fig. 14, p. 110*); ele parecia levar muito longe a metáfora da vida e o esforço para fazer da imagem-objeto uma espécie de *quase sujeito*: "Eu pensava em cada elemento como tendo sua própria identidade, mas ele fazia parte igualmente do grupo".[63] O conjunto evocava assim

---

[62] *Id., ibid.*, que cita D'Arcy Thompson num texto intitulado "Remarks on Modules". Cf. igualmente L. R. Lippard, *Tony Smith, op. cit.*, pp. 10-7.

[63] T. Smith, citado por L. R. Lippard, "The New Work: More Points on the

14. T. Smith, *Ten Elements*, 1975-1979. Madeira pintada, dimensões variáveis (cerca de 122 cm de altura). Cortesia Paula Cooper Gallery, Nova York.

15. Megálitos de Swinside (Inglaterra). Período neolítico. Foto A. Rafferty.

16. T. Smith, *For V. T.*, 1969. Madeira pintada, 142 x 142 x 71 cm. Cortesia Paula Cooper Gallery, Nova York.

algo como um grande organismo vivo que não teria terminado seu próprio crescimento, ou então um diálogo de organismos feitos para se *influenciarem* reciprocamente.[64] Aliás, o próprio Tony Smith deu a expressão mais radical dessa protensão atuante ou "viva" de suas imagens: "Eu não pensava nelas como escultura, mas em algo como presenças" (*I didn't think of them as sculpture but as presences of a sort*).[65]

Mas, ao mesmo tempo, ele as nomeava *Wandering Rocks*: pedras que vagam no abandono, pedras portadoras de vazios, *portadoras de ausências*.[66] "Pedras", no entanto, fabricadas em madeira, como a primeira *Caixa preta*, e exibindo cada uma, mais que outras obras, sua natureza de caixas, através do leve despregamento das tábuas, bem visível nas arestas (*fig. 16, p. 111*). Em sentido de quê esse aspecto acena para nós? Em sentido de algo que se abre e não cessa de cindir-se em duas direções. Primeiro, no sentido da imagem impossível de ver do que significaria para cada um o *futuro* absoluto, ou seja, a morte. Como se o aspecto essencialmente lúdico desses objetos móveis, "vivos", fosse a área de um grande jogo de xadrez no qual o desaparecimento estivesse em jogo. Mas ele também acena no sentido da imagem mesma — ainda visível por ruínas e por vestígios — do *passado* mais antigo. Tony Smith evocava, a propósito de seu grupo de esculturas, os velhos jardins zen, ou então, reafirmando a importância das luzes declinantes sobre suas obras, via seu próprio ateliê como um sítio megalítico[67] (*fig. 15, p. 110*).

São de fato numerosas, em Tony Smith, as referências à arte mais antiga e às imagens "antropologicamente simples", se podemos dizer:

Lattice. An Interview with Tony Smith", *Tony Smith: Recent Sculpture*, Nova York, Knoedler, p. 13.

[64] Cf. M. Deschamps, "Tony Smith et/ou l'art minimal", *Art Press*, n° 40, 1980, p. 21. E J.-P. Criqui, "Trictrac pour Tony Smith", *art. cit.*, p. 49: "Cada elemento — em distensão, como à beira da queda — 'puxa' em sua direção os outros, e o espaço que os separa se vê de certo modo adensado em proveito de um efeito de conjunto curiosamente unitário".

[65] T. Smith, citado por S. Wagstaff Jr., em *Tony Smith. Two Exhibitions*, *op. cit.*

[66] É um dos sentidos, psíquico, de *wander*: ausentar-se, ficar distraído.

[67] "In my studio they remind me of Stonehenge. If the light is subdued a little, it has more of the archaic or prehistoric look that I prefer..." T. Smith, citado por L. R. Lippard, *Tony Smith, op. cit.*, p. 19 (cf. igualmente p. 21).

112   O que vemos, o que nos olha

ele gostava das arquiteturas do Oriente antigo, com seus muros de tijolos e suas formas compactas; gostava dos objetos talhados na massa, os objetos eficazes e poderosos (*powerful*); gostava em geral dos monumentos "simples, imponentes e resistentes".[68] Para falar de *Die*, ele evocou mais precisamente a fabulosa capela do templo egípcio de Leto, da qual Heródoto nos conta que consistia num monólito cúbico de dimensões enormes.[69] E poderíamos multiplicar as associações, evocar o *colossos* grego ou, melhor ainda, o bloco de pedra cúbico que as Heráclides, segundo Pausânias, ergueram num bosque para instituir o *héroon* (o templo) de Alcmene[70] — ou mesmo a *Ka'ba* de Meca que abriga sua famosa pedra negra.

Mas se quiséssemos tirar de todas essas referências um "primitivismo" ou um "arcaísmo" das esculturas de Tony Smith, cometeríamos um grave engano sobre seu estatuto efetivo.[71] Uma vez mais, é *dialeticamente* que devemos considerá-las, no sentido mesmo em que Walter Benjamin — próximo nesse ponto de Aby Warburg — pôde falar de "imagem dialética", quando tentava, no *Livro das passagens*, pensar a existência simultânea da modernidade e do mito: tratava-se para ele de refutar *tanto* a razão "moderna" (a saber, a razão estreita, a razão cínica do capitalismo, que vemos hoje se reatualizar na ideologia do pós-modernismo) *quanto* o irracionalismo "arcaico",

[68] "I like shapes of this kind; they remind me of the plans of ancient buildings made with mud brick wall..." T. Smith, comentário a *Playground*, em *Tony Smith. Two Exhibitions, op. cit.* "I like the power of African sculptures carved from singled blocks. They are statements in mass and volume. There is little that is lineal in them. There is nothing impressionistic about the surfaces. Every part, as well as the piece as a whole, seems to have its own center of gravity. The parts act as masses, weights, hunks." T. Smith, citado por L. R. Lippard, *Tony Smith, op. cit.*, p. 8. "I have always admired very simple, very authoritative, very enduring things." T. Smith, citado por L. R. Lippard, "Tony Smith: Talk about Sculpture", *art. cit.*, p. 48.

[69] T. Smith, comentário a *Die*, em *Tony Smith. Two Exhibitions, op. cit.* O texto de Heródoto se encontra em *Histoires*, II, 155, trad. A. Barguet, Paris, Gallimard, 1964, p. 207.

[70] A associação com o *colossos* é feita por J.-P. Criqui, "Trictrac pour Tony Smith", *art. cit.*, p. 50. Sobre esse assunto, ver o texto célebre de J.-P. Vernant em *Mythe et pensée chez les Grecs*, Paris, Maspero, 1965, II, pp. 65-78, e, mais recentemente, *Figures, idoles, masques*, Paris, Julliard, 1990, pp. 17-82, em que o *héroon* de Alcmene é evocado, p. 73.

[71] O que parece fazer M. Deschamps, "Tony Smith", *art. cit.*, p. 21.

A dialética do visual, ou o jogo do esvaziamento

sempre nostálgico das origens míticas (a saber, a poesia estreita dos arquétipos, essa forma de crença cuja utilização pela ideologia nazista Benjamin conhecia bem). Na verdade, a *imagem dialética* dava a Benjamin o conceito de uma imagem capaz de *se lembrar* sem imitar, capaz de repor em jogo e de *criticar* o que ela fora capaz de repor em jogo. Sua força e sua beleza estavam no paradoxo de oferecer uma figura nova, e mesmo inédita, uma figura realmente *inventada* da memória.

"Não cabe dizer que o passado ilumina o presente ou que o presente ilumina o passado. Uma imagem, ao contrário, é aquilo no qual o Pretérito encontra o Agora num relâmpago para formar uma constelação. Em outros termos, a imagem é a dialética em suspensão. Pois, enquanto a relação do presente com o passado é puramente temporal, contínua, a relação do Pretérito com o Agora presente é dialética: não é algo que se desenrola, mas uma imagem fragmentada. Somente as imagens dialéticas são imagens autênticas (isto é, não arcaicas); e a língua é o lugar onde é possível aproximar-se delas."[72]

Neste sentido poder-se-á dizer que os cubos negros de Tony Smith se oferecem a nós como imagens dialéticas: sua simplicidade visual não cessa de dialogar com um trabalho extremamente elaborado da língua e do pensamento. Sua vocação de reminiscência serve a uma crítica do presente, enquanto sua configuração mesma (seu aspecto geométrico "minimal", seus materiais, seu modo de exposição) critica simetricamente toda nostalgia (artística, metafísica ou religiosa) desde o lugar de uma reflexão constantemente aguçada sobre as condições presentes da atividade artística. De um lado, com efeito, as esculturas de Tony Smith têm a ver com uma arte da memória, no sentido mais forte do termo. O que é a *Caixa preta* senão a imagem de memória, cinco vezes aumentada, de um objeto dado ele próprio como um lugar de memória, a saber, um fichário capaz de conter as mil e uma noites do pensamento de um homem? Mas essa imagem de memória

---

[72] W. Benjamin, *Paris, capitale du XIXᵉ siècle. Le livre des Passages*, ed. R. Tiedemann, trad. J. Lacoste (ligeiramente modificada), Paris, Cerf, 1989, pp. 478-9.

foi posta em jogo de modo a produzir um volume a-icônico, uma escultura pintada de preto, como se o preto fornecesse a cor de uma memória que jamais conta sua história, não difunde nenhuma nostalgia e se contenta sobriamente em *apresentar seu mistério* como volume e como visualidade. Os contemporâneos de Tony Smith se impressionavam todos com o caráter "aterrorizante", quase monstruoso, de sua memória.[73] Mas ele próprio sentia sua obra como "o produto de processos que não são regidos por objetivos conscientes".[74] Assim, o cubo negro de Tony Smith funciona como um lugar onde o passado sabe tornar-se anacrônico, enquanto o presente mesmo se apresenta *reminiscente*.[75] Nem por isso ele é menos — visual e psiquicamente — "simples, imponente e perseverante". Perseverante como a memória, perseverante como um destino em obra. Obrigando-nos a admitir que a imagem só poderia ser pensada radicalmente para além do princípio usual de historicidade.

Pois o *anacronismo* essencial implicado por essa dialética faz da memória, não uma instância que retém — que sabe o que acumula —, mas uma instância que perde: ela joga porque sabe, em primeiro lugar, que jamais saberá por inteiro o que acumula. Por isso ela se torna a operação mesma de um *desejo*, isto é, um repor em jogo perpétuo, "vivo" (quero dizer inquieto), da perda. Um jogo com a perda, como o *Fort-Da* podia oferecer a repetição rítmica de um "ponto zero do desejo", e podia de certo modo fixar o infixável: ou seja, um *laço de abandono* que se torna jogo, que se torna uma alegria de ébano — que se torna uma obra.[76] Em outras palavras, um monumento para compacificar o fato de que a perda sempre volta, nos traz de volta.

[73] "He had a memory that was terrifying in its accuracy. [...] Events for him were super-real and history was a series of sharp realities." E. C. Goossen, "Tony Smith", *art. cit.*, p. 11.

[74] T. Smith, citado por J.-P. Criqui, "Trictrac pour Tony Smith", *art. cit.*, p. 39.

[75] Cf. P. Fédida, "Passé anachronique et présent réminiscent", *L'Écrit du temps*, n° 10, 1986, pp. 23-45. Poder-se-ia aqui cogitar sobre o tema da *caixa preta* como caixa de memória moderna. Cf. a esse respeito M. Serres, *Statues*, Paris, F. Bourin, 1987, pp. 280-1.

[76] Sobre o *Fort-Da* e o "ponto zero do desejo", cf. J. Lacan, "Séminaire sur la lettre volée", *Écrits*, *op. cit.*, p. 46. Sobre o "laço de abandono", cf. P. Fédida, *L'absence*, *op. cit.*, p. 144. É significativo que ambos se refiram aqui, em última

A dialética do visual, ou o jogo do esvaziamento

Compreende-se então que a "presença" de que falava Tony Smith designava em realidade a dialética — a dupla distância — do lugar para dizer *é aí* e do lugar para dizer *que se perdeu.* Os elementos de seus grupos de estátuas são denominados às vezes *For J. W.* ou *For V. T.* (*fig. 16, p. 111*): eles designam pessoas mortas ou a morrer.[77] Que são eles, portanto, senão modernos túmulos, no sentido poético do termo, os restos assassinados e mudos — mas próximos, aí, diante de nós — de uma perda que distancia e que faz do ato de ver um ato para considerar a ausência? Estão aí, mas o que os compõe visualmente, diante de nós, vem de longe. Neles a perda vai e vem. Eles nos obrigam a pensar a imagem — sua compacidade mesma — como o processo, difícil de ver, *daquilo que cai*: a pensar, radicalmente, como o "calmo bloco caído de um desastre obscuro".[78] E que daí nos olha.

instância, à mãe como *perdida.* Cf. J. Lacan, *Le Séminaire*, VII, *L'éthique de la psychanalyse* (1959-1960), Paris, Seuil, 1986, p. 85, e P. Fédida, *ibid.*, pp. 193-5 (que fala da *mãe afastada*).

[77] Cf., sobre essa série, J.-P. Criqui, "For T. S.", *Tony Smith*, Madri, Torte Picasso, 1992, não paginado.

[78] S. Mallarmé, "Le tombeau d'Edgar Poe" (1876), *Oeuvres complètes, op. cit.*

6.
ANTROPOMORFISMO E DESSEMELHANÇA

A "dialética" de que falo não é feita, como terão compreendido, nem para resolver as contradições, nem para entregar o mundo visível aos meios de uma retórica. Ela ultrapassa a oposição do visível e do legível num trabalho — no *jogo* — da figurabilidade.[1] E nesse jogo ela joga com, ela faz jogar, constantemente, a contradição. A todo instante a expõe, a faz viver e vibrar, a dramatiza. Ela não justifica um conceito que sintetizaria, apaziguando, os aspectos mais ou menos contraditórios de uma obra de arte. Procura apenas — mas é uma modéstia muito mais ambiciosa — justificar uma dimensão "verbal", quero dizer atuante, dinâmica, que *abre* uma imagem, que nela cristaliza aquilo mesmo que a inquieta sem repouso. Aqui não há portanto "síntese" a não ser inquietada em seu exercício mesmo de síntese (de cristal): inquietada por algo de essencialmente movente que a atravessa, inquietada e trêmula, incessantemente transformada no olhar que ela impõe. "Findo o sólido. Findo o contínuo e o calmo. Uma certa dança está em toda parte".[2] Em toda parte, portanto, esse batimento *anadiômeno* que faz prosseguir o fluxo e o refluxo; em toda parte, o mergulho nas profundezas e o nascimento que sai das profundezas. Uma certa dança está em toda parte — mesmo num cubo de aço preto ou num paralelepípedo de cerca de um metro e oitenta de comprimento.[3]

---

[1] Tentei resumir alguns dos efeitos principais disso, em relação à arte cristã do Ocidente, num artigo intitulado "Puissances de la figure. Exégèse et visualité dans l'art chrétien", *Encyclopaedia Universalis* — *Symposium*, Paris, EU, 1990, pp. 696-709. Cf. igualmente *Devant l'image, op. cit.*, pp. 175-95.

[2] H. Michaux, *Connaissance par les gouffres*, Paris, Gallimard, 1967 (nova ed. revisada), p. 187.

[3] Por isso, depois dessa ampla noção de uma dialética visual, não haveria mais razão de opor a todo custo uma arte modernista imobilizada em sua "pura" opticidade e uma arte surrealista ou duchampiana da "pulsão de ver". Uma obra de Mondrian é certamente tão "rítmica" quanto um *Rotorelief* em movimento de

A obra é um cristal, mas todo cristal se move sob o olhar que ele suscita. Ora, esse movimento não é outro senão o de uma cisão sempre reconduzida, a dança do cristal em que cada faceta, inelutavelmente, *contrasta* com a outra.

Dessa dialética, dessa dança íntima, a obra de Tony Smith se mostra — paradoxalmente — exemplar. Exemplar e, acima de tudo, facilmente acessível a quem aceita permanecer pouco mais que alguns segundos diante das esculturas muito "evidentes", mas que rapidamente se transformam em cristais de inevidência. Acessível, também, porque o próprio Tony Smith não cessou, através de suas tomadas de posição, suas associações de ideias, de apontar o dedo e de orientar nosso olhar para a inevidência dialética de suas obras. Torna-se então difícil ao crítico de arte ou ao historiador enquadrá-lo na vitrine do "minimalismo" com o qual, no entanto, tem muito a ver.[4] Tony Smith fabricava objetos "específicos" eliminando toda ilusão representativa de um espaço que não fosse aquele mesmo que seus volumes aridamente apresentam; e, no entanto, em todo exterior sobreimpunha-se de modo estranho a suspeita de um interior, e a espacialidade mensurável vertia-se então numa sensação de *lugar* apreendido como dialética de inclusões e de equivocidades. Esses objetos geométricos manifestavam, por outro lado, uma preocupação de rigor, de decisão formais extremamente radicais, e no entanto Tony Smith pretendia jamais ter tido "alguma noção programática da forma".[5]

Pode-se imaginar um objeto mais "específico" e mais "simples" (*single*, no sentido de Donald Judd) que um simples cubo de aço preto? Pode-se imaginar um objeto mais "total", estável e desprovido de detalhes? No entanto, será preciso admitir diante dessa forma perfeitamente *fechada*, e autorreferencial, que alguma outra coisa poderia de fato nela estar *encerrada*... A inquietude retira então do objeto toda a sua perfeição e toda a sua plenitude. A suspeita de algo que *falta ser visto* se

---

Marcel Duchamp — só que se trata de um outro tipo de ritmo. Cf. R. Krauss, "La pulsion de voir", *Cahiers du Musée National d'Art Moderne*, n° 29, 1989, pp. 35-48, e "Note sur l'inconscient optique", *art. cit.*

[4] Cf. M. Deschamps, "Tony Smith et/ou l'art minimal", *art. cit.*, pp. 20-1.

[5] "I have never had any programmatic notion of form. It is a matter of how much I can tolerate." T. Smith, citado por L. R. Lippard, "The New Work", *art. cit.*, p. 17. Lembremos também sua frase, citada mais acima: "Minha obra é o resultado de processos que não são regidos por objetivos conscientes".

impõe doravante no exercício de nosso olhar agora atento à dimensão literalmente *privada*, portanto obscura, esvaziada, do objeto. É a suspeita de uma latência, que contradiz mais uma vez a segurança tautológica do *What you see is what you see*, que contradiz a segurança de se achar diante de uma "coisa mesma" da qual poderíamos refazer em pensamento a "mesma coisa".

Então, a estabilidade temporal do cubo — correlativa de sua idealidade geométrica — também se abisma, porque sentimo-la votada a uma arte da memória cujo conteúdo para nós (assim como para o artista) permanecerá sempre defeituoso, jamais narrativizado, jamais totalizado. A repetição em obra não significa mais exatamente o controle serial, mas a inquietude heurística — ou o heurístico inquieto — em torno de uma perda. O inexpressivo cubo, com sua rejeição consequente de todo "expressionismo" estético, chumbar-se-á finalmente com algo que chama uma jazida de sentido, jogos de linguagem, fogos de imagens, afetos, intensidades, quase corpos, quase rostos. Em suma, um *antropomorfismo* em obra.

É exatamente, lembremos, o que Michael Fried já havia assinalado nos cubos de Tony Smith. Mas é precisamente o que não suportava neles, experimentando em sua presença a sensação penosa e contraditória de ser *distanciado* e *invadido* ao mesmo tempo:

> "Também aí, a experiência de ser distanciado pela obra (*the experience ob being distanced by the work in question*) parece capital: o espectador sabe que se acha numa relação indeterminada, aberta (*indeterminate, open-ended*) — e não obrigatória — de *sujeito* com o objeto inerte na parede ou no chão. Na verdade, ser distanciado de tais objetos não é, penso, uma experiência radicalmente diferente da que consiste em ser distanciado ou invadido pela presença silenciosa de uma outra pessoa (*being distanced, or crowded, by the silent presence of another person*). O fato de topar de improviso com objetos literalistas em peças um tanto escuras pode se revelar igualmente perturbador, ainda que momentaneamente."[6]

Fica claro que essa descrição nos vem de um homem *atingido* por objetos que ele não obstante detesta — objetos que ele detesta preci-

---

[6] M. Fried, "Art and Objecthood", *art. cit.*, p. 17.

samente por sua capacidade de atingi-lo desse modo. Michael Fried assinalou aqui, ou sentiu, melhor que ninguém, a *eficácia* dos volumes minimalistas (tratava-se da primeira vez que escrevia sobre as obras de Tony Smith e de Robert Morris). Ele se viu subitamente confrontado a uma familiaridade terrivelmente inquietante, *unheimliche*, diante dessas esculturas por demais "específicas" — valor ideal segundo ele — para serem honestamente "modernistas", por demais geométricas para não ocultarem algo como entranhas humanas. E essas obras fazem-no literalmente arrepiar-se, como um *colossos* ou um ídolo cicládico fariam um iconoclasta arrepiar-se: pois elas transmitem uma eficácia fanstasmática, que ele abomina, pelos próprios meios que ele adora, a saber, os meios *a-icônicos* da "especificidade" formal, da pura geometria.

Eis portanto o que era insuportável de pensar para um "modernista" ortodoxo: que aquilo que ele defendia pudesse, num certo momento, servir aquilo mesmo que ele refutava. Como se bastasse um *jogo* inteiramente mínimo em meios idênticos para engendrar fins inteiramente contraditórios e inesperados; mas exatamente isto constitui a eficácia das sobredeterminações causais, a que comanda, por exemplo, o trajeto e o aspecto das nuvens[7] e, num plano de complexidade e de significação bem diferente, abre a obscura liberdade das obras de arte face às suas próprias premissas teóricas. Michael Fried tocava, seja como for, no ponto crucial da fenomenologia suscitada pelas obras de Tony Smith ou de Robert Morris: ora, essa fenomenologia contradizia cada elemento ou cada momento de visão por um momento adventício que arruinava sua estabilidade. Tudo o que Michael Fried observa diante dos cubos de Tony Smith — uma cumplicidade com o objeto que sabe se transformar em agressão, um distanciamento que sabe se transformar em sufocação, um sentimento de vazio que sabe se transformar em "atravancamento" (*crowding*), uma inércia de objeto que sabe se transformar em "presença" de quase sujeito —, tudo isto não faz senão enunciar o equilíbrio paradoxal das esculturas de Tony Smith: seu estatuto incerto, mas também a eficácia resultante de tal incerteza. E portanto seu interesse maior, sua beleza essencial, sua dialética em obra.

[7] É uma das lições da teoria moderna do caos, cf. D. Ruelle, *Hasard et chaos*, Paris, Odile Jacob, 1991.

Ora, tudo isto, porque não podia denominá-lo crença — pois a crença é uma forma de certeza —, Michael Fried o denominava, pejorativamente, um *teatro*. Teatro significando, no caso, a associação "impura" de um objeto *factício* — fatalmente inerte — com uma fenomenologia inteiramente voltada para a palavra *presença*, fatalmente voltada para uma problemática do vivo (pelo menos voltada para uma questão colocada ao vivo). Eis-nos assim reconduzidos ao problema essencial, o problema que permanece problemático: a saber, o problema de compreender no fundo o que pode exatamente significar a expressão segundo a qual um *objeto* seria "específico em sua própria presença". Judd, a seu modo, colocava o problema — mas sem experimentá-lo nem explorá-lo como problema.[8] Robert Morris, ao contrário, admitia toda a sua acuidade teórica, enquanto Tony Smith apresentava frontalmente — num gesto que certamente não se deveria tomar por ingenuidade — a cisão dialética da "forma" e da "presença" conjugadas: "Espero — ele dizia ao falar de seus objetos — que eles tenham forma e presença".[9]

Mas o que isto quer dizer, forma "e" presença? O que é uma *forma com presença?* Com efeito, a questão se recoloca — abre-se de novo e, imagino, está longe de se fechar definitivamente — de saber, ou melhor, de compreender o que pode exatamente significar a "presença" de um objeto figural. Antes de interrogar a palavra pela qual Michael Fried conclui virtualmente seu requisitório — a palavra *antropomorfismo* —, devemos prestar ainda atenção ao que constitui tangivelmente para ele a experiência de uma tal "presença". E nesse ponto devemos confiar nele, na medida mesmo em que o desprazer violento que sentia só terá tornado sua visão mais aguçada. Essa experiência consiste, direi, no jogo de *dois silêncios*. É primeiramente a *boca fechada* dessa pessoa inquietante imaginada por Michael Fried, e diante da qual se sente profundamente incomodado, num desconforto que beira a angústia — ao mesmo tempo distanciado, como se um vazio se interpusesse de pessoa a pessoa, e invadido por ela, como se o pró-

---

[8] Quero dizer: em seus textos. Pois suas obras manifestam amplamente tanto o problema quanto a experiência e a exploração.

[9] "I hope they have form and presence..." T. Smith, prefácio a *Tony Smith. Two Exhibitions, op. cit.*

Antropomorfismo e dessemelhança

prio vazio viesse enchê-lo, isto é, abandoná-lo a si próprio. É o silêncio humano, a suspensão do discurso, instauradora da angústia e daquela "solidão parceira" que os moribundos ou então os loucos impõem às vezes com sua presença. É a seguir a *caixa fechada*, "muda como um túmulo",[10] que impõe por seu volume mesmo o distanciar do esvaziamento que ela contém, e que no entanto ela reabre na cavidade mesma de nosso olhar: maneira, por certo, de invadi-lo também. Ela o invade e o angustia, talvez porque suspenda, por outros meios, o discurso — ideal, metafísico — da forma bem-formada, plena; e porque nessa suspensão nos deixa sós e como que abertos diante dela.

Esses dois silêncios, o escultor os põe em obra através dos paradigmas complementares — portadores no entanto de uma essencial contradição ou cisão — da *estatura* e do *túmulo*. A estatura, caráter essencial das estátuas, é o estado de manter-se de pé (*stare*), e é algo que se diz primeiramente dos homens vivos, para distingui-los do resto da criação — animais, coisas — que se move, que rasteja ou simplesmente é colocado diante de nós. A estatura se diz dos homens vivos, aprumados, e designa, já em latim, seu tamanho de homens: ela se refere portanto, fundamentalmente, à escala ou à *dimensão humana*. Cabe aqui lembrar que um aspecto essencial na invenção de *Die* foi a fixação do objeto, num momento dado, sobre a dimensão precisamente humana dos famosos "seis pés"; mas antes mesmo do episódio do jogo de palavras, Tony Smith nos conta que havia desenhado, alguns anos antes, o volume de um ateliê imaginado, um habitáculo cúbico de quarenta pés de lado. A fixação definitiva sobre os "seis pés" equivalia assim a reduzir um volume inicial às dimensões exatamente humanas de algo que Tony Smith evocava segundo a dupla imagem do homem vitruviano desenhado por Leonardo da Vinci e do ataúde chamado pela expressão *six foot box*.[11]

Essa questão de escala é evidentemente fundamental. Reduzidas, as esculturas de Tony Smith não seriam afinal senão inofensivos bibelôs *design* a colocar sobre uma mesinha de centro. Aumentadas, puxariam toda a obra para o lado do colossal, ou seja, o lado de uma fenomenologia da intimidação que encontramos com frequência nas arquite-

---

[10] É a expressão que vem imediatamente — e pertinentemente — ao espírito de J.-P. Criqui, "Trictrac pour Tony Smith", *art. cit.*, p. 39.

[11] Cf. T. Smith, comentário a *Die*, em *Tony Smith. Two Exhibitions, op. cit.*

turas religiosas ou militares. Era preciso de fato, nesses primeiros objetos minimalistas, *confrontar* o homem com o problema — e não a representação figurativa — de sua própria estatura. Eis por que, além do próprio Tony Smith, os principais artistas do minimalismo americano construíram efetivamente, num momento ou noutro, objetos que, por mais "abstratos" que fossem, buscavam como que a proximidade, a aproximação insistente da escala humana... Mesmo que o movimento final viesse a ultrapassar esse momento dialético para se lançar, por diferença e por referência, rumo a outras dimensionalidades. Foi exatamente o que fez Robert Morris, a partir de 1961, quando deu a seus *Grey Polyedrons* — as famosas "colunas" (*fig. 9, p. 64*) — dimensões que giravam em torno da escala humana, se posso dizer, dimensões que hesitavam entre seis e oito pés de altura.[12] É também exatamente o que ele dizia, com bom senso, quando referia toda percepção dimensional à escala "antropomórfica":

"Quando percebemos uma certa dimensão, o corpo humano entra no *continuum* das dimensões e se situa como uma constante na escala. Sabemos imediatamente o que é menor e o que é maior que nós mesmos. Embora isso seja evidente, é importante notar que as coisas menores que nós são vistas diferentemente que as coisas maiores. O caráter familiar (ou *íntimo*) atribuído a um objeto aumenta quase na mesma proporção que suas dimensões diminuem em relação a nós. O caráter *público* atribuído a um objeto aumenta na mesma proporção que suas dimensões aumentam em relação a nós. Isto é verdade durante o tempo que se olha o conjunto de uma coisa grande e não uma pequena."[13]

Qual é, pois, o estatuto de tal "antropomorfismo"? Compreende-se que ele só chega à *dimensão* humana como *questão* colocada pela forma ao espectador que a olha, e que aliás pode muito bem não vê-lo ou reconhecê-lo pelo que é realmente, isto é, ao mesmo tempo apresentado e latente, porque *indicialmente* presente. Esse "antropomor-

[12] Cf. M. Compton e D. Sylvester, *Robert Morris*, Londres, The Tate Gallery, 1971, p. 23. Cf. igualmente p. 43 (peça de 1966).

[13] R. Morris, "Notes on Sculpture", *art. cit.*, p. 88, retomado resumidamente em "A Duologue" com D. Sylvester, *Robert Morris*, *op. cit*, p. 13.

Antropomorfismo e dessemelhança

fismo" é portanto subliminar, ou quase, ele se prende apenas por um fio — um fio tão tênue quanto o *I* virtualmente contido no *Die* abstrato e mortífero de Tony Smith. Também Robert Morris, exatamente na mesma época, jogou com as relações equívocas de uma caixa fechada e do pronome pessoal "eu": uma obra de 1962, intitulada, *I-Box*, apresentava-se como uma pequena caixa pendurada à parede e cuja "porta" tinha os contornos da letra *I*; quando aberta, descobria-se uma fotografia que representava o próprio Robert Morris, de pé, sorridente, nu como Adão.[14] Essa obra vem ao encontro de nosso problema em seu valor mesmo de exceção (ou seja, em sua concessão feita — mas à maneira duchampiana — à representação explícita do sujeito): pois ela necessitava uma representação figurativa na medida mesmo em que se apresentava sob uma dimensão reduzida. Robert Morris — como mais tarde Bruce Nauman — não cessou de implicar o corpo humano, o seu próprio em particular, em muitas de suas obras; mas acabará por fazê-lo, em 1964, segundo o aspecto diversamente interessante, e ainda duchampiano, da *marca* que restitui a exatidão absoluta da dimensão mas obnubila por sua "negatividade" — a cavidade, o vazio que ela produz e expõe — qualquer reconhecimento icônico.[15] Assim, o antropomorfismo de todas essas obras deve ser compreendido como uma relação *indicial* posta em jogo: ainda que tivesse o valor de um autorretrato, nenhuma concessão terá sido feita à imagem imitativa entendida no sentido corrente.[16]

É fascinante constatar a que ponto a *dimensão* do corpo humano pôde se achar implicada — e cada vez mais sutilmente — na produção dos artistas americanos desse movimento não obstante explicitamente "geométrico". Sol LeWitt, na época mesmo em que desenvol-

---

[14] Cf. M. Compton e D. Sylvester, *Robert Morris*, *op. cit.*, p. 54, e sobretudo M. Berger, *Labyrinths. Robert Morris, Minimalism and the 1960s*, Nova York, Harper and Row, 1989, pp. 36-7 (e, em geral, pp. 19-46 e 129-66).

[15] Cf. M. Compton e D. Sylvester, *Robert Morris*, *op. cit.*, pp. 62-4.

[16] A questão da indicialidade deveria permitir repensar em Robert Morris a dimensão "teatral" — enfatizada por M. Fried, de um lado, e por M. Berger, de outro — de sua obra. Sobre esse artista, poderão ser consultados também A. Michelson, "Robert Morris: An Aesthetics of Trangression", *Robert Morris*, Washington, Corcoran Gallery of Art, 1969, pp. 7-79; M. Tucker, *Robert Morris*, Nova York, Whitney Museum of American Art, 1970; e R. Krauss, *Passages in Modern Sculpture*, *op. cit.*, pp. 236-9, 264-70, etc.

via suas "estruturas modulares", produziu a exceção significativa de uma obra — também de pequeno porte, vinte e sete centímetros de altura — que expunha dez fotografias sucessivas de uma mulher vista frontalmente de pé, caminhando, impassível, nua como Eva: ela acabava por oferecer ao olhar apenas o "broquel de velino esticado" de seu ventre branco.[17] Mas, para além desse hápax em forma de explicação icônica, Sol LeWitt não cessará de *implicar* a dimensão humana, entre um metro e sessenta e dois metros, em um número bastante considerável de suas obras mais "matemáticas" ou modulares[18] (*fig. 17, p. 126*). O tamanho decididamente pregnante dos "seis pés" — um metro e oitenta e três centímetros aproximadamente — reaparecerá também na obra de Carl Andre (*fig. 18, p. 126*), certamente em muitos outros exemplos.

Talvez coubesse buscar o começo de uma arqueologia desse problema no propósito estranhamente neutralizante de Ad Reinhardt, quando projetava o quadro de seus sonhos — negro, evidentemente — como "um quadrado (neutro, sem forma) de tela, com cinco pés de largura, cinco pés de altura, alto como um homem, largo como os braços abertos de um homem (nem grande, nem pequeno, sem tamanho)...".[19] Compreende-se na verdade que o "sem tamanho" de Ad Reinhardt, que é *nosso tamanho*, funciona aí como um operador dúplice de formalidade "específica", geométrica, e de implicação corporal, subjetiva. Ele permite à estatura do objeto pôr-se diante de nós com a força visual de uma *dimensão que nos olha* — nos concerne e, indicialmente, assemelha-se a nós —, ainda que o objeto *nada dê a ver* além de si, além de sua forma, sua cor, sua materialidade próprias. O homem, o *anthropos*, está de fato aí na simples apresentação da obra, no face a face que ela nos impõe; mas não tem, ele, sua forma pró-

[17] A obra, de 1964, intitula-se *Muybridge I*. Cf. A Legg (ed.), *Sol LeWitt*, Nova York, The Museum of Modern Art, 1978, pp. 76-7.

[18] No catálogo de sua exposição no MoMA de Nova York, em 1978, podem-se contar umas vinte obras que correspondem a essas dimensões. Cf. A. Legg, *Sol LeWitt*, op. cit., nº 19, 25, 44, 45, 47, 50, 55 a 59, 69, 119 a 122, 124, 136, 139, 156...

[19] "A square (neutral, shapeless) canvas, five feet wide, five feet high, as high as a man, as wide as a man's outstretched arms (not large, not small, sizeless)..." A. Reinhardt, "Autocritique" (1955), *Art as Art. The Selected Writings of Ad Reinhardt*, ed. B. Rose, Nova York, The Viking Press, 1975, p. 82.

Antropomorfismo e dessemelhança

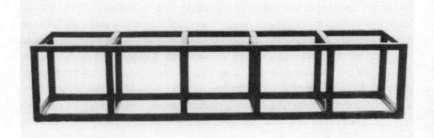

17. Sol LeWitt, *Floor Structure, Black*, 1965. Madeira pintada, 55,8 x 55,8 x 183 cm. Coleção particular. D.R.

18. C. Andre, *Zinc-Lead Plain*, 1969. Zinco e chumbo, 183 x 183 cm. Cortesia Paula Cooper Gallery, Nova York.

pria, não tem a *morphè* de sua representação. Está inteiramente votado à dessemelhança de uma escolha geométrica.

Se essa dessemelhança — um simples quadrado, ou um simples cubo — nos olha, é porque ela agita algo que gostaríamos de chamar, com Mallarmé, uma *arrière-ressemblance* [semelhança de fundo]: um debate essencial, de natureza *antropológica* e não mais *antropomórfica*, que confronta a semelhança com a ausência. Um debate em que o aspecto mimético dos seres humanos, na produção de uma imagem, se apagará de certo modo diante do poder abissal, e não obstante tão simples, da humana estatura. Ora, é exatamente no oco mesmo desse debate que Tony Smith se situava, quando confessava, a propósito de *Die*, justamente não ter podido nem querido realizar nem um objeto no sentido usual do termo, nem um monumento...[20] mas algo como um *lugar* onde a estatura humana devesse constantemente se experimentar, nos olhar, nos inquietar.

Pois ela não nos inquieta apenas através da obscuridade de sua massa. Inquieta-nos também através da indecisão que nela se manifesta perpetuamente entre uma verticalidade e uma horizontalidade. Esta é ainda a enervante e demasiado simples magia do cubo: o cubo diante de nós está de pé, com a mesma altura que nós, com seis pés de altura, mas está igualmente deitado; sob esse aspecto, constitui um lugar *dialético* em que seremos talvez obrigados, à força de olhar, a imaginar-nos jazendo nessa grande caixa preta. O cubo de Tony Smith é *antropomorfo* na medida em que tem a capacidade, por sua própria apresentação, de nos impor um encadeamento de imagens que nos farão passar da caixa à casa, da casa à porta, da porta ao leito e do leito ao ataúde, por exemplo.[21] Mas ele não pode mais ser pensado como "antropomorfo" — se visamos nesse termo uma teatralidade dos aspectos, isto é, uma iconografia ou mesmo uma teatralidade das relações

---

[20] "Por que você não o fez maior, de modo que ele dominasse o espectador? — Não quis fazer um monumento. — Então, por que não o fez menor, para que o espectador pudesse ver por cima? — Não quis fazer um objeto." T. Smith, citado e comentado por R. Morris, "Notes on Sculpture", *art. cit.*, p. 88.

[21] O próprio Tony Smith, a propósito da dimensão de *dois metros*, passava de uma imagem vertical (a porta) a uma imagem horizontal (o leito): "Two meters are just about the height of an ordinary house door and about the length of an average bed". T. Smith, citado e comentado por L. R. Lippard, "The New Work", *art. cit.*, p. 9.

Antropomorfismo e dessemelhança

— a partir do momento em que nos certificamos da *dessemelhança* que, num único objeto, o próprio encadeamento, a passagem, o *deslocamento* perpétuo de imagens em imagens contraditórias supõe. Se fosse preciso conservar a todo custo a palavra "antropomorfismo", caberia então — antes mesmo de estabelecer a necessária crítica da noção de forma — lembrar a maneira como Platão empregava a palavra *morphè*, na *República*, evocando o deus capaz de mudar continuamente de aspecto (*eidos*) graças ao poder múltiplo de suas formas sempre virtuais (*pollas morphas*).[22] Ou então caberia convocar Morfeu, o filho do Sono, que foi assim nomeado em consideração ao trabalho da figurabilidade que ele concedia sem limites nos sonhos dos humanos.[23]

O silêncio da estatura, seja como for, está repleto de virtualidades figurais exuberantes. Ele libera e retém ritmicamente — como no jogo do carretel — verticalidades e horizontalidades, imagens de vida e imagens de morte. Jamais se fixa numa delas, sempre se desloca, como que para frustrar seu iconografismo. Por isso não se deverá supor que a arte minimalista, em seu "silêncio de túmulo", poderia se reduzir a uma pura e simples iconografia da morte.[24] Quando Robert Morris fabrica uma espécie de ataúde de madeira de seis palmos de comprimento exatamente, é para colocá-lo erguido diante de nós, como um armário embutido a humanos ausentes, ou como uma absurda história a dormir de pé (*fig. 19, p. 130*). Quando Joel Shapiro aproxima seus volumes geométricos ("sem títulos" como tais em nome de uma iconografia) a uma imagem de ataúde (*Coffin*, que fornece então o "subtítulo" de sua obra *untitled*), é para contradizer a evidência representativa pelo material — ferro fundido —, e sobretudo pela dimensão, que resulta minúscula no espaço de sua exposição onde a escultura é colocada (*fig. 20, p. 131*). No fim de contas, será preciso convir que para além da morte como figura iconográfica, é de fato a *ausência* que rege esse balé desconcertante de imagens sempre contraditas. A ausên-

[22] Cf. Platão, *A República*, II, 380 d.

[23] Cf. Ovídio, *As Metamorfoses*, XI, vv. 635-9.

[24] Como o sugere mais ou menos S. Coellier, "De l'art minimal", *La mort en ses miroirs*, ed. M. Constantini, Paris, Méridiens Klincksieck, pp. 75-86. A propósito do incorrigível iconografismo da história da arte — mesmo da história da arte contemporânea —, leiam-se as críticas muito justas de R. Krauss, "Reading Pollock, Abstractly", *The Originality of Avant-Garde and Other Modernist Myths*, Cambridge-Londres, The MIT Press, 1985, pp. 221-42.

cia, considerada aqui como o motor dialético tanto do *desejo* — da própria vida, ousaríamos dizer, a vida da visão — quanto do *luto* — que não é "a morte mesma" (isso não teria sentido), mas o trabalho psíquico do que se confronta com a morte e move o olhar com esse confronto.

Assim, o "antropomorfismo" das esculturas minimalistas acaba por revelar sua capacidade de autodestruição, ou de autoalteração: acaba podendo ser considerado, ao menos em relação a algumas de suas obras mais perturbadoras, como a subversão mesma do que nelas via Michael Fried — a saber, uma estratégia relacional, um teatralismo psicológico —, para alcançar o registro bem mais sutil, quero dizer metapsicológico, de uma dialética do dom e da perda, da perda e do desejo, do desejo e do luto. As espécies de *colossoï* privados que Tony Smith construía *dedicando* a própria abstração deles (*fig. 16, p. 111*) aparecem assim sob a luz alternada do oferecido e do perdido: eles são como *objetos dados para sujeitos perdidos*, verdadeiros túmulos "para" (*for*), e não simulacros dos túmulos "de"... Pois são suficientemente equívocos — frágeis até a incongruência — em suas formas para representar um túmulo qualquer. Eles evacuam o mais radicalmente possível a representação das caras, por exemplo, mas colocam todos a questão do *encaramento*. No limite, talvez devam ser vistos como quase retratos votivos, assim como *Die* podia ser visto, por sua virtude figural total — incluindo os jogos de linguagem —, como um quase autorretrato.

Paradoxalmente, portanto, certas obras minimalistas terão levado o "antropomorfismo" a confinar com o retrato — mas este só terá existido no jogo de um radical deslocamento, que é desfiguração, dessemelhança, rarefação, retração. Ninguém melhor que Robert Morris, parece-me, jogou com essa dialética do retratar e do retrair, e em primeiro lugar na sua famosa "performance" em que um paralelepípedo de dois metros de altura *tombava*, simplesmente, ao cabo de alguns minutos.[25] Pois era exatamente um problema de estatura, ou mesmo de corpo próprio, que se colocava nessa simples queda: Robert Morris, com efeito, havia concebido sua "coluna" para ele próprio encerrar-se nela, era de fato o sujeito que, por dentro, produzia a queda, com o

---

[25] Cf. antes pp. 41-2. Cf. igualmente a *fig. 9*.

19. R. Morris, *Sem título*, 1961. Madeira. 188 x 63,5 x 26,5 cm.
Cortesia Leo Castelli Gallery, Nova York.

20. J. Shapiro, *Sem título (Caixão)*, 1971-1973. Ferro fundido, 6,5 x 29,4 x 12,5 cm. Cortesia Paula Cooper Gallery, Nova York.

21. R. Morris, *Box with the Sound of its Own Making*, 1961. Madeira, 22,8 x 22,8 x 22,8 cm. Cortesia Leo Castelli Gallery, Nova York.

risco de perder um pouco de seu sangue.[26] Tombado, o objeto apresentava assim literalmente — sem representá-lo — o *hic jacet* do artista que *ali jazia*, mas "presente" na única exigência de estar ausentado, de não ser visível. E portanto jogando a queda, a "antropomórfica" queda, fora de todo subjetivismo da relação. A *persona* do ator não era senão o próprio volume, o volume "específico" de um simples objeto, um paralelepípedo oco de dois metros de altura.

É portanto esse "antropomorfismo" silencioso, são silêncios e vazios que as *caixas* minimalistas oferecem com tanta frequência. É verdade que Robert Morris chegou a conceber um cubo de madeira de onde escapavam as três horas do registro sonoro de sua fabricação[27] (*fig. 21, p. 131*). Mas encher um cubo de sons era significar ser ele vazio de qualquer outra coisa além dele mesmo, se se pode dizer, ele mesmo incluindo seu processo de engendramento material, sua constituição. De certa maneira, a *implicação dos vazios* nos cubos ou nos paralelepípedos minimalistas desempenhou o mesmo papel — e bem mais frequentemente — que essa ênfase dada à constituição material (seus rumores, seus choques) do volume geométrico: e esse papel consistia precisamente em *inquietar o volume e a própria geometria*, a geometria concebida idealmente — mas trivialmente também — como domínio de formas supostas perfeitas e determinadas sobre materiais supostos imperfeitos e indeterminados. Assim, o próprio Robert Morris produziu seus famosos volumes esvaziados em rede de arame ou fibra de vidro que transformavam a compacidade, a firmeza dos volumes, abrindo-os literalmente aos poderes da infiltração luminosa (*fig. 22-23, p. 133*).

Tais procedimentos reaparecem em numerosos artistas americanos. Há, por exemplo, a admirável *House of Cards* de Richard Serra (*fig. 24, p. 134*), que pode ser vista como uma síntese de todos esses problemas de volumes e de vazios, de verticalidades erguidas e de desabamentos potenciais, de planos frágeis e de pesadas massas conjugados. Há a heurística sem fim de Sol LeWitt sobre as mil e uma maneiras de

---

[26] O que aconteceu de fato numa repetição da "performance". Cf. M. Berger, *Labyrinths, op. cit.*, pp. 47-8. Agradeço a Rosalind Krauss por ter me dado alguns esclarecimentos sobre esse aspecto das *Columns* de Robert Morris.

[27] Cf. M. Compton e D. Sylvester, *Robert Morris, op. cit.*, pp. 10-1 e 29. O princípio desse peça foi retomado por Morris em 1974 com os paralelepípedos de *Voice*. Cf. M. Berger, *Labyrinths, op. cit.*, p. 153.

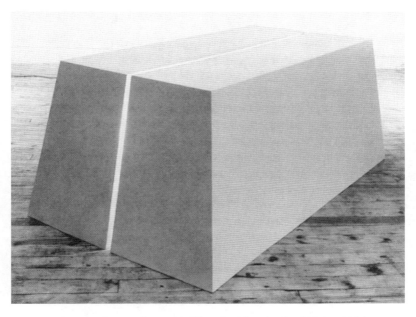

22. R. Morris, *Sem título*, 1966. Fibra de vidro, 91,4 x 228,2 x 121,9 cm. Whitney Museum of American Art, Nova York. D.R.

23. R. Morris, *Sem título*, 1967. Fibra de vidro, 9 elementos, 121,9 x 60,9 x 60,9 cm cada um. Cortesia Leo Castelli Gallery, Nova York.

24. R. Serra, *One Ton Prop (House of Cards)*, 1969.
Aço, 125 x 125 x 125 cm. Cortesia Galeria M. Bochum.

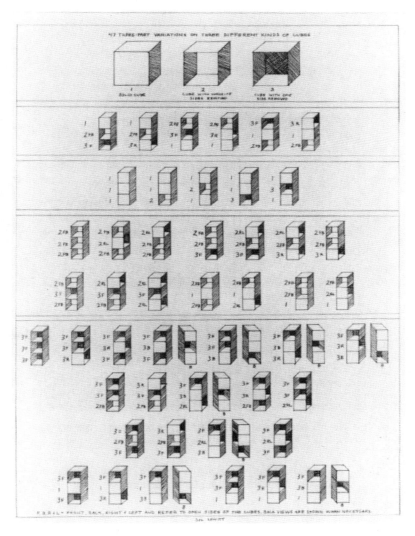

25. S. LeWitt, *All Three-Part Variations on the Three Different Kinds of Cubes*, 1969. Tinta sobre papel, 75,5 x 59,4 cm. Cortesia John Weber Gallery, Nova York.

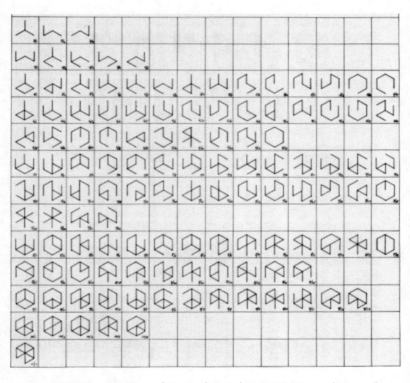

26. S. LeWitt, *Variatons of Incomplete Cubes*, 1974. Tinta sobre papel, 40,6 x 40,6 cm. Cortesia John Weber Gallery, Nova York.

27. D. Judd, *Sem título*, 1991. Aço cor-ten e esmalte colorido. Quatro elementos, 100 x 100 x 50 cm cada um. Cortesia Galeria Lelong, Paris.

esvaziar um cubo, de "abri-lo" ou de votá-lo à *incompleteness*, como ele próprio diz[28] (*fig. 25-26, pp. 135-6*). Há em geral todas as caixas abertas e coloridas de Donald Judd (*fig. 27, p. 137*), cujo credo de especificidade (*the thing as a whole*) equivale praticamente, no fim de contas, a uma aceitação, talvez angustiada, de que o *todo* da coisa poderia estar associado a seu próprio valor, concreto ou teórico, de *buraco*. A *thing is a hole in a thing*, dizia também Carl Andre, *it is not*.[29] Poderemos pensar ainda na obra fascinante de Robert Smithson, em seus *Nonsites* de 1968, por exemplo, nos quais a noção de vazio chamava dialeticamente a de terraplanagem ou de desentulho pedregoso[30] (*fig. 28, p. 140*). Poderemos enfim pensar nas arquiteturas destinadas por Gordon Matta-Clark ao recorte, à cisão, a um esvaziamento que se torna fantástico por sua monumentalidade mesma.[31]

Implicar o vazio como *processo*, ou seja, como esvaziamento, para inquietar o volume: essa operação, mais uma vez, é de natureza dialética. Ela conjuga e dinamiza contradições, adquire um valor essencialmente *crítico* — em todos os sentidos da palavra, inclusive o de crise — e, prosseguindo a reflexão de Walter Benjamin sobre esse assunto, não se reduz nem a um esquecimento puramente negador, niilista ou cínico, nem a uma efusão arcaizante ou mítica relativa aos poderes da interioridade. Todos os julgamentos não dialéticos cometem nesse ponto um erro, parece-me, e perdem algo do processo em obra: o de Michael Fried, por um lado, que censurava às obras minimalistas "terem um *interior*" tipicamente biomórfico ou antropomórfico[32] — quando esse interior é sempre *apresentado sob a espécie do vazio*, ou mesmo da abertura frontal, em todo caso da ausência-de-ver (ainda que frontalmente exposto); o de Donald Judd e de Rosalind Krauss,

[28] Cf. A. Legg, *Sol LeWitt*, *op. cit.*, *passim*.

[29] C. Andre, citado por L. R. Lippard, *Six Years: The Dematerialization of the Art Object from 1966 to 1972*, Londres, Studio Vista, 1973, p. 40. A frase de D. Judd citada logo acima é de "Specific Objects", *art. cit.*, p. 70 (ver aqui mesmo, *supra*, p. 27).

[30] Cf. R. Hobbs *et al.*, *Robert Smithson: Sculpture*, Ithaca-Londres, Cornell University Press, 1981, pp. 104-129.

[31] Cf. M. J. Jacob *et al.*, *Gordon Matta-Clark. A Retrospective*, Chicago, Museum of Contemporary Art, 1985, *passim*.

[32] M. Fried, "Art and Objecthood", *art. cit.*, p. 18.

por outro lado, que em seus escritos "inflexibilizavam" o minimalismo numa recusa pura e simples de toda interioridade[33] — quando esta, mesmo sendo *aberta* às vezes, nem por isso é menos eficaz como questão obstinadamente colocada às relações misteriosas do fora e do dentro.

Há de fato uma problemática da interioridade na escultura minimalista, e sob esse aspecto é legítimo falar de um "antropomorfismo". Mas a questão, mais uma vez, é saber a que antropomorfismo se faz alusão,[34] ou melhor, saber de que modo a própria noção de antropomorfismo foi "trabalhada no corpo", se posso dizer, e portanto *deslocada* pelas produções mais interessantes de Tony Smith, de Robert Morris ou de Carl Andre. Ora, ela foi deslocada — ou recolocada — na cavidade mesma daquela cisão que faz a partilha da crença e da tautologia: nem rejeitada triunfalmente pela tautologia, nem reivindicada obsessivamente pela crença como um lugar privilegiado, ou mesmo exclusivo, do *conteúdo* de significação e de origem míticas para a obra de arte. Essa noção terá simplesmente sido *implicada num processo*, numa dialética visual que, num certo sentido, não é menos abissal, mas que por outro lado não pretende mais nenhuma *archè*, nenhuma origem ou autoridade ideal do sentido, nem algum "conteúdo" hierarquicamente decretado como o mais "profundo".

A questão da interioridade terá sido portanto deslocada. Isto quer dizer que ela está aí, mas aí como o carretel ou como a coisa insignificante que se pode lançar e reter alternadamente. A interioridade está efetivamente aí, mas fragilizada. Está aí, depois afastada, depois novamente aí, na dobra de uma constante dialética visual, na síncope de um ritmo. Portanto ela só pode ser compreendida na dinâmica de um lugar constantemente inquieto, operador de uma constante inquietu-

---

[33] Cf. D. Judd, "Specific Objects", *art. cit.*, p. 65 (e nota 1, p. 72), que criticava toda pintura por sua vocação ao *conteúdo*, pelo simples fato de seu campo estar circunscrito num quadro. Cf. igualmente R. Krauss, *Passages in Modern Sculpture, op. cit.*, pp. 250-4, que pensava o minimalismo como o ato definitivo de "negar a interioridade" (*deny the interiority of the sculpted form*) e de "rejeitar o interior das formas como uma fonte de sua significação" (*repudiate the interior of forms as a source of their significance*). A segunda proposição concerne mais do que a primeira, como veremos, ao estatuto real da interioridade *não metafísica* dos objetos minimalistas.

[34] Como assinalava justamente Thierry de Duve, "Performance ici et maintenant", *art. cit.*, p. 190.

Antropomorfismo e dessemelhança   139

28. R. Smithson, *Nonsite (Slate from Bangor)*, 1968. Madeira e ardósia, 15,2 x 101,6 x 81,2 cm. Cortesia John Weber Gallery, Nova York.

29. D. Judd, *Sem título*, 1965. Plexiglas tingido e aço, 51 x 122 x 86,2 cm. Centre Pompidou, Paris. Foto Musée National d'Art Moderne.

de visual: um lugar feito para colocar o olhar numa *dupla distância* nunca apaziguada.

Assim, o trabalho da interioridade "aberta" e das superfícies não obstante impecáveis das esculturas minimalistas faz sistema com o trabalho dialético, aliás discernível, de um *jogo sobre os limites* do objeto: muitos paralelepípedos minimalistas — os de Judd, de Morris e de Larry Bell, em particular — inquietam suas próprias e tão bem definidas *arestas* por uma escolha dos materiais (o espelho, o plexiglas ou o esmalte) que tendem a produzir visualmente o efeito de uma *ilimitação* do objeto, quando este capta e recolhe *nele* as imagens de um espaço, e mesmo corpos espectadores, que se acham *em torno dele*[35] (*fig. 29-31, pp. 140, 142-3*).

Essa noção de uma dupla distância é essencial. Ela determina a estrutura paradoxal de um *lugar* oferecido em seu grau "minimal", mas também em seu grau mais puro de eficácia: é aí, mas é *aí vazio*. É aí onde se mostra uma ausência em obra. É aí que o "conteúdo" se abre, para apresentar que aquilo em que ele consiste não é senão um objeto de perda — ou seja, o *objeto* mesmo, no sentido radical, metapsicológico do termo. Reencontramos aqui a espécie de *double bind*, já evocado, da expressão "*Vide!*" [Vê/Vazio]. Ora, essa dupla coerção do ver — ver, quando ver é perder — determina, com a dupla distância que ela impõe, o estatuto correlato de uma dupla temporalidade. Por um lado, com efeito, os objetos de Tony Smith ou de Robert Morris são *postos* diante de nós nas galerias, nos museus, como outros artefatos a serem vendidos ou estimados inestimáveis, objetos de uma arte imediatamente reconhecível — pela escolha de seus materiais e por seu rigor geométrico — como nossa arte *contemporânea*. Mas, por outro lado, suas dimensões particulares com frequência os *erige*: eles se tornam antes estaturas que objetos, se tornam estátuas. Com isso acenam para uma *memória* em obra, que é pelo menos a memória de todas aquelas obras esculpidas e erigidas que foram desde sempre chamadas estátuas. Nesse fazer-se estatura, adquirem uma espécie de espessura antropológica que será um incômodo para sua "crítica" (de arte) ou sua colocação em "história" (da arte); porque essa espessura impunha a todos os olhares postos sobre tais objetos a sensação soberana de um *anacronismo* em obra.

Uma dupla distância temporal votava portanto esse metamodernismo a uma espécie de infra-antropomorfismo. Mas a "regressão",

---

[35] Cf. *Id., ibid.*, p. 191.

30. R. Morris, *Sem título*, 1965. Plexiglas-espelho sobre madeira, 71,1 x 71,1 x 71,1 cm. Instalação na Green Gallery, obra destruída. Cortesia Leo Castelli Gallery, Nova York.

31. L. Bell, *Two Glass Walls*, 1971-1972. Dois espelhos, 183 x 183 cm cada um. Coleção Panza di Biumo, Varese. D.R.

como vimos, não era uma regressão: era apenas rarefação, reminiscência voluntariamente rarefeita. A humanidade estava de fato aí, na estatura do grande cubo negro, mas não era senão uma humanidade sem humanismo, uma *humanidade por ausência* — ausência de seres humanos que não atendiam à chamada, ausência de rostos e de corpos perdidos de vista, ausência de suas representações tornadas mais que impossíveis: vãs. Ora, esse valor da ausência constitui ao mesmo tempo a operação formal da arte contemporânea mais interessante, mais inovadora,[36] e a operação literalmente anacrônica de todo desejo e de todo luto humanos. Por seu essencial silêncio — que não é imobilidade ou inércia — e por sua virtude de dessemelhança, o "antropomorfismo" minimalista dava em realidade a mais bela resposta possível à contradição teórica da "presença" e da "especificidade". Fazia com que essas duas palavras nada mais tivessem a significar daquilo que se esperava delas, tomadas cada uma isoladamente. E o que Judd ou Morris produziam como contradições em seus discursos, eles o haviam anteriormente produzido, em suas esculturas, como uma substituição dessas contradições mesmas. A arte minimalista fornecia-se assim os meios de escapar, por sua operação dialética, ao dilema da crença e da tautologia.[37]

Que a humanidade seja *indicada* — indicada por índices, por vestígios e por dessemelhanças — no próprio lugar de sua ausência, de seu desaparecimento, eis portanto a operação de *Aufhebung* tentada por algumas obras de Tony Smith, de Robert Morris e de alguns outros. Nessa operação, o *modernismo* — o modernismo como doutrina estética — era de fato subvertido e, num certo sentido, ultrapassado (não digo: caducado). Ele dava lugar, paradoxalmente mas compreensivelmente, a uma dialética do *anacronismo* (que nada tem a ver, convém precisar de novo, com o pós-modernismo), em que o emprego do aço *corten* suscitava reminiscências de estelas votivas ou de templos egípcios. Mas a operação, repetimos, não se devia a um primi-

[36] Cf. por exemplo a pintura "defectiva" de Robert Ryman analisada por J. Clay, "La peinture en charpie", *Macula*, n° 3-4, 1978, pp. 167-85.

[37] Dilema ideológico que corresponde exatamente, nos dias de hoje, à má escolha entre um "cinismo" e um "milenarismo", cf. a crítica recente de Y.-A. Bois, "Changement de décor", *Extra muros. Art suisse contemporain*, ed. E. Charrière, C. Quéloz, D. Schwarz, Lausanne, Musée Cantonal des Beaux-Arts, 1991, pp. 57-69.

32. A. Giacometti, *O cubo*, 1934. Bronze, 94 x 54 x 59 cm. Kunsthaus, Zurique. Foto D. Bernard.

tivismo nem a um arcaísmo. Talvez se devesse simplesmente àquela arte da memória que toda obra forte requer para transformar o passado em futuro. Rosalind Krauss teve toda a razão de recolocar os nomes de Rodin e de Brancusi no centro de suas explanações sobre a escultura minimalista.[38] Certamente caberia acrescentar certas obras de Giacometti, autor, em 1934, de um extraordinário *Cubo* — na verdade, um poliedro complexo (*fig. 32, p. 145*) — cujo formalismo extremo *dava lugar* à questão mesma do retrato, colocado a partir de uma falta, de uma humanidade por ausência.[39]

Eis, em todo caso, o que permanece difícil de pensar: que um volume geométrico possa inquietar nosso ver e nos olhar desde seu fundo de humanidade fugaz, desde sua estatura e desde sua dessemelhança visual que opera uma perda e faz o visível voar em pedaços. Eis a dupla distância que devemos tentar compreender.

[38] Cf. R. Krauss, *Passages in Modern Sculpture*, *op. cit.*, p. 279.

[39] Cf. G. Didi-Huberman, *Le cube et le visage. Autour d'une sculpture d'Alberto Giacometti*, Paris, Macula, 1992.

7.
A DUPLA DISTÂNCIA

E, primeiramente, que nome lhe dar? Pensemos nesta palavra, empregada com frequência, raramente explicitada, cujo espinhoso e polimorfo valor de uso Walter Benjamin nos legou: a *aura*. "Uma trama singular de espaço e de tempo" (*ein sonderbares Gespinst von Raum und Zeit*),[1] ou seja, propriamente falando, um *espaçamento tramado* — e mesmo trabalhado, poderíamos dizer,[2] tramado em todos os sentidos do termo, como um sutil tecido ou então como um acontecimento único, estranho (*sonderbar*), que nos cercaria, nos pegaria, nos prenderia em sua rede. E acabaria por dar origem, nessa "coisa trabalhada" ou nesse ataque da visibilidade, a algo como uma metamorfose visual específica que emerge desse tecido mesmo, desse casulo — outro sentido da palavra *Gespinst* — de espaço e de tempo. A aura seria portanto como um espaçamento tramado do olhante e do olhado, do olhante pelo olhado. Um paradigma visual que Benjamin apresentava antes de tudo como um *poder da distância*: "Única aparição de uma coisa longínqua, por mais próxima que possa estar" (*einmalige Erscheinung einer Ferne, so nah sie sein mag*).[3]

---

[1] W. Benjamin, "Petite histoire de la photographie" (1931), trad. M. de Gandillac, *L'homme, le langage et la culture*, Paris, Denoël, 1971 (ed. 1974), p. 70.

[2] Cf. a correspondência de T. W. Adorno e W. Benjamin sobre a questão da aura como "traço do trabalho humano esquecido na coisa": W. Benjamin, *Correspondance*, ed. G. Scholem e T. W. Adorno, trad. G. Petitdemange, Paris, Aubier--Montaigne, 1979, II, p. 326.

[3] W. Benjamin, "L'oeuvre d'art à l'ère de sa reproductivité technique" (1936), trad. M. de Gandillac, *L'homme, le langage et la culture*, *op. cit.*, p. 145. Convém notar que a forma dessa frase em alemão conserva a ambiguidade de saber se a proximidade em questão se refere à aparição ou ao próprio longínquo. A expressão reaparece no texto citado mais acima da "Petite histoire de la photographie", *art. cit.*, p. 70. Mas também em "Sur quelques thèmes baudelairiens" (1939), trad. J. Lacoste, *Charles Baudelaire. Un poète lyrique à l'apogée du capitalisme*, Paris,

O que nos diz esta fórmula célebre, senão que a distância aparece, no acontecimento da aura, como uma distância já desdobrada? Se a lonjura nos aparece, essa aparição não é já um modo de aproximar-se ao dar-se à nossa vista? Mas esse dom de visibilidade, Benjamin insiste, permanecerá sob a autoridade da lonjura, que só se mostra aí para se mostrar distante, ainda e sempre, por mais próxima que seja sua aparição.[4] Próximo e distante ao mesmo tempo, mas distante em sua proximidade mesma: o objeto aurático supõe assim uma forma de varredura ou de ir e vir incessante, uma forma de heurística na qual as distâncias — as distâncias contraditórias — se experimentariam umas às outras, dialeticamente. O próprio objeto tornando-se, nessa operação, o índice de uma perda que ele sustenta, que ele opera visualmente: apresentando-se, aproximando-se, mas produzindo essa aproximação como o momento experimentado "único" (einmalig) e totalmente "estranho" (sonderbar) de um soberano distanciamento, de uma soberana estranheza ou de uma extravagância. Uma obra da ausência que vai e vem, sob nossos olhos e fora de nossa visão, uma obra anadiômena da ausência.

Sob nossos olhos, fora de nossa visão: algo aqui nos fala tanto do assédio como do que nos acudiria de longe, nos concerniria, nos olharia e nos escaparia ao mesmo tempo. É a partir de tal paradoxo que devemos certamente compreender o segundo aspecto da aura, que é o de um poder do olhar atribuído ao próprio olhado pelo olhante: "isto me olha". Tocamos aqui o caráter evidentemente fantasmático dessa experiência, mas, antes de buscar avaliar seu teor simplesmente ilusório ou, ao contrário, seu eventual teor de verdade, retenhamos a fórmula pela qual Benjamin explicava essa experiência: "Sentir a aura de uma coisa é conferir-lhe o poder de levantar os olhos" — e ele

---

Payot, 1982, p. 200. E enfim em Paris, capitale du XIXe siècle. Le livre des Passages, ed. R. Tiedemann, trad. J. Lacoste, Paris, Cerf, 1989, p. 464 ("A aura é a aparição de uma lonjura, por mais próximo que possa estar o que a evoca").

[4] É nisto que Benjamin opunha a aura ao traço compreendido como "a aparição de uma proximidade, por mais longe que possa estar o que a deixou". W. Benjamin, Paris, capitale du XIXe siècle, op. cit., p. 464. Sobre essa oposição problemática, cf. H. R. Jauss, "Traccia ed aura. Osservazioni sui Passages di W. Benjamin", trad. italiana M. Lipparini, Intersezioni, VII, 1987, pp. 483-504 (problemático, com efeito, se dermos ao conceito de traço uma extensão que ele não tem em Benjamin: cf. infra, pp. 127 e 154-5).

acrescentava em seguida: "Esta é uma das fontes mesmas da poesia".[5] Compreender-se-á aos poucos que, para Benjamin, a aura não poderia se reduzir a uma pura e simples fenomenologia da fascinação alienada que tende para a alucinação.[6] É antes de um olhar trabalhado pelo tempo que se trataria aqui, um olhar que deixaria à aparição o tempo de se desdobrar como pensamento, ou seja, que deixaria ao espaço o tempo de se retramar de outro modo, de se reconverter em tempo.

Pois, nessa distância jamais inteiramente franqueada, nessa distância que nos olha e nos toca, Benjamin reconhecia ainda — e de maneira indissociável a tudo o que precede — um *poder da memória* que se apresenta, em seu texto sobre os motivos baudelairianos, sob a espécie da "memória involuntária": "Entende-se por aura de um objeto oferecido à intuição o conjunto das imagens que, surgidas da *mémoire involontaire* [em francês no texto], tendem a se agrupar em torno dele".[7] Aurático, em consequência, seria o objeto cuja aparição desdobra, para além de sua própria visibilidade, o que devemos denominar suas *imagens*, suas imagens em constelações ou em nuvens, que se impõem a nós como outras tantas figuras associadas, que surgem, se aproximam e se afastam para poetizar, trabalhar, *abrir* tanto seu aspecto quanto sua significação, para fazer delas uma obra do inconsciente. E essa memória, é claro, está para o tempo linear assim como a visualidade aurática para a visibilidade "objetiva": ou seja, todos os tempos nela serão trançados, feitos e desfeitos, contraditos e superdimensionados. Como surpreender-se que apareça aqui o paradigma do sonho, que Benjamin apoia — além de Baudelaire — nas figuras de Marcel Proust e de Paul Valéry?

"É preciso sublinhar a que ponto o problema era familiar a Proust? Notar-se-á, no entanto, que ele o formula às vezes em termos que contêm sua teoria: 'Certos espíritos que amam o mistério, escreve, querem crer que os obje-

---

[5] W. Benjamin, "Sur quelques thèmes baudelairiens", *art. cit.*, p. 200.

[6] Cf. C. Perret, *Walter Benjamin sans destin*, Paris, La Différence, 1992, pp. 101-3, que analisa o uso do verbo *betrachten* na passagem célebre da "Pequena história da fotografia".

[7] W. Benjamin, "Sur quelques thèmes baudelairiens", *art. cit.*, p. 196.

A dupla distância

tos conservam algo dos olhos que os olharam... (*Sim, certamente, a capacidade de corresponder-lhe!*)... que os monumentos e os quadros só nos aparecem sob o véu sensível que lhes teceram o amor e a contemplação de tantos adoradores durante séculos'. Quando define a aura da percepção do sonho, Valéry propõe uma ideia análoga, mas que vai mais longe, porque sua orientação é objetiva: 'Quando digo: *Vejo tal coisa*, não é uma equação que noto entre mim e a coisa. [...] Mas, no sonho, há equação. As coisas que vejo me veem tanto quanto as vejo'. Por sua natureza mesma, a percepção onírica se assemelha àqueles templos, dos quais o poeta escreve: '*L'homme y passe à travers des forêts de symboles,/ Qui l'observent avec des regards familiers*' [O homem passa através de florestas de símbolos,/ Que o observam com olhares familiares]..."[8]

É assim que se entrelaçam, na aura, a onipotência do olhar e a de uma memória que se percorre como quem se perde numa "floresta de símbolos". Como negar, com efeito, que é todo o tesouro do simbólico — sua arborescência estrutural, sua historicidade complexa sempre relembrada, sempre transformada — que nos olha em cada forma visível investida desse poder de "levantar os olhos"? Quando o trabalho do simbólico consegue tecer essa trama de repente "singular" a partir de um objeto visível, por um lado ele o faz literalmente "aparecer" como um acontecimento visual único, por outro o transforma literalmente: pois ele inquieta a estabilidade mesma de seu aspecto, na medida em que se torna capaz de chamar uma lonjura na forma próxima ou supostamente passível de posse. E assim a desapossa como objeto de um *ter* (a palavra *aura* não ressoa em francês como o verbo por excelência do que não temos ainda, um verbo conjugado no futuro e como que petrificado em sua espera, em sua protensão?), e lhe confere por diferença uma qualidade de quase sujeito, de quase *ser* — "levantar os olhos", aparecer, aproximar-se, afastar-se...

Nesse momento, portanto, tudo parece desfigurar-se, ou transfigurar-se: a forma próxima se abisma ou se aprofunda, a forma plana se abre ou se escava, o volume se esvazia, o esvaziamento se torna obstáculo. Nesse momento, o trabalho da memória orienta e dinami-

[8] *Id.*, *ibid.*, pp. 200-1.

za o passado em destino, em futuro, em desejo; e não por acaso o próprio Walter Benjamin articula o motivo dos templos antigos em Baudelaire ao motivo de uma *força do desejo*, que explica em termos de aura a experiência erótica — na qual a distância rima tão bem com o apelo fascinado[9] —, mas também a própria experiência estética, no sentido, por exemplo, em que "o que uma pintura oferece ao olhar seria uma realidade da qual nenhum olho se farta".[10] Nesse momento, portanto, o passado se dialetiza na protensão de um futuro, e dessa dialética, desse conflito, justamente surge o presente emergente — e anacrônico — da experiência aurática, esse "choque" da memória involuntária que Benjamin propõe seja visto em geral, e em toda a extensão problemática da palavra, segundo seu valor de *sintoma*: "Esse processo, diz ele ao falar da aura, tem valor de sintoma (*der Vorgang ist symtomatisch*); sua significação ultrapassa o domínio da arte".[11]

E o ultrapassa em que direção? A resposta parecerá simples, mas, como veremos, não o é tanto quanto parece. A resposta, segundo se lê em Benjamin, estaria inteiramente numa expressão que nos projeta de vez para o lado da esfera religiosa: é o valor de "culto" que daria à aura seu verdadeiro *poder de experiência*. Comentando sua própria definição do fenômeno aurático enquanto "única aparição de uma realidade longínqua", Benjamin escreve: "Essa definição tem o mérito de esclarecer o caráter cultual da aura (*den kultischen Charakter des Phänomens*). O longínquo por essência é inacessível; é essencial, com efeito, que à imagem que serve ao culto não se possa ter acesso".[12] Como não repensar aqui no paradigma originário da imagem cristã que a Verônica, a *vera icona* de São Pedro de Roma, cristaliza no Ocidente? Tudo nela parece de fato corresponder aos caracteres reconhecidos até aqui na visualidade aurática. A Verônica, para o cristão de Roma, é exatamente aquela "trama singular de espaço e de tempo"

[9] *Id., ibid.*, pp. 202-3.

[10] *Id., ibid.*, p. 198.

[11] *Id.*, "L'oeuvre d'art à l'ère de sa reproductivité technique", *art. cit.*, p. 143. É surpreendente que Walter Benjamin, que soube tão bem atravessar a extensa área dos campos discursivos do século XIX francês, não tenha recorrido ao conceito médico de aura do qual Charcot — principalmente — fez um uso sintomatológico exemplar. Cf. G. Didi-Huberman, *Invention de l'hystérie. Charcot et l'iconographie photographique de la Salpêtrière*, Paris, Macula, 1982, pp. 84-112.

[12] W. Benjamin, "Sur quelques thèmes baudelairiens", *art. cit.*, p. 200.

que se oferece a ele num espaçamento tramado, num *poder da distância*: pois lhe é habitualmente invisível, retirada, como sabemos, num
dos quatro pilares monumentais da basílica; e, quando se procede a
uma de suas raras exposições solenes, a Verônica ainda se furta aos
olhos do crente, apresentada de longe, quase invisível — e portanto
sempre recuada, sempre mais longínqua — sob o dispositivo apara-
toso, quase ofuscante, de suas molduras preciosas.

Mas essa exposição do longínquo ainda assim constitui um fantástico *poder do olhar* que o crente atribui ao objeto, pois, no pouco
que vê, chegará quase a ver seu próprio deus — Jesus Cristo em seu
miraculoso retrato — *levantar os olhos para ele*; então, quando a imagem literalmente se inclina para os fiéis, tudo o que estes têm a fazer é
ajoelhar-se em massa e *baixar os olhos*, como que tocados por um olhar
insustentável. Mas, nessa dialética dos olhares — o crente não ousa
ver porque se crê olhado —, não é senão um *poder da memória* que
investe ainda a visualidade da exposição através de todas as imagens
virtuais ligadas ao caráter de relíquia atribuído ao objeto, seu caráter
de memorial da Paixão. Enfim, é de fato uma *força do desejo* que
consegue fomentar a encenação paradoxal desse objeto: pois a frus-
tração de visibilidade — expressa por Dante em versos célebres sobre
a "antiga fome insaciada" de ver o deus face a face[13] —, essa frustra-
ção mesma se "substitui" num desejo visual por excelência, não a simples curiosidade, mas o desejo hiperbólico de *ver além*, o desejo esca-
tológico de uma visualidade que ultrapassa o espaço e o tempo mun-
danos... Assim, o crente diante da Verônica nada terá a "ter", só terá
a ver, *ver a aura*, justamente.[14]

Se nos fixarmos nesse exemplo demasiado perfeito — verdadeiramente paradigmático tanto do ponto de vista da história quanto do

[13] Dante, *Divina Comédia*, Paraíso, canto XXX, 103-5: "*Qual è colui che
forse di Croazia/ viene a veder la Veronica nostra,/ che per l'antica fame non sen
sazia...*".

[14] Para uma história extensiva desses objetos, remeto ao livro monumental
de H. Belting, *Bild und Kult. Eine Geschichte des Bildes vor dem Zeitalter des Kunst*,
Munique, Beck, 1990. Benjamin, curiosamente, não é citado, embora ele me pa-
reça guiar implicitamente a hipótese geral do trabalho de Hans Belting — em particular seu trabalho em andamento sobre a obra-prima considerada de algum modo
como a imagem de culto na "época da arte": esta é a tese mesma do texto de W.
Benjamin, "Sur quelques thèmes baudelairiens", *art. cit.*, pp. 193-205.

da teoria —, se pensarmos nesse exemplo com a perspectiva conceitual aberta por Walter Benjamin, seremos tentados a reduzir a aura, como é feito geralmente, à esfera da ilusão pura e simples, essa ilusão, esse sonho do qual Karl Marx exigia que o mundo fosse despertado de uma vez por todas...[15] "A ausência de ilusões e o declínio da aura (*der Verfall der Aura*) são fenômenos idênticos", escrevia Benjamin em *Zentralpark*.[16] E é precisamente em termos de *declínio da aura* que a modernidade irá receber aqui sua definição mais notória, a que propõe o "poder da proximidade" consecutivo à reprodutibilidade e à possibilidade, extraordinariamente ampliada desde a invenção da fotografia, de manipular as imagens — mas as imagens enquanto reproduções, enquanto multiplicações esquecidas daquela "única aparição" que fazia a característica do objeto visual "tradicional".[17]

Mas é nesse momento preciso, uma vez ditas todas essas generalidades — estimulantes e preciosas enquanto tais, mas muito frequentemente discutíveis em sua aplicabilidade histórica[18] —, que se coloca o problema de nossa *posição* (estética, ética) em relação ao fenômeno aurático definido por Benjamin. E, em primeiro lugar, qual foi exatamente a posição do próprio Benjamin? A resposta não é simples de dar. Por um lado, a aura como valor cultual propriamente dito, a

[15] K. Marx, carta a Ruge, setembro de 1843, citada em exergo nas reflexões teóricas sobre o conhecimento (seção N) de W. Benjamin, *Paris, capitale du XIXe siècle*, op. cit., p. 473.

[16] W. Benjamin, "Zentralpark. Fragments sur Baudelaire" (1938-1939), trad. J. Lacoste, *Charles Baudelaire*, op. cit., p. 237.

[17] *Id.*, "L'oeuvre d'art à l'ère de sa reproductivité technique", *art. cit.*, pp. 144-53. Essa tese benjaminiana é particularmente discutida por R. Tiedemann, *Etudes sur la philosophie de Walter Benjamin* (1973), trad. R. Rochlitz, Arles, Actes Sud, 1987, pp. 109-13; P. Bürger, "Walter Benjamin: contribution à une théorie de la culture contemporaine", trad. M. Jimenez, *Revue d'Esthétique*, NS, n° 1, 1981, pp. 25-6; e R. Rochlitz, "Walter Benjamin: une dialectique de l'image", *Critique*, XXXIX, n° 431, 1983, pp. 300-1 e 317-9.

[18] Um único caso, célebre entre todos, e que ademais estabelece uma ligação explícita com o paradigma da Verônica: é o Santo Sudário, cujo *valor cultural* readquiriu toda a sua força a partir do dia em que sua *reprodução fotográfica* por Secondo Pia, em 1898, permitiu inverter seus valores visuais... Cf. G. Didi-Huberman, "L'indice de la plaie ouverte. Monographie d'une tache", *Traverses*, n° 30-31, 1984, pp. 151-63.

A dupla distância   153

aura como vetor de ilusão e como fenômeno de crença era atacada por uma crítica vigorosa que lhe opunha um *modernismo* militante. Mas, por outro lado. Benjamin criticou também, como sabemos, a própria modernidade em sua incapacidade de refigurar as coisas, em sua "atrofia da experiência" ligada ao mundo mecanizado (o mundo da reprodução generalizada, justamente, aquele mesmo cujo interminável paroxismo vivemos hoje). O modernismo militante parece então substituído por uma espécie de *melancolia crítica* que vê o declínio da aura sob o ângulo de uma perda, de uma negatividade esquecedora na qual desaparece a beleza.[19]

Significa isto que Benjamin acaba por se contradizer sobre a modernidade, ou que sua noção de aura, que serve negativamente para explicar essa modernidade, seria ela mesma contraditória? Em absoluto.[20] Nesse domínio como em outros, a questão verdadeira não é optar por uma posição num dilema, mas construir uma posição capaz de ultrapassar o dilema, ou seja, de reconhecer na própria aura uma instância *dialética*: "A aura, escreve justamente Catherine Perret, não é um conceito ambíguo, é um conceito dialético apropriado à experiência dialética cuja estrutura ele tenta pensar".[21] Toda a questão sendo doravante saber como desenhar essa estrutura, como pensar o tempo dessa dialética da qual Benjamin nos deu figuras tão "contraditórias".

Esboçar tal estrutura, esclarecer tal dialética talvez implique uma escolha teórica decisiva — na qual Walter Benjamin, parece-me, ja-

---

[19] "Em qualquer medida que a arte vise o belo e por mais simplesmente que o 'exprima', é do fundo mesmo dos tempos (como Fausto evocando Helena) que o faz surgir. Nada disso acontece nas reproduções técnicas (o belo não encontra nelas nenhum lugar)." W. Benjamin, "Sur quelques thèmes baudelairiens", *art. cit.*, p. 199.

[20] Apesar do que sugerem R. Tiedemann, *Etudes sur la philosophie de Walter Benjamin*, *op. cit.*, p. 109, e R. Rochlitz, "Walter Benjamin: une dialectique de l'image", *art. cit.*, p. 289. Em seu estudo recente, Catherine Perret insiste com razão no fato de que, "se há uma questão da aura em Benjamin, esta não consiste de modo nenhum em saber se se deve conservar ou liquidar a aura...". C. Perret, *Walter Benjamin san destin*, *op. cit.*, p. 105. Nem por isso deixa de haver um conflito em Benjamin, que encontra seus acentos extremos na temática messiânica e no uso que ele faz da palavra "teologia", por exemplo. Pode-se ler a esse respeito a biografia de G. Scholem, *Walter Benjamin. Histoire d'une amitié* (1975), trad. P. Kessler, Paris, Calmann-Lévy, 1981.

[21] Cf. C. Perret, *op. cit.*, p. 99.

mais se engajou exatamente — quanto à significação que pode assumir a *natureza cultual* do fenômeno aurático. E essa escolha teórica, compreende-se, diz respeito exatamente ao fundo da questão aqui debatida, entre ver, crer e olhar. O que é portanto um culto? Somos espontaneamente orientados, ao pronunciar essa palavra, para o mundo preciso dos atos da crença ou da devoção — e digo bem que se trata de um mundo "preciso" porque o temos sob os olhos, esse mundo, em todas as imagens, em todas as encenações nas quais incontestavelmente ele prima por tomar poder. São Tomás de Aquino enunciava, por exemplo, com uma precisão e uma radicalidade aparentemente sem contestação possível, que o culto enquanto tal, o que os gregos chamavam *eusèbia* — a qualidade de ser irrepreensível, inocente, logo "piedoso" —, só devia ser dirigido a Deus, só era devido a Deus.[22]

Mas isto se assemelha demais ao *double bind*, à coerção de pensamento de que eu falava mais acima,[23] para não nos fazer perceber a operação subjacente a essa radicalidade: só sereis inocentes, pobres ovelhinhas, submetendo-vos às leis que vos garanto — enquanto clérigo — que elas vêm do Altíssimo; só sereis inocentes fazendo voto de obediência, de submissão ao Papa, porque vos digo ("em verdade, em verdade vos digo") que as leis vos dizem que nascestes culpados, etc...

Assim, em mil e um rodeios e floreios, se fechará o círculo que quer nos fazer identificar o simples cuidado (*cultus*) dirigido a outrem com o culto dirigido ao Outro sob seu muito preciso Nome de Deus.[24] Basta aliás debruçar-se sobre a história da palavra mesma para compreender o caráter *derivado*, desviado, desse sentido religioso e transcendente do culto. *Cultus* — o verbo latino *colere* — designou a princípio simplesmente o ato de habitar um lugar e de ocupar-se dele, cultivá-lo. É um ato relativo ao lugar e à sua gestão material, simbólica ou imaginária: é um ato que simplesmente nos fala de um *lugar trabalhado*. Uma terra ou uma morada, uma morada ou uma obra de arte. Por isso o

---

[22] Tomás de Aquino, *Summa theologiae*, IIa-IIae, 81, 1.

[23] Cf. *supra*, pp. 19-24.

[24] Pode-se dizer desse ponto de vista que a função religiosa demonstra — ora ternamente, ora cruelmente — sua própria dialética ao impor por um lado uma lei moral de *humanidade*, por outro um imperativo transcendental e literalmente *inumano* diante do qual os sujeitos se tornam capazes de dar ao deus — porque ele não está aí — tudo o que recusam aos outros homens...

A dupla distância

adjetivo *cultus* está ligado tão explicitamente ao mundo do *ornatus* e da "cultura" no sentido estético do termo.[25]

Não busquemos um sentido "original". O mundo da crença terá seguramente, e desde o começo, se podemos dizer, infletido de vez esse sentido da palavra *cultus*. Assim, a morada "trabalhada" será por excelência a morada do deus, na qual a relação profana — "habitar com", "habitar em" — se abre a uma reciprocidade confortadora, protetora, sacralizada: "Como o deus que habitava um lugar devia ser seu protetor natural, *colere*, ao falar dos deuses, adquiriu o sentido de 'comprazer-se, habitar em, com', e depois 'proteger, acarinhar' [...] e *colo* designou, reciprocamente, o culto e as honras que os homens prestam aos deuses, e significou 'honrar, prestar um culto a'...".[26] Pode parecer doravante impossível — filológica e historicamente falando — evocar um "valor de culto" associado à aura de um objeto visual sem fazer uma referência explícita ao mundo da crença e das religiões constituídas. E no entanto, parece claramente necessário *secularizar*, ressecularizar essa noção de aura — como o próprio Benjamin podia dizer que "a rememoração é a relíquia secularizada" no campo poético[27] — a fim de compreender algo da eficácia "estranha" (*sonderbar*) e "única" (*einmalig*) de tantas obras modernas que, ao inventarem novas formas, tiveram precisamente o efeito de "desconstituir" ou de desconstruir as crenças, os valores cultuais, as "culturas" já informadas.[28] Acaso não assinalamos em Tony Smith, por exemplo, cada um dos critérios que fazem a fenomenologia típica da aura — os poderes conjugados da distância, do olhar, da memória, do futuro implicado —, salvo esse caráter de "culto" entendido no sentido estreito, no sentido devoto do termo?

Seria preciso, portanto, secularizar a noção de aura, e fazer do "culto" assim entendido a espécie — historicamente, antropologica-

---

[25] Cf. A. Ernout e A. Meillet, *Dictionnaire étymologique de la langue latine*, Paris, Klincksieck, 1959 (4ª ed.), pp. 132-3.

[26] *Id., ibid.*, p. 132.

[27] W. Benjamin, "Zentralpark", *art. cit.*, p. 239.

[28] O que não quer dizer que elas permanecem e permanecerão impermeáveis a esse fenômeno constante, voraz, sempre capaz de retornos que o salvem, que é a crença. Por isso continua sendo urgente a necessidade de uma crítica social do próprio mundo artístico.

mente determinada — da qual a aura mesma, ou o "valor cultual" no sentido etimológico, seria o gênero. Benjamin falava do silêncio como de uma potência de aura;[29] mas por que se teria que anexar o silêncio — essa experiência ontologicamente "estranha" (*sonderbar*), essa experiência sempre "única" (*einmalig*) — ao mundo da efusão mística ou da teologia, ainda que negativa? Nada obriga a isso, nada autoriza essa violência religiosa,[30] mesmo se os primeiros *monumentos* dessa experiência pertencem, e era fatal, ao mundo propriamente religioso.

Benjamin falava ainda, em termos implicitamente auráticos, da "língua incomparável da caveira" quando nos aparece, quando nos olha: "Ela une a ausência total de expressão (o negro das órbitas) à expressão mais selvagem (o esgar da dentadura)".[31] O que vem a ser isto, senão o enunciado mesmo de uma *dupla distância* que o objeto visual nos impõe cruelmente, e mesmo melancolicamente? Mas por que se teria *ainda* que fazer de todas as caveiras objetos para a religião, como se a caveira não fosse a cabeça de todos — crente ou não, cada um portando-a diretamente no rosto, que ela inquieta ou inquietará de qualquer modo —, e como se seu uso hiperbólico pela iconografia religiosa (pensemos nas catacumbas "ornadas" dos capuchinhos de Roma ou de Palermo) impedisse incluir a caveira num catálogo de objetos seculares?... Ou até mesmo, como fazia o próprio Benjamin — e num tom bastante batailliano —, num catálogo de "artigos de fantasias"?

É preciso secularizar a aura, é preciso assim refutar a anexação abusiva da aparição ao mundo religioso da epifania. A *Erscheinung* benjaminiana diz certamente a epifania — é sua memória histórica, sua tradição —, mas diz igualmente, e literalmente, o sintoma: ela indica portanto o valor de epifania que pode ter o menor sintoma (e nesse ponto, como alhures em Benjamin, Proust não está distante), ou o valor de sintoma que fatalmente terá toda epifania. Em ambos os casos, ela faz da aparição um conceito da *imanência visual* e fantasmática dos

[29] W. Benjamin, "Zentralpark", *art. cit.*, p. 232.

[30] Cf. a esse respeito J. Derrida, "Comment ne pas parler. Dénégations" (1986), *Psyché. Inventions de l'autre*, Paris, Galilée, 1987, pp. 535-95.

[31] W. Benjamin, *Sens unique. Enfance berlinoise. Paysages urbains*, trad. J. Lacoste, Paris, Les Lettres Nouvelles, 1978, p. 190.

fenômenos ou dos objetos, não um signo enviado desde sua fictícia região de transcendência. Entre bonecas e carretéis, entre cubos e lençóis de cama, as crianças não cessam de ter "aparições": isto significa que elas sejam devotos? Por certo que não, se elas *jogam* com isso, se manejam livremente todas as contradições nas quais a linguagem, aos poucos descoberta em suas oposições fonemáticas e significantes, lhes abre os olhos, chumbando de angústia sua alegria "infantil" ou fazendo rebentar de rir sua angústia diante da ausência...[32]

A aparição não é portanto o apanágio da crença — é por acreditar nisso que o homem do visível se encerra na tautologia. A distância não é o apanágio do divino, como se ouve com muita frequência: não é senão um predicado histórico e antropológico dele, mesmo que faça parte da definição histórica e antropológica do divino querer impor-se como o sujeito por excelência. Em Petrarca, a *aura* não é senão um jogo de palavras com *Laura*, a mulher sempre distante — sempre "estranha", sempre "única" — que faz desfiar em seu texto toda uma rede significante do desejo e da arte poética, ora seu loureiro ou seu ouro (*lauro, oro*), ora sua *aurora* convocada, etc.[33] *Aura* não é *credo*: seu silêncio está longe de ter apenas o discurso da crença como resposta adequada. Assim não são somente os anjos que aparecem a nós: o ventre materno, "broquel de velino esticado", nos aparece claramente em sonhos, o mar aparece claramente a Stephen Dedalus numa dupla distância que o faz ver *também* uma tijela de humores glaucos e, com eles, uma perda sem recurso, sem religião alguma. *Die* nos *aparece* claramente no tempo dialético de sua visão prolongada, entre sua extensão geométrica própria e a intensidade de seu cromatismo obscuro, entre o valor nominal de seu título e seu angustiante valor verbal.

[32] Assim, não há sentido em imaginar um *infans* acometido de neurose obsessiva. De um ponto de vista freudiano, esta requer a constituição já coercitiva da ordem de linguagem e a constituição edipiana do complexo de castração. Os próprios "rituais" infantis são clinicamente mal interpretados quando levados para o lado da neurose obsessiva. Agradeço a Patrick Lacoste por me ter confirmado nessa intuição, e só posso remeter a seu trabalho mais recente sobre a estrutura obsessiva em geral: *Contraintes de pensée, contrainte à penser. La magie lente*, Paris, PUF, 1992.

[33] Cf. a esse respeito o estudo de G. Contini, "Préhistoire de l'*aura* de Pétrarque" (1957), *Varianti e altra linguistica. Una raccolta di saggi (1938-1968)*, Turim, Einaudi, 1970, pp. 193-9.

Enfim, quando Walter Benjamin evoca a imagem aurática dizendo que, ao nos olhar, "é ela que se torna dona de nós", ele nos fala ainda do poder da distância como tal, e não de um poder vagamente divino, ainda que oculto, ainda que ele mesmo distante.[34] A ausência ou a distância não são figuras do divino — são os deuses que buscam, na fala dos humanos, dar-se como as únicas figuras possíveis e verossímeis (signo de seu caráter ficcional) de uma obra sem recurso da ausência e da distância.[35] Repitamos com Benjamin que a religião constitui evidentemente o paradigma histórico e a forma antropológica exemplar da aura — e por isso não devemos cessar de interrogar os mitos e os ritos em que toda a nossa história da arte se origina: "Na origem, o culto exprime a incorporação da obra de arte num conjunto de relações tradicionais. Sabemos que as mais antigas obras de arte nasceram a serviço de um ritual...".[36] Isso não impede que entre Dante e James Joyce, entre Fra Angelico e Tony Smith a modernidade tenha precisamente nos permitido romper esse vínculo, abrir essa relação fechada. Ela ressimbolizou inteiramente, agitou em todos os sentidos, deslocou, perturbou essa relação. Ora, fazendo isso, nos deu acesso a algo como sua fenomenologia fundamental.

É ainda a distância — *a distância como choque.* A distância como capacidade de nos atingir, de nos tocar,[37] a distância ótica capaz de produzir sua própria conversão háptica ou tátil. De um lado, portanto, a aura terá sido como que ressimbolizada, dando origem, entre outras coisas, a uma nova dimensão do *sublime*, na medida mesmo em que se tornava aí "a forma pura do que surge".[38] Pensamos

---

[34] W. Benjamin, *Paris, capitale du XIXe siècle*, *op. cit.*, p. 464.

[35] Há necessidade de precisar que este esclarecimento teria sido supérfluo há dez ou vinte anos? Mas penso que a crise do tempo — crenças, tautologias — requer esclarecer de novo essa posição.

[36] W. Benjamin, "L'oeuvre d'art à l'ère de sa reproductivité technique", *art. cit.*, p. 147.

[37] *Id.*, "Sur quelques thèmes baudelairiens", *art. cit.*, pp. 152-3, onde são convocados, além de Baudelaire, Bergson (*Matière et mémoire*), Proust e Freud (e deste, não por acaso, *Além do princípio de prazer*).

[38] C. Perret, *Walter Benjamin san destin*, *op. cit.*, p. 104 (evocando o sublime, p. 106). Assinalemos, sobre a questão do sublime, a bela coletânea coletiva

em Newman, em Reinhardt, em Ryman; pensamos também em Tony Smith. De outro lado — ou conjuntamente —, a aura terá como que voltado às condições formais elementares de sua aparição: uma dupla distância, um duplo olhar (em que o olhado olha o olhante), um trabalho da memória, uma protensão. Falo de fenomenologia, porque essa *imanência visual* da aura havia encontrado, contemporaneamente a Benjamin — em 1935, para ser exato —, uma expressão fenomenológica precisa e admirável. Trata-se do famoso livro de Erwin Straus, *Vom Sinn der Sinne* ("Do sentido dos sentidos"), que se confrontava em profundidade com toda a psicologia de inspiração cartesiana, próximo nisto, e muito explicitamente, do trabalho realizado antes dele por Husserl.[39]

Ora, esse volumoso tratado acaba precisamente seu percurso deixando ressoar uma reflexão sobre as "formas espaciais e temporais do sentir" — e não é outra coisa senão uma reflexão sobre a distância mesma.[40] Esta é definida como uma "forma espaçotemporal" — uma "trama singular de espaço e de tempo", poderíamos dizer —, uma *forma fundamental do sentir* que possui o privilégio ontológico de fornecer "sua dimensão comum a todas as diversas modalidades sensoriais".[41] A distância constitui obviamente o elemento essencial da

---

(assinada por J.-F. Courtine, M. Deguy, E. Escoubas, P. Lacoue-Labarthe, J.-F. Lyotard, L. Marin, J.-L. Nancy e J. Rogozinski) *Du sublime*, Paris, Belin, 1988, inaugurando uma coleção significativamente intitulada "L'extrême contemporain". A figura de Benjamin é vista como fundadora no estudo de P. Lacoue-Labarthe ("La vérité sublime", *ibid.*, p. 146-7), a de Bataille no texto de J.-L. Nancy ("L'offrande sublime", *ibid.*, p. 74). Cumpre assinalar ainda a importância dessa noção — ligada ao "fundamentalmente aberto, como imensidade do futuro e do passado" — no trabalho sobre o cinema de G. Deleuze, *Cinéma 1. L'image-mouvement*, Paris, Minuit, 1983, pp. 69-76. Na esfera aqui explorada, deve ser citado principalmente o célebre texto de B. Newman, "The Sublime is Now" (1948), *Selected Writings and Interviews*, ed. J. P. O'Neill, Nova York, Knopf, 1990, pp. 170-3.

[39] E. Straus, *Du sens des sens. Contribution à l'étude des fondements de la psychologie* (1935), trad. G. Thines e J.-P. Legrand, Grenoble, Millon, 1989, pp. 25-60 (introdução). As *Meditações cartesianas* de Husserl são citadas na p. 30, e os tradutores (*ibid.*, p. 14) propõem com razão comparar o trabalho de Erwin Strauss às lições dadas por Husserl sobre os conceitos de coisa e de espaço. Cf. E. Husserl, *Ding und Raum*, ed. U. Claesges, Haia, Nijhoff, 1973.

[40] E. Strauss, *Du sens des sens*, *op. cit.*, pp. 609-32.

[41] *Id.*, *ibid.*, p. 615.

visão, mas a própria tatilidade não pode não ser pensada como uma experiência dialética da distância e da proximidade:

> "O movimento tátil se faz por uma aproximação que começa no vazio e termina quando atinge de novo o vazio. Quando toco o objeto com minúcia ou esbarro nele por acaso e de forma irrefletida, em ambos os casos o abordo a partir do vazio. A resistência encontrada interrompe o movimento tátil que termina no vazio. Quer o objeto seja pequeno a ponto de eu poder segurá-lo na mão, quer eu deva explorá-lo acompanhando suas superfícies e arestas, só posso ter uma impressão dele na medida em que o *separo* do vazio adjacente. Todavia, enquanto minha mão entra em contato com o objeto deslizando sobre sua superfície, mantenho uma troca contínua que se caracteriza por uma aproximação a partir do vazio e um retorno a este; na ausência de tais oscilações fásicas do movimento tátil, eu permaneceria imóvel num ponto invariável. Seríamos tentados a comparar essa oscilação com a da contração muscular normal. Assim, em cada impressão tátil, *o outro*, ou seja, a distância como vazio, se produz concomitantemente ao objeto que se destaca deste."[42]

Talvez não façamos outra coisa, quando *vemos* algo e de repente somos *tocados* por ele, senão abrir-nos a uma dimensão essencial do *olhar*, segundo a qual olhar seria o jogo assintótico do próximo (até o contato, real ou fantasmado) e do longínquo (até o desaparecimento e a perda, reais ou fantasmados). Isto significa em todo caso, segundo Erwin Straus, que a distância na experiência sensorial não é nem objetivável — mesmo enquanto objeto percebido: "A distância não é sentida, é antes o sentir que revela a distância", ele escreve —, nem suscetível de uma abstração conceitual, pois "ela só existe para um ser que é orientado para o mundo pelo sentir".[43] Isto significa ainda que a distância é sempre dupla e sempre virtual, já que "o espaço deve sempre ser conquistado de novo e a fronteira que separa o espaço

[42] *Id., ibid.*, p. 614.

[43] *Id., ibid.*, p. 616.

A dupla distância

próximo do espaço afastado é um limite variável".[44] A distância é sempre dupla — isto quer dizer, enfim, que *a dupla distância é a distância mesma*, na unidade dialética de seu batimento rítmico, temporal.

"*A distância (die Ferne) é a forma espaçotemporal do sentir*. Nessa proposição, a palavra 'distância' deve ser compreendida como designando a polaridade do 'próximo' e do 'afastado' da mesma maneira que a palavra 'um dia' compreende o dia e a noite. [...] Com efeito, é impossível falar da distância e do futuro sem se referir simultaneamente à proximidade e ao presente. [...] A distância é assim claramente a forma espaçotemporal do sentir. Na experiência sensorial, o tempo e o espaço não estão ainda separados em duas formas distintas de apreensão fenomênica. Assim, a distância não é simplesmente a forma espaçotemporal do sentir, é igualmente a forma espaçotemporal do movimento vivo. É somente por estar orientado para o mundo e por tender no desejo para o que não possuo, e além disso por modificar a mim mesmo ao desejar o outro, que o próximo e o afastado existem para mim. É por poder me aproximar de alguma coisa que não posso fazer a experiência da proximidade e do afastamento. A terceira dimensão, a profundidade espacial, não é portanto um puro fenômeno ótico. O sujeito que vê é um ser dotado de movimento, e é somente a um tal sujeito que o espaço se revela na articulação de regiões de distanciedade (*Abstaendigkeit*)."[45]

Essas proposições fundamentais serão, uns dez anos mais tarde, rearticuladas por Merleau-Ponty em algumas páginas célebres da *Fenomenologia da percepção*, onde a questão do espaço será doravante referida ao paradigma da *profundidade*. E, também aí, constataremos que ao refletir sobre essa *distância que se abre diante de nós*, vem à luz — e se obscurece ao mesmo tempo, poderíamos dizer — uma estrutura dialética, desdobrada, paradoxal. Pode-se dizer, com efeito, que

---

[44] *Id., ibid.*, p. 618 (E. Strauss apresenta aqui exemplos patológicos que mais tarde serão retomados por Merleau-Ponty).

[45] *Id., ibid.*, pp. 612 e 617.

o objeto visual, na experiência da profundidade, se dá à distância; mas não se pode dizer que essa distância ela mesma seja claramente dada.

Na profundidade, o espaço *se dá* — mas se dá distante, se dá como distância, ou seja, ele se retira e num certo sentido se dissimula, sempre *à parte*, sempre produtor de um afastamento ou de um espaçamento.[46] O que vem a ser portanto essa distância frontalizada, se posso dizer, essa distância apresentada diante de nós e retirada ao mesmo tempo, que chamamos profundidade? Merleau-Ponty recusava primeiramente as concepções triviais e clássicas, segundo as quais a profundidade seria objetivável contanto fosse recolocada num contexto de relações definidas, tais como a convergência dos olhos, a grandeza aparente da imagem ótica ou a legitimação de um ponto de vista perspectivo. Todas essas concepções, que equivalem a conceber a profundidade como uma "largura considerada de perfil", supõem um mundo estável, relações regulares, "objetos indeformáveis".[47] Mas o mundo estético — no sentido da *aisthèsis*, isto é, da sensorialidade em geral — nada tem de estável para o fenomenólogo; *a fortiori* o da estética — no sentido do mundo trabalhado das artes visuais —, que não faz senão modificar as relações e deformar os objetos, os aspectos. Neste sentido, portanto, a profundidade de modo nenhum se reduz a um parâmetro, a uma coordenada espacial. Merleau-Ponty via nela antes o paradigma mesmo em que *se constitui o espaço* em geral — sua "dimensionalidade" fundamental, seu desdobramento essencial:

> "[É preciso] compreender que o espaço não tem três dimensões, nem mais nem menos, como um animal tem quatro ou duas patas, que as dimensões são antecipadas pelas diversas métricas sobre uma dimensionalidade, um ser polimorfo, que as justifica todas sem ser completamente expresso por nenhuma."[48]

---

[46] M. Merleau-Ponty, *Phénomenologie de la perception*, op. cit., pp. 294-
-309. Cf. o comentário de R. Barbaras, *De l'être du phénomène. Sur l'ontologie de Merleau-Ponty*, Grenoble, Millon, 1991, pp. 235-61.

[47] *Id.*, *Phénomenologie de la perception*, op. cit., pp. 295-7.

[48] *Id.*, *L'oeil et l'esprit*, Paris, Gallimard, 1964, p. 48.

Por isso o espaço — no sentido radical que essa palavra agora adquire — não se dá deixando-se medir, objetivando-se. O espaço é distante, o espaço é profundo. Permanece inacessível — por excesso ou por falta — quando está sempre *aí*, ao redor e diante de nós. Então, nossa experiência fundamental será de fato experimentar sua *aura*, ou seja, a aparição de sua distância e o poder desta sobre nosso olhar, sobre nossa capacidade de nos sentir olhados. O espaço sempre é *mais além*, mas isso não quer dizer que seja alhures ou abstrato, uma vez que ele está, que ele permanece *aí*. Quer dizer simplesmente que ele é uma "trama singular de espaço e de tempo" (quer dizer exatamente que o espaço assim entendido não é senão "um certo espaço"). Por isso ele já nos é em si mesmo um elemento de *desejo*, de protensão — o que Merleau-Ponty percebia bem quando falava de uma profundidade nascente sob o olhar que "busca", segundo um corpo absorvido em suas "tarefas" e suscetível de um "movimento", ainda que abstrato.[49] Significativamente, essas mesmas páginas falavam também de uma temporalização dialética em que a distância podia ser deduzida de uma relação do desejo com a *memória* — como duas modalidades conjuntas de um poder da ausência e da perda.[50]

Enfim, se a profundidade distante é assim elevada à categoria de uma dimensionalidade fundamental, não deveremos imaginar que ela ultrapasse os problemas de massa, os problemas de escultura que encontramos em Judd, Morris ou Tony Smith. A profundidade não é o que escaparia "por trás" de um cubo ou de um paralelepípedo minimalista; ao contrário, ela só deveria receber sua definição mais radical se estiver neles *implicada*, se a organização visual desses volumes geométricos — cromatismos, fluorescências, reflexões, diafaneidades ou tensões dos materiais — for capaz de produzir uma *voluminosidade* "estranha" e "única", uma voluminosidade "mal qualificável" que Merleau-Ponty acabou concebendo segundo uma dialética da *espessura* e da *profundidade*:

[49] *Id.*, *Phénomenologie de la perception*, *op. cit.*, pp. 117, 129, 304.

[50] *Id.*, *ibid.*, pp. 306-7, ao que poderão ser aproximadas, deslocando o ponto de vista (que substituiria a *tarefa* de que fala a fenomenologia pelo *desejo* de que fala o psicanalista), estas palavras de Fédida: "A ausência dá conteúdo ao objeto e assegura o distanciamento a um pensamento. Literalmente: ela não se resolve no passado. Então o distante é o que aproxima e o ausente — não a ausência — é uma figura do retorno, tal como é dito do recalcado". *L'absence*, *op. cit.*, p. 7.

"É preciso redescobrir sob a profundidade como relação entre coisas ou mesmo entre planos, que é a profundidade objetivada, destacada da experiência e transformada em largura, uma profundidade primordial que dá seu sentido a esta e que é a espessura de um meio sem coisa. Quando nos deixamos ser no mundo sem assumi-lo ativamente, ou em doenças que favorecem essa atitude, os planos não mais se distinguem uns dos outros, as cores não mais se condensam em cores superficiais, elas se difundem em torno dos objetos e se tornam cores atmosféricas; o doente que escreve numa folha de papel, por exemplo, deve atravessar com sua caneta uma certa espessura de branco antes de chegar ao papel. Essa voluminosidade varia com a cor considerada, e ela é como a expressão de sua essência qualitativa. Há portanto uma profundidade que ainda não tem lugar entre objetos, que, com mais forte razão, não avalia ainda a distância de um a outro, e que é a simples abertura da percepção a um fantasma de coisa mal qualificado."[51]

Esse "fantasma de coisa mal qualificado", essa pura "voluminosidade" — palavra admirável que conjuga dois estados normalmente contraditórios da visão, o *volume* tátil ou construído, e a *luminosidade* ótica incircunscritível —, tudo isso não nos reconduz às condições nas quais uma obra como a de Tony Smith pôde surgir, para além mesmo ou ao lado de seu aspecto construtivo, geométrico? Vimos, com efeito, que o artista se ocupava de problemas construtivos — problemas de arquitetura, de habitação — sem jamais ter podido produzir o menor volume que lhe parecesse convir ao que ele esperava da *escultura*. O que ele nos conta de sua experiência noturna na estrada de Nova Jersey nos ensina — ainda que a título de parábola teórica — que ele esperava de certo modo a possibilidade "estranha" e "única" de um *suplemento* fenomenológico a toda definição trivial do espaço (a de um cubo, por exemplo). E esse suplemento visa também a *aura*, aquele "longínquo pontuado" da paisagem noturna que ele contemplou nessa estrada, aquele "próximo aprofundado" e distanciado que experimentamos hoje diante de suas grandes esculturas.

[51] Id., *Phénomenologie de la perception*, op. cit., pp. 307-8.

A dupla distância

Pois diante dos volumes negros de Tony Smith nos vemos um pouco como ele próprio se viu diante ou dentro da noite; isto é, somos entregues à "voluminosidade" mais simples como se estivéssemos perdidos numa floresta: ela está aí, ela é próxima e mesmo tangível sob nossos passos, ao nosso redor, mas sua simples *obscuridade* introduz o elemento não mensurável de um afastamento recíproco, de um espaçamento, de uma solidão.

Além disso, a obra nos coloca — como a noite o fizera com Tony Smith — na "floresta de símbolos" de uma memória estética, quase arqueológica, que faz de suas esculturas tanto monumentos para a memória quanto lugares para seu abandono. A *dupla distância* está portanto em obra, e em muitos níveis, nesses volumes virtualmente esvaziados, nesses vazios visualmente compacificados...

E ela não está apenas em Tony Smith, é claro. Aparece também de forma admirável em Robert Morris, por exemplo, que sistematicamente se empenhou em *inquietar as circunscrições* de objetos não obstante tão evidentes quanto cubos ou paralelepípedos: o som que escapava do volume de 1961, o revestimento reverberante adotado em 1965, a fibra de vidro opalescente dos nove elementos de 1967 (*fig. 21, 23 e 30, pp. 131, 133, 142*), — tudo isso tendia a *"auratizar"* a *geometria*, se posso dizer, a apresentá-la distante, espaçada, equívoca. Uma obra de 1968-1969 radicalizava inclusive, de maneira explícita, essa heurística da impossível distância: obra sem perto nem longe, obra perfeitamente intangível e que no entanto acariciava todo corpo e seu espectador, obra sem ponto de vista definido, sem perto nem longe, repito, portanto sem detalhe e sem moldura — era uma simples produção de vapor (*fig. 33, p. 167*). Robert Morris acabava ali de "fabricar aura" no sentido mais literal do termo, posto que *aura*, em grego e em latim, designa apenas uma exalação sensível — portanto *material*, antes de se destacar seu sentido "psíquico" ou "espiritual", raro em grego e quase inexistente em latim.[52]

Caberá portanto denominar *aura* essa coisa sem contornos que Michael Fried chamava um "teatro" e reconhecia tão justamente na arte minimalista, mas para experimentá-la como o elemento insuportável e antimodernista desse gênero de obras. Era de fato insuportável — notadamente em relação a uma leitura demasiado canônica de

---

[52] Cf. A. Ernout e A. Meillet, *Dictionnaire étymologique de la langue latine*, *op. cit.*, p. 59.

33. R. Morris, *Sem título*, 1968-1969. Vapor.
Cortesia University of Washington at Bellingham.

Walter Benjamin — que obras modernas pudessem *não* se caracterizar por um declínio da aura, e que fomentassem antes algo como uma nova forma aurática. Era exatamente a *distância crítica* que Michael Fried não suportava nessas obras, quando ele evocava ao mesmo tempo sua "temporalidade de tempo passado e por vir, *aproximando-se e afastando-se simultaneamente*" e seu corolário fenomenológico, que ele comparava à experiência "de ser distanciado ou invadido pela presença silenciosa de uma outra pessoa".[53]

Experiência efetivamente invasora, esta de ser mantido à distância por uma obra de arte — ou seja, mantido em respeito. Certamente Michael Fried teve medo de lidar com novos objetos de culto (e esse medo é compreensível). Ele admitia claramente no entanto — já que falava de teatro — que a *presença* em jogo não era senão justamente um jogo, uma fábula, uma *facticidade* como tal reivindicada. E que essa temporalidade, essa *memória*, não eram arcaicas ou nostálgicas, isto é, desenvolviam-se de maneira *crítica*.[54] Mas é necessário compreender a associação de todos esses termos. O que é uma imagem crítica? O que é uma presença não real?

[53] M. Fried, "Art and Objecthood", *art. cit.*, pp. 17 e 26.

[54] Repetimos que nada disto constitui uma prerrogativa específica do minimalismo: ele é apenas uma forma exemplar. A dupla distância verifica-se tanto nos mais sutis desenhos murais de Sol LeWitt quanto nas esculturas de Richard Serra; está presente em Judd, em Stella (nos quais a "sensação de distância" foi evocada por G. Inboden, "Le démontage de l'image ou le regard séducteur des signes vides. A propos de Frank Stella", *Cahiers du Musée National d'Art Moderne*, n° 32, 1990, p. 33); está presente em Smithson e em muitos outros. Eu mesmo tentei interrogá-la a propósito de algumas obras mais recentes que não estão fatalmente ligadas à esfera minimalista como tal: por exemplo no pintor Christian Bonnefoi ("Éloge du diaphane", *Artistes*, n° 24, 1984, pp. 106-11), numa obra de James Turrell ("L'homme qui marchait dans la couleur", *Artstudio*, n° 16, primavera 1990, pp. 6-17) e em Pascal Convert ("La demeure — Apparentement de l'artiste", *Pascal Convert. Oeuvres de 1986 à 1992*, Bordeaux, CAPC, Musée d'Art Contemporain, 1992, pp. 12-47).

8.
A IMAGEM CRÍTICA

O que é uma imagem crítica? Ao reintroduzir, por certo temerariamente, a fenomenologia da aura inclusive numa produção reputada "tautológica" ou "específica" da escultura contemporânea, tentei propor a hipótese mais geral de uma condição da experiência aurática em relação à qual a questão da crença — enquanto relacionada a um *credo*, a uma ordem do discurso — nem sequer se colocaria, já que essa condição de experiência não faria senão revelar uma forma originária da sensorialidade. Neste sentido, podemos dizer que o cubo negro de Tony Smith, assim como a expansão vaporosa de Robert Morris, nos "olham" desde um lugar suscetível de levar nosso "ver" a um retorno às condições fundadoras de sua própria fenomenologia. Nesse sentido também, podemos dizer que uma tal experiência visual — por rara que seja — consegue ultrapassar o dilema da crença e da tautologia: ultrapassar por baixo, de certo modo.

Mas não fizemos senão a metade do caminho. Pois o movimento, como iremos constatar, se completa também "por cima". Ao apresentar as obras de Tony Smith e de Robert Morris como *imagens dialéticas*, indiquei antecipadamente que elas mesmas não eram "formas elementares", por mais "simples" que fossem na aparência, mas formas complexas que faziam algo bem diferente que fornecer as condições de puras experiências sensoriais. Falar de imagens dialéticas é no mínimo lançar uma ponte entre a dupla distância dos *sentidos* (os sentidos sensoriais, o ótico e o tátil, no caso) e a dos *sentidos* (os sentidos semióticos, com seus equívocos, seus espaçamentos próprios). Ora, essa ponte, ou essa ligação, não é na imagem nem logicamente derivada, nem ontologicamente secundária, nem cronologicamente posterior: ela é originária, muito simplesmente — ela também. Não é depois, mas desde o início, seguramente, que o cubo de Tony Smith articulava sua dupla distância e sua obscuridade sensoriais com sua dupla distância e sua obscuridade significantes: desde o início tinha lugar o depois,

A imagem crítica   169

desde o início a "noite" visual se produzia no elemento memorativo de uma "floresta de símbolos". E a relação dessas duas distâncias já desdobradas, a relação dessas duas obscuridades constitui na imagem — que não é pura sensorialidade nem pura memoração — exatamente o que devemos chamar sua *aura.*

Teríamos vontade de dizer, portanto, que a dupla distância é aqui originária, e que a *imagem é originariamente dialética*, crítica. Mas é preciso precaver-se de toda acepção trivial quanto a essa "origem": só a nomeio assim porque ela é já desdobrada, justamente, ou *différante.*[1] Só a nomeio assim porque ela intervém em Walter Benjamin a título de conceito ele próprio dialético e crítico.

"A origem, embora sendo uma categoria inteiramente histórica, nada tem a ver porém com a gênese das coisas. A origem não designa o devir do que nasceu, mas sim o que está em via de nascer no devir e no declínio. A origem é um turbilhão no rio do devir, e ela arrasta em seu ritmo a matéria do que está em via de aparecer. A origem jamais se dá a conhecer na existência nua, evidente, do fatual, e sua rítmica não pode ser percebida senão numa dupla ótica. Ela pede para ser reconhecida, de um lado, como uma restauração, uma restituição, de outro lado como algo que por isso mesmo é inacabado, sempre aberto. [...] Em consequência, a origem não emerge dos fatos constatados, mas diz respeito à sua pré e pós-história."[2]

Desse texto, que mereceria por si só um comentário extenso, podemos reter aqui três coisas pelo menos. Primeiramente, *a origem não é um conceito*, discursivo ou sintético, à maneira como o considerava um filósofo neokantiano como Hermann Cohen, por exemplo. Ela não é uma estrita categoria lógica *porque é um paradigma histórico*, "inteiramente histórico", insiste Benjamin, que parece aí também sepa-

---

[1] "A *différance* é a 'origem' não plena, não simples, a origem estruturada e *différante* das diferenças. Portanto o nome 'origem' não lhe convém mais." J. Derrida, "La différance" (1968), *Marges. De la philosophie*, Paris, Minuit, 1972, p. 12.

[2] W. Benjamin, *Origine du drame baroque allemand* (1928), trad. S. Muller, Paris, Flammarion, 1985, pp. 43-4.

rar-se de Heidegger.[3] Em segundo lugar, *a origem não é a "fonte"* das coisas, o que nos afasta tanto das filosofias arquetipais quanto de uma noção positivista da historicidade; a origem não é uma "fonte", não tem por tarefa nos contar "a gênese das coisas" — o que aliás seria muito difícil —, nem suas condições eidéticas supremas, embora ela esteja fora de toda fatualidade evidente (seria absurdo, por exemplo, afirmar que a experiência noturna de Tony Smith constitui como tal a "origem" de sua escultura).

A entender claramente Benjamin, compreendemos então que a origem não é nem uma ideia da razão abstrata, nem uma "fonte" da razão arquetipal. Nem ideia nem "fonte"— mas *um turbilhão no rio*. Longe da fonte, bem mais próxima de nós que imaginamos, na imanência do próprio devir — e por isso ela é dita pertencer à história, e não mais à metafísica —, a origem surge diante de nós *como um sintoma*. Ou seja, uma espécie de formação crítica que, por um lado, perturba o curso normal do rio (eis aí seu aspecto de catástrofe, no sentido morfológico do termo) e, por outro lado, faz ressurgir corpos esquecidos pelo rio ou pela geleira mais acima, corpos que ela "restitui", faz aparecer, *torna visíveis* de repente, mas momentaneamente: eis aí seu aspecto de choque e de *formação*, seu poder de morfogênese e de "novidade" sempre inacabada, sempre *aberta*, como diz tão bem Walter Benjamin. E nesse conjunto de imagens "em via de nascer", Benjamin não vê ainda senão ritmos e conflitos: ou seja, uma verdadeira dialética em obra.

Assim devemos retornar ao motivo da imagem dialética e aprofundar aquilo sobre o qual a análise de *Die* nos havia deixado mais acima.[4] Precisamos doravante reconhecer esse movimento dialético em toda a sua dimensão "crítica", isto é, ao mesmo tempo em sua dimensão de crise e de sintoma — como o turbilhão que agita o curso do rio — e em sua dimensão de análise crítica, de reflexividade negativa, de intimação — como o turbilhão que revela e acusa a estrutura, o leito mesmo do rio. Assim teremos talvez uma chance de compreender melhor o que Benjamin queria dizer ao escrever que "somente as imagens dialéticas são imagens autênticas", e por que, nesse sentido, uma imagem autêntica deveria se apresentar como *imagem crítica*: uma ima-

---

[3] Cf. R. Tiedemann, *Études sur la philosophie de Walter Benjamin*, op. cit., pp. 79-92.

[4] Cf. *supra*, pp. 64-82.

A imagem crítica

gem em crise, uma imagem que critica a imagem — capaz portanto de um efeito, de uma eficácia teóricos —, e por isso uma imagem que critica nossas maneiras de vê-la, na medida em que, ao nos olhar, ela nos obriga a olhá-la verdadeiramente. E nos obriga a escrever esse olhar, não para "transcrevê-lo", mas para constituí-lo.[5] Tentemos inicialmente precisar, por pouco que seja, a exigência dessa primeira imagem da origem dada ao mesmo tempo como imagem da dialética e como dialética da imagem. O turbilhão no rio funciona aqui como a alegoria de um processo que faz simultaneamente apreender uma estrutura e sua entrada em "estado de choque", se posso dizer. Pensemos numa outra imagem produzida em *Origem do drama barroco*, a imagem de uma constelação face aos corpos celestes que ela organiza — mas sem sujeitá-los, justamente, a um conceito ou a uma lei[6] — e que imaginamos sofrer também, de tempo em tempo, as catástrofes vulcânicas, as conjunções excepcionais, os choques meteóricos, os *big bangs* nos quais a origem a cada vez se renova. A noção de dialética é assim dominada em Benjamin por uma função jamais apaziguada do *negativo* — e pensamos na maneira como Georges Bataille, na mesma época, "negativizava" igualmente sua leitura de Hegel.[7] Reconvocá-la, hoje, exige que pensemos a estrutura *com* a interrupção sintomal de seu processo legítimo; ou seja, que conservemos preciosamente as aquisições do estruturalismo, criticando tudo o que nele pôde ter se prestado a uma interpretação idealista — geralmente neokantiana — da própria estrutura.[8]

---

[5] Isto para lembrar o arremate essencial, sobre o qual voltarei a falar, do texto de Benjamin citado mais acima: "E a língua é o lugar onde é possível aproximá-las [as imagens dialéticas]...", *Paris, capitale du XIXe siècle, op. cit.*, p. 479.

[6] *Id., Origine du drame baroque, op. cit.*, p. 31: "As ideias estão para as coisas assim como as constelações para os planetas. Isto quer dizer primeiramente o seguinte: elas não são nem seu conceito nem sua lei". Sobre a passagem, em Benjamin, da "ideia" à "origem" e à "dialética", cf. R. Tiedemann, *Études sur la philosophie de Walter Benjamin, op. cit.*, pp. 73-94, e sobretudo B. Menke, *Sprachfiguren. Name, Allegorie, Bild nach Benjamin*, Munique, Fink, 1991, pp. 239-393.

[7] Sobre a dialética benjaminiana como "dialética negativa", cf. S. Buck-Morss, *The Origin of Negative Dialectics: T. W. Adorno, W. Benjamin and the Frankfurt Institute*, Hassocks, GB, The Harvester Press, 1977.

[8] Para uma crítica dessa interpretação idealista da forma e da estrutura no campo da história da arte, cf. *Devant l'image, op. cit.*, pp. 153-68 e 195-218.

Há de fato uma estrutura em obra nas imagens dialéticas, mas ela não produz formas bem-formadas, estáveis ou regulares: produz formas em formação, transformações, portanto efeitos de perpétuas *deformações*. No nível do sentido, ela produz ambiguidade — "a ambiguidade é a imagem visível da dialética", escrevia Benjamin[9] —, aqui não concebida como um estado simplesmente mal determinado, mas como uma verdadeira ritmicidade do *choque*. Uma "conjunção fulgurante" que faz a *beleza* mesma da imagem e que lhe confere também seu valor crítico, entendido doravante como valor de *verdade*, que Benjamin quer apreender nas obras de arte através de uma torção surpreendente do motivo platônico, clássico, do belo como revelação do verdadeiro: certo, diz ele, "a verdade é um conteúdo do belo. Mas este não aparece no desvelamento — e sim num processo que se poderia designar analogicamente como a incandescência do invólucro [...], um incêndio da obra, no qual a forma atinge seu mais elevado grau de luz".[10] E, nesse momento crítico por excelência — núcleo da dialética —, o choque aparecerá primeiro como um lapso ou como o "inexprimível" que ele nem sempre será, mas que, no espaço de um instante, forçará a ordem do discurso ao silêncio da aura.

"O inexprimível é aquela potência crítica que pode, não certamente separar, no seio da arte, a falsa aparência do essencial, mas impedir pelo menos que se confundam. Se ele é dotado de tal poder, é por ser expressão de ordem moral. Ele manifesta a sublime violência do verdadeiro (*die erhabne Gewalt des Wahren*), tal como a define, segundo as leis do mundo moral, a linguagem do mundo real. É ele que quebra em toda bela aparência o que nela sobrevive como herança do caos: a falsa totalidade, a enganadora —

[9] Citado e comentado por R. Tiedemann, *Études sur la philosophie de Walter Benjamin*, op. cit., pp. 124-5, assim como por C. Perret, *Walter Benjamin sans destin*, op. cit., pp. 112-7.

[10] W. Benjamin, *Origine du drame baroque*, op. cit., p. 28. É através dessa concepção que Benjamin definirá mais tarde o "choque" enquanto princípio poético da modernidade (seu valor de aura, deveríamos dizer) e julgará, por exemplo, uma produção artística como a do surrealismo, em seu texto "Le surréalisme, dernier instantané de l'intelligence européene" (1929), trad. M. de Gandillac, *Oeuvres, I. Mythe et violence*, Paris, Denoël, 1971, pp. 297-314.

A imagem crítica

a absoluta. Só completa a obra o que primeiramente a quebra, para fazer dela uma obra em pedaços, um fragmento do verdadeiro mundo, o destroço de um símbolo (*Torso eines Symbols*)."[11]

O "destroço" — o torso, o corpo despedaçado, o fragmento corporal — de um símbolo sob o fogo da "sublime violência do verdadeiro": há nessa figura essencialmente "crítica" toda uma filosofia do traço, do vestígio. Lembremo-nos da "floresta de símbolos" que olhavam, de modo estranho embora familiar, o herói baudelairiano citado mais acima por Benjamin. Este último desenvolvimento nos leva a modificar ou a precisar a cena: imaginamos doravante essa floresta *com todos os vestígios de sua história*, suas árvores partidas, vestígios de tempestades, suas árvores mortas invadidas por outras vegetações que crescem ao redor, suas árvores calcinadas, vestígios de todos os raios e de todos os incêndios da história. Então, a imagem dialética torna-se a imagem condensada — que nos põe diante dela como diante de uma dupla distância — de todas essas eclosões e de todas essas destruições.

Não há portanto imagem dialética sem um trabalho crítico da memória, confrontada a tudo o que resta como ao indício de tudo o que foi perdido.[12] Walter Benjamin compreendia a memória não como a posse do rememorado — um *ter*, uma coleção de coisas passadas —, mas como uma aproximação sempre dialética da relação das coisas passadas a seu *lugar*, ou seja, como a aproximação mesma de seu *ter-lugar*. Decompondo a palavra alemã da rememoração, *Erinnerung*, Benjamin dialetizava então a partícula *er* — marca de um estado nascente ou de uma chegada ao objetivo — com a ideia do *inner*, isto é, do interior, do dentro profundo. Deduzia disso (de maneira muito freudiana, por sinal) uma concepção da memória como atividade de escavação arqueológica, em que o lugar dos objetos descobertos nos fala tanto quanto os próprios objetos, e como a operação de exumar

[11] *Id.*, "Les *Affinités électives* de Goethe" (1922-1925), trad. M. de Gandillac, *Oeuvres*, I, *op. cit.*, p. 234. Como se observa, a tradução não é aqui muito precisa: ela exprime a ideia, não a *imagem* produzida por Walter Benjamin — a do torso antigo que emerge do campo de ruínas.

[12] E por isso, no meu entender, a noção de *aura* não se opõe tão nitidamente quanto parece à de *traço*.

(*ausgraben*) alguma coisa ou alguém há muito enterrado na terra, posto em túmulo (*Grab*):

"*Ausgraben* e *Erinnern*. — A língua explicita este fato: que a memória não é um instrumento que serviria ao reconhecimento do passado, mas que é antes o meio deste. Ela é o meio do vivido, assim como o solo é o meio no qual as cidades antigas jazem sepultadas. Aquele que busca aproximar-se de seu próprio passado sepultado deve se comportar como um homem que faz escavações. Antes de tudo, que ele não se assuste de voltar sempre ao mesmo e único teor de coisa — que o espalhe como se espalha a terra, que o revire como se revira a terra. Pois os teores de coisa são simples estratos que só revelam o propósito mesmo da escavação ao preço da pesquisa mais minuciosa. Imagens que se levantam, separadas de todos os laços antigos, como joias nas câmaras despojadas de nossa inteligência tardia, como torsos na galeria do colecionador. Durante as escavações, certamente é útil proceder segundo planos; mas a pá prudente e tateante também é indispensável no solo escuro. E se engana completamente quem se contenta com o inventário de suas descobertas sem ser capaz de indicar, no solo atual, o lugar e a posição onde está conservado o antigo. Pois as verdadeiras lembranças não devem tanto explicar o passado quanto descrever precisamente o lugar onde o pesquisador tomou posse dele."[13]

Não é a própria tarefa do historiador — o historiador da arte, em particular — que essa página parece alegorizar? Não é o historiador, com efeito, aquele que exuma coisas passadas, obras mortas, mundos desaparecidos? Mas ele não faz só isso, claro — ou melhor, não o faz "desse jeito"... Pois o ato de desenterrar um torso modifica a própria terra, o solo sedimentado — não neutro, trazendo em si a história de sua própria sedimentação — onde jaziam todos os vestígios. O ato memorativo em geral, o ato histórico em particular, colocam

---

[13] *Id.*, "Denkbilder", *Gesammelte Schriften*, ed. R. Tiedemann e H. Schweppenhäuser, IV-1, Frankfurt, Suhrkamp, 1972, pp. 400-1, traduzido e comentado por C. Perret, *Walter Benjamin sans destin*, *op. cit.*, pp. 76-80.

A imagem crítica

assim fundamentalmente uma questão crítica, a questão da relação entre o memorizado e seu lugar de emergência — o que nos obriga, no exercício dessa memória, a dialetizar ainda, a nos manter ainda no elemento de uma dupla distância. Por um lado, o *objeto* memorizado se aproximou de nós: pensamos tê-lo "reencontrado", e podemos manipulá-lo, fazê-lo entrar numa classificação, de certo modo *temo-lo* na mão. Por outro lado, é claro que fomos obrigados, para "ter" o objeto, a virar pelo avesso o solo originário desse objeto, *seu lugar* agora aberto, visível, mas desfigurado pelo fato mesmo de pôr-se a descoberto: temos de fato o objeto, o documento — mas seu contexto, seu lugar de existência e de possibilidade, *não o temos* como tal. Jamais o tivemos, jamais o teremos. Somos portanto condenados às recordações encobridoras, ou então a manter um olhar crítico sobre nossas próprias descobertas memorativas, nossos próprios *objets trouvés*. E a dirigir um olhar talvez melancólico sobre a espessura do solo — do "meio" — no qual esses objetos outrora existiram.

Isto não quer dizer que a história seja impossível. Quer simplesmente dizer que ela é anacrônica. E a *imagem dialética* seria a imagem de memória positivamente produzida a partir dessa situação anacrônica, seria como que sua figura de *presente reminiscente*.[14] Criticando o que ela tem (o objeto memorizado como representação acessível), visando o processo mesmo da perda que produziu o que ela não tem (a sedimentação histórica do próprio objeto), o pensamento dialético apreenderá doravante o *conflito* mesmo do solo aberto e do objeto exumado. Nem devoção positivista ao objeto, nem nostalgia metafísica do solo imemorial, o pensamento dialético não mais buscará *reproduzir* o passado, representá-lo: num único lance, o *produzirá*, emitindo uma imagem como se emite um lance de dados. Uma queda, um choque, uma conjunção arriscada, uma configuração resultante; uma "síntese não tautológica", como diz muito bem Rolf Tiedemann.[15] Não tautológica nem teleológica, vale acrescentar.[16]

[14] Segundo a expressão de P. Fédida, "Passado anacrônico e presente reminiscente", *art. cit.*

[15] R. Tiedemann, *Études sur la philosophie de Walter Benjamin*, *op. cit.*, p. 157.

[16] Isto para evocar a ultrapassagem benjaminiana dos conceitos tanto de "progresso" como de "declínio". Cf. W. Benjamin, *Paris, capitale du XIXe siècle*, *op. cit.*, pp. 476-7, e M. Löwy, "Walter Benjamin critique du progrès: à la recher-

Então compreendemos que a imagem dialética — como concreção nova, interpenetração "crítica" do passado e do presente, sintoma da memória — é exatamente aquilo que produz a história. De uma só vez, portanto, *ela se torna a origem*: "A imagem dialética é aquela forma do objeto histórico que satisfaz às exigências de Goethe relativas ao objeto de uma análise: revelar uma síntese autêntica. Esse é o fenômeno originário da história".[17] Repitamos uma vez mais que essa síntese não visa em nada a "reconciliação" hegeliana do Espírito. Pois a imagem dialética só é síntese na condição de imaginar esta como um *cristal* — fragmento separado da rocha, destroço, mas absolutamente puro em sua estrutura — no qual brilha a "sublime violência do verdadeiro". E por isso a imagem dialética, aos olhos de Benjamin, só podia ser concebida como uma "imagem fulgurante".[18]

Mas de quê exatamente procede tal imagem? Em que nível ela opera? A ambiguidade, nesse ponto, parece pairar no texto de Benjamin. Designa essa "imagem" um momento da história (como processo), ou uma categoria interpretativa da história (como discurso)? Se falarmos de história da arte, trabalha a imagem dialética no elemento do genitivo subjetivo ou no do genitivo objetivo marcado com a preposição "de"? A imagem dialética será a obra de Baudelaire, que cria no século XIX um novo cristal poético na beleza do qual — beleza "estranha" e beleza "singular" — brilha a "sublime violência do verdadeiro"? Ou será a interpretação histórica que dela oferece Benjamin no duplo feixe de considerações sobre a cultura antes de Baudelaire e sobre a modernidade inventada por ele? Assim como em relação à aura, foi às vezes evocada uma contradição do conceito, ou pelo menos sua evolução notável no pensamento de Benjamin.[19] Embora de fato a

che de l'expérience perdue", *Walter Benjamin et Paris*, ed. H. Wismann, Paris, Le Cerf, 1986, pp. 629-39.

[17] W. Benjamin, *Paris, capitale du XIXe siècle, op. cit.*, p. 491.

[18] *Id., ibid.*, e ele continua: "É portanto como imagem fulgurante no Agora da recognoscibilidade que é preciso reter o Pretérito". Cf. igualmente pp. 487-8 (sobre o "passado telescopado pelo presente").

[19] Cf. R. Rochlitz, "Walter Benjamin: une dialectique de l'image", *art. cit.*, pp. 295-6: "Encontram-se em Benjamin pelo menos duas concepções da imagem dialética: uma, mais antiga, que a define como imagem de desejo ou de sonho, e outra que faz dela o princípio heurístico de uma nova maneira de escrever a história, de constituir sua teoria [...]. A primeira definição situa a tensão dialética no

A imagem crítica   177

transformação de seu pensamento não deva ser negligenciada numa análise extensiva de todas as ocorrências em que intervém a expressão "imagem dialética", cumpre não perder de vista o elemento constante e obstinado desse pensamento — a saber, a relação inédita das obras de arte com sua compreensão, tal como Benjamin não cessou de querer inventá-la ou reinventá-la.

A imagem dialética, com sua essencial função crítica, se tornaria então o ponto, o bem comum do artista e do historiador: Baudelaire inventa uma *forma* poética que, exatamente enquanto imagem dialética — imagem de memória e de crítica ao mesmo tempo, imagem de uma novidade radical que reinventa o originário — transforma e inquieta duravelmente os campos discursivos circundantes; enquanto tal, essa forma participa da "sublime violência do verdadeiro", isto é, traz consigo efeitos teóricos agudos, efeitos de *conhecimento*.[20] Reciprocamente, o conhecimento histórico sonhado ou praticado por Benjamin (e como não segui-lo? como não fazer nosso esse desejo?) produzirá também uma imagem dialética na decisão fulgurante de "telescopar", como ele dizia, um elemento do passado com um elemento do presente, a fim de compreender a origem e o destino das formas inventadas por Baudelaire, com seus consecutivos efeitos de conhecimento. Através do quê o próprio historiador terá produzido uma nova relação do discurso com a obra, uma nova *forma* de discurso, também ela capaz de transformar e de inquietar duravelmente os campos discursivos circundantes.

As obras inventam formas novas; para responder a elas — e se a interpretação quer de fato se mover no elemento do *responso*, da pergunta devolvida, e não no da tomada de posse, isto é, do poder —,

passado findo: a própria imagem apresenta uma interpenetração do antigo e do novo, do arcaico e do moderno; a modernidade de cada época é animada de sonhos arcaicos. A segunda, mais inovadora, situa a tensão no presente do historiador: a imagem dialética é aquela imagem do passado que entra numa conjunção fulgurante e instantânea com o presente, de tal modo que esse passado só pode ser compreendido nesse presente preciso, nem antes nem depois; trata-se assim de uma possibilidade histórica do conhecimento". Rainer Rochlitz anuncia um prolongamento dessas ideias num ensaio a ser publicado, *Le désenchantement de l'art. La philosophie de Walter Benjamin*, Paris, Gallimard, 1992. De minha parte, voltarei adiante ao tema do sonho (e do despertar) evocado por essa "primeira" acepção da imagem dialética.

[20] No sentido, eu diria, da *Erkenntnis*, não da *Wissenchaft*.

que há de mais elegante, que há de mais rigoroso que o discurso interpretativo inventar por sua vez novas formas, ou seja, a cada vez *modificar as regras* de sua própria tradição, de sua própria ordem discursiva? Seja como for, Benjamin nos deu a compreender a noção de imagem dialética como forma e transformação, de um lado, como conhecimento e crítica do conhecimento, de outro. Ela é portanto comum — segundo um motivo um tanto nietzschiano — ao artista e ao filósofo. Não é mais uma coisa somente "mental", assim como não deveria ser considerada como uma imagem simplesmente "reificada" num poema ou num quadro. Ela mostra justamente o motor dialético da criação como conhecimento e do conhecimento como criação.[21] A primeira sem o segundo correndo o risco de permanecer no nível do mito, e o segundo sem a primeira, de permanecer no nível do discurso sobre a coisa (positivista, por exemplo).

A imagem dialética oferece assim, de maneira muito exata, a formulação de uma possível *superação do dilema da crença e da tautologia*. Voltamos aqui ao tema central que, a propósito do cubo de Tony Smith, havia exigido introduzir a noção benjaminiana: a saber, o reconhecimento do fato de que mito e modernidade (notadamente a modernidade técnica) constituem nosso mundo, do século XIX aos dias de hoje, como as duas faces da mesma moeda. "Somente um observador superficial pode negar que haja correspondências entre o mundo da técnica e o mundo arcaico dos símbolos da mitologia".[22] Ultrapassar essa conjunção alienante — que não deixa de ter relação, hoje mais que nunca, com o "fetichismo da mercadoria" há muito denunciado por Karl Marx[23] — é inventar novas configurações dialéticas capazes, não apenas de um poder da *dupla distância*, mas também de uma eficácia da *dupla crítica* dirigida a cada face da moeda em questão (que, diga-se de passagem, se reduz seguidamente a questões de moeda em sentido estrito...).

[21] Sobre a imagem dialética como dialética do conhecimento, cf. R. Tiedemann, *Études sur la philosophie de Walter Benjamin, op. cit.*, pp. 156-7.

[22] W. Benjamin, *Paris, capitale du XIXe siècle, op. cit.*, p. 478.

[23] Cf. K. Marx, *Le Capital* (1867), trad. J. Roy revista por K. Marx, Paris, Éditions Sociales, 1953, I, pp. 83-94. Cf. igualmente o capítulo dedicado à "reprodução" em L. Althusser e E. Balibar, *Lire le Capital*, Paris, Maspero, 1968, II, pp. 152-77.

A imagem crítica

A imagem dialética seria assim uma figura da *Aufhebung* — negação e superação ao mesmo tempo.[24] Mas uma figura não teleológica da *Aufhebung*, uma figura simplesmente *fulgurante e anacrônica* da superação dialética, se é verdade que não há um "sistema" finalizado da novidade tal como Benjamin o entendia. Uma "síntese não tautológica", que não torna a se fechar em nenhuma autolegitimação ou certeza de si, se é verdade que a imagem dialética permanece, aos olhos de Benjamin também, *aberta e inquieta*. Ou seja, sempre em movimento, sempre tendendo para o in-finito, aquele "sem fim" (*unendliche*) do qual Freud, em 1937, faria a condição assintótica de toda análise e de todo conhecimento metapsicológico entendidos radicalmente.[25]

Consideremos alegoricamente que o *jogo* infantil poderia já oferecer uma figura da imagem dialética na produção espantada, rítmica, de uma "novidade" configuracional que se experimenta no próprio vazio de uma descoberta dos meios da palavra, quando a criança ainda não precisa crer *em* seja lá o que for (o que não impede seu jogo de ser inquieto pela ausência materna, no exemplo evocado mais acima).[26] Consideremos igualmente a *forma* artística como essa imagem dialética por excelência, quando ela constrói sua novidade configuracional na ultrapassagem — inquieta, aberta, ultrapassagem que voltarei a abordar num instante — da crença e da tautologia. Consideremos enfim o destino textual da imagem dialética em algo que, lendo Benjamin (mas também seus contemporâneos Bataille, Leiris ou Carl Einstein), eu gostaria de chamar uma *gaia ciência*, quando ele constrói sua própria novidade configuracional numa prática — por definição aberta e inquieta com seus fundamentos — em que o *escrever* abre uma passagem para superar tanto o fechamento do *ver* quanto o do *crer*.

[24] Cf. M. Pezzella, "Image mythique et image dialectique", *Walter Benjamin et Paris*, *op. cit.*, pp. 517-38 (em particular p. 519: "Um *logos* pobre, que não sai da repetição de suas categorias e da identidade consigo mesmo — e o arcaísmo nostálgico das origens míticas: são os dois extremos de uma polaridade destrutiva. A imagem dialética gostaria de escapar a essa alternativa").

[25] S. Freud, "L'analyse avec fin et l'analyse sans fin" (1937), trad. coletiva, *Résultats, idées, problèmes, II, 1921-1938*, Paris, PUF, 1985, pp. 231-68.

[26] É evidente que essa observação, dada como "alegórica", não apresenta nenhum caráter de elaboração metapsicológica no sentido estrito. Para um esboço dessa elaboração, remeto às belas páginas de J.-B. Pontalis, "Se fier à... sans croire en..." (1978), *Perdre de vue*, Paris, Gallimard, 1988, pp. 109-21 (e, de maneira mais geral, pp. 107-89).

Compreende-se melhor, então, por que o historiador da arte pode ainda seguir Benjamin quando este afirmava que "a língua é o lugar onde é possível encontrar" as imagens dialéticas, o que também quer dizer: explicá-las, produzir novas. A questão, aqui, não é mais a de um primado da linguagem sobre a imagem — questão sempiterna e mal colocada, da qual Aby Warburg há muito enunciou a insuficiência teórica e a ultrapassagem numa "iconologia" bem compreendida, isto é, antropologicamente compreendida.[27] A questão é a da historicidade mesma, ou seja, de sua constituição, apesar de e com seu *anacronismo* fundamental. Assim, a fulgurância do jogo infantil entra na história do sujeito porque se afigura *por antecipação* num jogo de linguagem, mesmo que a criança não domine ainda sua língua materna; assim, a fulgurância da forma artística entra na história porque se afigura *em retardamento* na compreensão linguageira do filósofo. "Nos domínios que nos ocupam, escrevia Benjamin, não há conhecimento a não ser fulgurante. O texto é o trovão que faz ouvir seu bramido longo tempo depois".[28] Numa outra passagem que reformula a definição da imagem dialética, Benjamin precisa esse entrelaçamento da forma produzida e da forma compreendida, ou seja, "lida" (não decifrada como tal, mas *retrabalhada na escrita*), uma forma compreendida numa escrita ela mesma "imagética" (*bildlich*) — portadora e produtora de imagens, portadora e produtora de história:

"A marca histórica das imagens (*der historische Index der Bilder*) não indica apenas que elas pertencem a uma época determinada, indica sobretudo que elas só chegam à legibilidade (*Lesbarkeit*) numa época determinada. E o fato de chegar 'à legibilidade' representa certamente um ponto

[27] Cf. por exemplo esta passagem do artigo famoso de A. Warburg, "L'art du portrait et la bourgeoisie florentine" (1902), trad. S. Muller, *Essais florentins*, Paris, Klincksieck, 1990, p. 106: "Florença não nos deixou apenas os retratos de personagens mortos há muito tempo, em quantidade inigualada e com uma vida impressionante; as vozes dos defuntos ressoam ainda em centenas de documentos de arquivos decifrados, e em milhares de outros que ainda não o foram; a piedade do historiador pode restituir o timbre dessas vozes inaudíveis, se ele não recuar diante do esforço de reconstituir o parentesco natural, a conexidade da palavra e da imagem (*die natürliche Zusammengehörigkeit von Wort und Bild*)" (tradução modificada).

[28] W. Benjamin, *Paris, capitale du XIXe siècle, op. cit.*, p. 473.

A imagem crítica

crítico determinado (*ein bestimmter kritischer Punkt*) no movimento que as anima. Cada presente é determinado pelas imagens que são síncronas com ele; cada Agora é o Agora de uma recognoscibilidade (*Erkennbarkeit*) determinada. Com ele, a verdade é carregada de tempo até explodir. (Essa explosão, e nada mais, é a morte da *intentio*, que coincide com o nascimento do verdadeiro tempo histórico, do tempo da verdade.) Não cabe dizer que o passado ilumina o presente ou o presente ilumina o passado. Uma imagem, ao contrário, é aquilo no qual o Pretérito encontra o Agora num relâmpago para formar uma constelação. Em outras palavras: a imagem é a dialética em suspensão (*Bild ist die Dialektik im Stillstand*). Pois, enquanto a relação do presente com o passado é puramente temporal, a relação do Pretérito com o Agora é dialética: não é de natureza temporal, mas de natureza imagética (*bildlich*). Somente as imagens dialéticas são imagens autenticamente históricas, isto é, não arcaicas. A imagem que é lida — quero dizer, a imagem no Agora da recognoscibilidade — traz no mais alto grau a marca do momento crítico, perigoso (*den Stempel des kritischen, gefährlichen Moments*), que subjaz a toda leitura."[29]

É evidente que essa noção de "legibilidade" (*Lesbarkeit*), extremamente original, opõe-se de antemão a toda compreensão vulgar ou neopositivista do "legível" que se pretendesse capaz de *reduzir* a imagem a seus "temas", a seus "conceitos" ou a seus "esquemas". A legibilidade benjaminiana deve ser compreendida como um momento essencial da imagem mesma — que ela não reduz, posto que dela *procede* —, e não como sua explicação, por exemplo sua explicação iconológica entendida no sentido de Panofsky.[30] Não esqueçamos que

[29] *Id., ibid.*, pp. 479-80.

[30] Para uma crítica da "legibilidade" panofskiana, permito-me de novo remeter a *Devant l'image, op. cit.*, pp. 145-68. Um recente estudo, ainda inédito, sobre as relações — antagônicas — de Benjamin e de Panofsky, centrado em suas respectivas abordagens da *Melancolia* de Dürer, esclarece muito bem essa questão divergente de "legibilidade" diante da imagem. Cf. C. Coquio, "Benjamin et Panofsky devant l'image", a ser publicado. A questão já havia sido abordada por C. Imbert, "Le présent et l'histoire", *Walter Benjamin et Paris, op. cit.*, pp. 761-8.

toda essa relação é descrita por Benjamin com a palavra *dialética*, que nos fala de dilaceramento, de distância, mas também de passagem ou de processão (eis aí três significações essenciais da partícula grega *dia*), assim como com a palavra *crítica*, que por sua vez insiste na ligação de toda interpretação com um processo de abertura, de separação (como exprime o verbo grego *krineïn*).

Mas tentemos aqui ser um pouco mais precisos. Que a legibilidade da imagem dialética seja considerada como um momento da dialética da imagem, isto significa pelo menos duas coisas. De um lado, *a imagem dialética produz ela mesma uma leitura crítica* de seu próprio presente, na conflagração que ela produz com seu Pretérito (que não é portanto simplesmente sua "fonte" temporal, sua esfera de "influência" histórica). Produz uma leitura crítica, portanto um efeito de "recognoscibilidade" (*Erkennbarkeit*), em seu movimento de choque, no qual Benjamin via "a verdade carregada de tempo até explodir". Mas essa leitura, porque explosiva, portanto fascinante, permanece ela mesma ilegível e "inexprimível" enquanto não se confrontar com seu próprio destino, sob a figura de uma outra modalidade histórica que a colocará como *diferença*.

Assim, a fenomenologia dos volumes negros de Tony Smith terá produzido um efeito *crítico* na história moderna da escultura americana.[31] Mas, por "específica" que fosse enquanto objeto de visualidade, terá assumido como que *previamente*, alusivamente, os efeitos de linguagem e de "recognoscibilidade" que sua crítica devia supor *posteriormente*: os raros escritos de Tony Smith não são de maneira alguma tentativas de oferecer uma legitimação histórica ou uma leitura iconológica das esculturas mesmas; suas descrições processuais muito simples, seus marcados apelos ao Pretérito — os megálitos, os templos egípcios, Heródoto — não estão aí para clarificar "influências" ou "fontes" estilísticas, mas para indicar, sem explicitá-la como tal, a *conflagração* temporal em obra, ainda ilegível. Assim o artista se contentava em antecipar sutilmente, modestamente, o possível "olhar crítico" de seu próprio gesto crítico. Assim — sutilmente, modestamente — fazia entrar a língua no tempo da imagem.[32]

---

[31] Ainda que uma *história* precisa desse efeito crítico não tenha sido, pelo menos em meu conhecimento, levada a cabo.

[32] Situação estranha e falsa: os artistas com frequência são criticados por seus

Por outro lado, *a crítica da imagem produz ainda uma imagem dialética* — em todo caso seria esta sua tarefa mais justa. O crítico de arte, com efeito, se acha diante de seu próprio vocabulário como diante de um problema de faíscas a produzir de palavra a palavra, friccionando, por assim dizer, palavras com palavras. Como encontrar, como produzir com palavras a conflagração que, na imagem, nos olha? Esse é exatamente o problema — que Benjamin figurava praticamente como um problema de escultura, de baixo-relevo ou de gravura, como um problema de suporte martelado: "Encontrar palavras para o que se tem diante dos olhos, como isso pode ser difícil. Mas, quando vêm, elas batem o real com pequenas marteladas até que nele tenham gravado a imagem como numa chapa de cobre".[33]

Nem descrição, nem vontade de fechar um sistema conceitual — mas seu constante desenvolvimento, seu constante dilaceramento pelo friccionar aporético, fulgurante, de palavras capazes de prolongar de certo modo a dialética (a crise, a crítica) em obra na imagem. Tal seria a tarefa do historiador-filósofo, tal seria sua maneira de articular o presente e a história "numa memória e numa advertência sempre recomeçadas".[34] Tal seria, também, seu trabalho sempre recomeçado com as palavras e seu poder de *originalidade* — no sentido radical que deve ter aqui esse termo, que diz tanto a origem como a novidade, a origem como novidade.[35] Isso exige, muito explicitamente em Benjamin, afastar e ultrapassar a forma religiosa da interpretação, que é a exegese no sentido tradicional; exige também afastar e ultrapassar a

contemporâneos por escreverem "acerca de sua obra", e isto em nome de uma ideal suficiência do estilo que legitimaria em silêncio a obra em questão; por outro lado, os escritos de artistas se tornam progressivamente o objeto de atenções tão sacralizadas quanto esquecidas das condições formais da própria obra (é o caso de Cézanne, por exemplo). Num caso, rejeitam-se as palavras quando são portadoras de incontestáveis efeitos de "recognoscibilidade"; no outro, apela-se às palavras para que subjuguem todo efeito de "legibilidade". É esquecer, em ambos os casos, que a ligação das palavras com as imagens é sempre dialética, sempre inquieta, sempre aberta, em suma: sem *solução*.

[33] W. Benjamin, *Sens unique*, op. cit., p. 317.

[34] C. Imbert, "Le présent et l'histoire", *art. cit.*, p. 792.

[35] Cf. G. Agamben, "Langue et histoire. Catégories historiques et catégories linguistiques dans la pensée de Benjamin", *Walter Benjamin et Paris*, op. cit., pp. 793-807.

forma filosófica canônica na qual a atividade *crítica* pôde facilmente se identificar, a saber, a forma neokantiana da interpretação.[36] Sabemos que a forma por excelência na qual Benjamin via a possibilidade de produzir imagens dialéticas como instrumentos de conhecimento será a forma *alegórica*, particularmente considerada sob o ângulo de seu valor crítico (por diferença com o símbolo) e "desfigurativo" (por diferença com a representação mimética).[37] Sabemos também a dupla dimensão de *pathos* em que a alegoria era constantemente mantida por Benjamin: de um lado, uma espécie de melancolia que correspondia, segundo suas próprias palavras, à implicação fatal de um elemento de *perda* no exercício do olhar; a alegoria tornava-se então um signo de *luto*, um signo do luto dos signos, um luto feito signo ou monumento. De outro lado, uma espécie de *ironia* vinha "substituir", realizar e ultrapassar ao mesmo tempo — como em Kafka —, esse sentimento da perda: "A ironização da forma da apresentação é de certo modo a tempestade que levanta *(aufheben)* a cortina diante da ordem transcendental da arte, desvelando-a ao mesmo tempo que desvela a obra que permanece imediatamente nela como mistério".[38]

Em suma, a ironia crítica também aí se opõe, ponto por ponto, à atitude metafísica ou religiosa que pretenderia o desvelamento puro e simples, ou então a revelação definitiva. Aqui, a cortina se levanta, como agitada por um vento violento, para tornar a cair em seguida na afirmação do mistério em obra, da obra como mistério. E quando Benjamin nos diz alhures que "a cortina se inflama", ele não nos diz, seguramente, que se possa ver algo além da violência das chamas que

---

[36] Por toda parte Benjamin se confronta com Kant, cuja leitura — em particular sobre a filosofia da história — não cessa de "decepcioná-lo". Cf. sobretudo seu "Programme de la philosophie qui vient" (1918), trad. de M. de Gandillac, *Oeuvres*, I, *op. cit.*, pp. 99-114.

[37] Para Benjamin, com efeito, é "a desfiguração das coisas que as transforma em algo de alegórico...". W. Benjamin, "Zentralpark", *art. cit.*, p. 227. Sobre essa imensa questão da alegoria, remeto às passagens célebres da *Origine du drame baroque*, *op. cit.*, pp. 171-224, bem como aos estudos de M.-C. Dufour-El Maleh, *Angelus Novus. Essai sur l'oeuvre de Walter Benjamin*, Bruxelas, Ousia, 1989, pp. 207-30, e sobretudo de B. Mencke, *Sprachfiguren*, *op. cit.*, pp. 161-238.

[38] W. Benjamin, *Le concept de critique esthétique dans le romantisme allemand* (1920), trad. P. Lacoue-Labarthe e A.-M. Lang, Paris, Flammarion, 1986, p. 133.

A imagem crítica

continuam antepondo-se à "coisa mesma"... A ironia irá se opor também à atitude cínica ou tautológica — "não há mistério ou, se houver, não me interessa" —, já que nos deixa face ao mistério como face à interminável questão, à interminável coisa perdida da qual nos resta rir com o *riso escritor*, aquele que sabe jogar e perder, ganhando apenas — modestamente — algumas constelações de palavras... "São cinzas, rimo-nos delas", dizia Benjamin.[39] Mas essas cinzas são ainda alguma coisa, são formas, poemas, histórias. Elas se lembram ainda das chamas de onde nasceram, das quais *restam*. Nessas cinzas há portanto aquele *teor de verdade* do qual Benjamin, num texto célebre, fazia o propósito — epistêmico, estético, ético — de toda crítica contrária ao simples comentário do "teor de coisa":

> "Numa obra de arte, o crítico busca o teor de verdade (*Wahrheitsgehalt*), o comentador o teor de coisa (*Sachgehalt*). O que determina a relação entre os dois é esta lei fundamental de toda escrita: à medida que o teor de verdade de uma obra adquire mais significação, sua ligação com o teor de coisa se torna menos aparente e mais interior. [...] Então, somente ele [o historiador, o filósofo] pode colocar a questão crítica fundamental: a aparência do teor de verdade se prende ao teor de coisa, ou a vida do teor de coisa se prende ao teor de verdade? Pois, ao se dissociarem na obra, eles decidem sobre sua imortalidade. Neste sentido, a história das obras prepara sua crítica e aumenta assim a distância histórica de seu poder. Se compararmos a obra à fogueira, o comentador está diante dela como o químico, o crítico como o alquimista. Enquanto para aquele madeira e cinzas são os únicos objetos de sua análise, para este apenas a chama é um enigma, o enigma do vivo. Assim o crítico se interroga sobre a verdade, cuja chama viva continua a arder por cima das pesadas lenhas do passado e da cinza ligeira do vivido."[40]

Compreende-se então que ironia e melancolia, nesse projeto "epistemo-crítico", designam um propósito muito ambicioso, mesmo que

---

[39] *Id.*, Carta a H. Belmore (1916), *Correspondance*, *op. cit.*, I, p. 122.

[40] *Id.*, "Les *Affinités électives* de Goethe", *art. cit.*, pp. 161-2.

inclua um sentido agudo da perda, isto é, de seu próprio limite. É o propósito outrora expresso por Goethe e precisamente citado por Benjamin em exergo de seu "prefácio epistemo-crítico", na *Origem do drama barroco*: "Devemos necessariamente pensar a ciência como uma arte, se quisermos poder contar com uma maneira qualquer de totalidade.

E não é no universal, no excesso, que devemos buscá-la; já que a arte se exprime sempre por inteiro em cada obra singular, também a ciência deveria se mostrar por inteiro em cada um de seus objetos particulares".[41] Tentemos pensar essa palavra de ordem — "a ciência como uma arte" — com toda a riqueza e ambiguidade, isto é, com toda a significação dialética da conjunção *como*, tal como nos descrevem os dicionários: *como* exprime a comparação, mas também a adição e a complementaridade; *como* exprime a maneira, mas também a qualidade própria. *Como*, nessa expressão, nos dirá um modo de *mimetismo* — ela exige portanto que a obra criticada exerça ela mesma a função de crítica, e que o crítico da obra faça ele mesmo obra —; nos dirá também um modo de *transformação*: pois lá onde a obra se transforma em outras, também a crítica deverá se transformar em outras (outras críticas, e mesmo outras obras).

Benjamin pedia portanto à *história* (por exemplo a história da arte no sentido do genitivo objetivo: o discurso histórico sobre os objetos de arte) para *transformar a história* (notadamente a história da arte no sentido do genitivo subjetivo: a evolução dos próprios objetos de arte), como num verdadeiro diálogo crítico entre uma e outra, e não num rebatimento totalitário de uma sobre a outra (rebatimento que define a situação acadêmica como tal). Um diálogo crítico em que cada parte seria capaz de pôr em questão e de modificar a outra, modificando a si mesma. Existe aí uma confiança epistêmica concedida às *imagens*, tanto quanto uma confiança formal e criadora concedida às *palavras*. Notemos de passagem que esse poder singular concedido às palavras da história — embora melancólica e ironicamente, isto é, autoironicamente manifestado, repito —, esse poder funciona aqui como uma repetição profana, como a versão desviada de um motivo fundamental do judaísmo, ao qual Benjamin se mostrava tão atento. Penso, para ilustrá-lo, naquela lenda hassídica que nos apresenta Baal Shem-Tov partindo para uma certa floresta quando uma ameaça pai-

---

[41] J. W. Goethe, "Note pour l'histoire de la théorie des couleurs", citado por W. Benjamin, *Origine du drame baroque, op. cit.*, p. 23.

A imagem crítica

rava sobre os seus. Ele caminhava nessa floresta até uma certa árvore, acendia um fogo diante dela e pronunciava uma certa prece. Uma geração mais tarde, o Maguid de Mezeritch, confrontado às mesmas ameaças, ia também à floresta — mas não sabia para qual árvore se dirigir. Então acendia um fogo ao acaso, pronunciando a prece, "e o milagre se produzia", como diz a lenda. Uma geração mais tarde, Moshe-Leib de Sassov teve que cumprir essa mesma tarefa. Mas os cossacos haviam queimado a floresta; então ele permanecia em casa, acendia uma vela, pronunciava a prece. E o milagre se produzia. Bem mais tarde, um filósofo irônico e melancólico — imaginamos o próprio Benjamin — não acendia mais uma vela nem pronunciava mais a prece, é claro, consciente de que a prece só se dirige à ausência e de que o milagre não ia acontecer. Então ele contava a história. Único signo, daqui por diante, de uma transformação possível dessa história mesma: seu relato crítico e dialético.[42]

Uma última maneira de qualificar a imagem crítica em Benjamin terá sido o recurso à alegoria do *despertar*. Com efeito, é a palavra "despertar" (*Erwachen*), isolada, que encerra laconicamente a definição da imagem dialética citada mais acima.[43] Por que essa alegoria é tão importante, quase obsessiva, em todas as páginas teóricas e metodológicas do *Livro das passagens*? Porque ela mesma se dá como uma imagem dialética, tornando-se de certo modo "a imagem dialética da imagem dialética"... Por um lado — e esta seria a *tese* —, a noção de despertar evoca o chamado da razão, que Benjamin tomava diretamente do materialismo histórico e da formulação de Karl Marx: "A reforma da consciência consiste apenas em despertar (*aufweckt*) o mundo... do sonho que ele faz consigo mesmo".[44] Isto significa exatamente, nos

---

[42] Improvisei essa versão de uma lenda relatada no livro de E. Wiesel, *Célébration hassidique*, Paris, Seuil, 1972, p. 173. Ele a comenta assim: "Não é mais suficiente contar a história. A prova: a ameaça não foi afastada. Talvez não saibamos mais contar a história? Seríamos todos culpados? Mesmo os sobreviventes? Os sobreviventes sobretudo?"... Uma outra lenda — já que o destino delas é ser declinadas em versões que as modifiquem — é citada no belo filme de Chantal Ackerman, *Histoires d'Amérique*, essencialmente produtor de "imagens dialéticas".

[43] W. Benjamin, *Paris, capitale du XIXᵉ siècle*, op. cit., p. 479 (cf. *supra*, p. 80).

[44] K. Marx, Carta a Ruge, 1843, citado por W. Benjamin, *ibid.*, p. 473.

termos de Benjamin, que a dimensão da *história deve ser aquilo mesmo que pode dissolver nossas mitologias.*[45] Dessas mitologias, desses arcaísmos, ela fornecerá portanto a crítica, dissociando-se assim de todo elemento de nostalgia ou de "busca das fontes", dos arquétipos. Mas essa tese é acompanhada da *antítese* que a inquieta e a fundamenta num certo sentido. Pois não há despertar sem o *sonho* do qual despertamos.

O sonho no momento do despertar torna-se então como o "refugo" da atividade consciente, esse refugo insistente do qual Benjamin não ignorava que fora convertido por Freud no elemento central de sua *Traumdeutung.* Tanto para Benjamin como para Freud, o despertar enquanto esquecimento do sonho não deve ser concebido como pura negatividade ou privação: tanto é verdade que o próprio esquecimento deixa seus traços, como "restos noturnos" que continuarão trabalhando — infletindo, transformando, "figurando" — a própria vida consciente.

Então, a noção de despertar [*réveil*] sintetiza, de maneira frágil mas fulgurante, o chamado [*éveil*] e o sonho [*rêve*]: um "dissolvendo" o outro, o segundo insistindo como "refugo" na evidência do primeiro. Tal é portanto a função da imagem dialética, a de manter uma ambiguidade — forma da "dialética em suspensão" — que inquietará o chamado e exigirá da razão o esforço de uma autoultrapassagem, de uma autoironia. Maneira de apelar, na própria razão, a uma memória de seus "monstros", se se pode dizer. Para além da injunção marxiana — que de modo nenhum se trata de inverter, mas sim de ultrapassar, portanto de manter em sua exigência crítica —, a imagem dialética como "despertar" nos propõe um propósito de conhecimento[46] segundo o qual *a história deve ser aquilo mesmo que pode pen-*

---

[45] É nisto, aliás, que Benjamin se dissociava explicitamente do "método" surrealista: "Delimitação da tendência deste trabalho em relação a Aragon: enquanto Aragon persiste em permanecer no domínio do sonho, importa aqui encontrar a constelação do despertar. Enquanto um elemento impressionista — a 'mitologia' — permanece em Aragon, e esse impressionismo deve ser considerado como responsável por numerosos filosofemas informes do livro, trata-se aqui de dissolver a 'mitologia' no espaço da história (*geht es hier um Auflösung der 'Mythologie' in den Geschichtsraum*). É verdade que isso só pode ser feito pelo despertar de um saber não ainda consciente do passado". *Id., ibid.,* p. 474.

[46] "O Agora da recognoscibilidade é o instante do despertar..." *Id., ibid.,* p. 505.

A imagem crítica

sar toda mitologia. Pensar nossas mitologias, pensar nossos arcaísmos, ou seja, não mais temer convocá-los, trabalhando de maneira crítica e "imagética" *(bildlich)* sobre os signos de seu esquecimento, de seu declínio, de suas ressurgências. Maneira estritamente memorativa, portanto, de trabalhar sobre vestígios, sobre signos de dissolução. A imagem dialética se oferece assim, paradoxalmente, como *a memória de um esquecimento reivindicado*, e permite a Benjamin concluir pela analogia de toda disciplina autenticamente histórica com uma *Traumdeutung*, uma interpretação de tipo freudiano: tanto é verdade que a psicanálise encontrará, não nos sonhos propriamente, mas na vocação destes ao esquecimento (e sua refiguração em narrativa), toda a sua "solicitação a interpretar".[47]

"A exploração dos elementos oníricos no momento do despertar é o paradigma da dialética. Ela é um exemplo para o pensador e uma necessidade para o historiador. [...] Assim como Proust começa a história de sua vida pelo despertar, cada apresentação da história deve começar pelo despertar, não deve mesmo tratar de nenhuma outra coisa. [...] Seria o despertar a síntese da consciência do sonho e da antítese da consciência desperta? O momento do despertar seria idêntico ao Agora da recognoscibilidade no qual as coisas adquirem seu verdadeiro rosto, seu rosto surrealista. Assim Proust dá uma importância particular ao engajamento da vida inteira ao ponto de ruptura, no mais alto grau dialético, da vida, ou seja, ao despertar. Proust começa por uma apresentação do espaço próprio àquele que desperta. [...] Na imagem dialética, o Pretérito de uma época determinada é a cada vez, ao mesmo tempo, o "Pretérito de sempre". Mas ele só pode

---

[47] Esse é um dos temas constantes do pensamento metapsicológico de Pierre Fédida, especialmente em "La sollicitation à interpréter", *L'Écrit du Temps*, nº 4, 1983, pp. 5-19. Cf. igualmente, do mesmo, o livro recente *Crise et contre-transfert*, Paris, PUF, 1992, pp. 37-66 ("O sonho não fala, ele é afásico, e no entanto é ele que abre a fala na linguagem e é dele que *ouvir* recebe poder de interpretar ou de nomear", p. 37) e pp. 111-44. E foi dialogando com esse pensamento que eu havia tentado introduzir, para a análise das imagens da arte, o paradigma do despertar e do esquecimento do sonho — doravante reencontrado nas magníficas páginas de Benjamin. Cf. *Devant l'image, op. cit.*, pp. 175-95.

se revelar como tal numa época bem determinada: aquela em que a humanidade, esfregando os olhos, percebe precisamente como tal essa imagem de sonho. É nesse instante que o historiador assume, para essa imagem, a tarefa da interpretação dos sonhos (*dir Aufgane der Traumdeutung*)."[48]

Foi preciso portanto que Benjamin recorresse a três grandes figuras da modernidade para esboçar essa dialética do despertar: a figura de Marx, para *dissolver* o arcaísmo das imagens de sonho e impor a elas um chamado da razão; a figura de Proust, para *reconvocar* essas imagens, superando-as no que haveria de se tornar uma nova forma, uma forma não arcaica da linguagem poética; enfim a figura de Freud, para *interpretar*, para pensar a eficácia e a estrutura dessas imagens, ultrapassando-as no que haveria de se tornar uma nova forma de saber sobre o homem. Aliás, nos é precioso constatar que foi sobre um fator de visualidade — ou de "visibilidade acrescida", como ele diz — que Benjamin começou nessas mesmas páginas a articular sua hipótese de uma ultrapassagem do materialismo histórico em sua forma canônica. E isto em nome do "refugo" que ele buscava integrar ao processo dialético: "Um problema central do materialismo histórico que deveria enfim ser percebido: a compreensão marxista da história deve necessariamente ser adquirida em detrimento da visibilidade da própria história? Ou ainda: por qual caminho é possível associar uma visibilidade (*Asnchaulichkeit*) acrescida com a aplicação do método marxista? A primeira etapa nesse caminho consistirá em retomar na história o princípio da montagem (*das Prinzip der Montage*).[49] Ou seja, em edificar as grandes construções a partir de pequeníssimos elementos elaborados com precisão e clareza. Consistirá inclusive em descobrir na análise do pequeno momento singular (*in der Analyse des*

---

[48] W. Benjamin, *Paris, capitale du XIXe siècle, op. cit.*, pp. 480-1. Cf. em geral o estudo de B. Kleiner, "L'éveil comme catégorie centrale de l'expérience historique dans le *Passage-Werk* de Benjamin", *Walter Benjamin et Paris, op. cit.*, pp. 497-515.

[49] Exemplo típico daquele intercâmbio entre *forma* e *conhecimento* de que falávamos mais acima: é o procedimento por excelência do cinema eisensteiniano, talvez mesmo a ideia cubista de colagem, que sustentam aqui uma hipótese de ultrapassagem "epistemo-crítica". É também a própria forma da escrita benjaminiana em todo o *Livro das passagens*.

A imagem crítica

kleinen Einzelmoments) o cristal do acontecimento total. Portanto em romper com o naturalismo vulgar em história. Em captar enquanto tal a construção da história. [...] Refugo da história".[50] O que se tratava enfim de ultrapassar, senão, mais uma vez, o enunciado de um mau dilema? A posição de Benjamin é aqui *dialética* por recusar o dilema da "simples razão" e do "simples devaneio": ela recusa o simples chamado na base do qual Marx queria manter uma espécie de certeza tautológica da razão ("estou desperto, portanto estou consciente e livre de toda ilusão"); recusa, com mais veemência ainda, o simples *sonho* na base do qual se funda toda uma filosofia da nostalgia e da crença nos arquétipos. E aqui é Jung que é explicitamente visado por Benjamin — Jung que, a seu ver, "quer manter o despertar longe do sonho" para melhor substantivar este.[51] E compreende-se bem por que fazia parte da definição da imagem dialética como "imagem autêntica" *não ser uma imagem arcaica*: ser arcaica, para uma imagem da arte (ou para uma imagem produzida num discurso de conhecimento) é assumir uma "função claramente regressiva", é buscar "uma pátria" no tempo passado.[52] É portanto faltar a seu propósito de *originalidade*; é deixar de produzir, não apenas a fulgurância do novo, mas também a do próprio originário.

Tudo isso define nada menos que uma exigência simultaneamente cognitiva, ética e estética. O que ela pede? Pede para nada sacrificar às falsas certezas do presente e nada sacrificar às duvidosas nostalgias do passado; nada sacrificar às falsas certezas do chamado e nada sacrificar às duvidosas nostalgias de um sonho substantivado. O que equivale a dizer: nada sacrificar à tautologia do visível, nada sacrificar a uma crença que encontra seu recurso na invisível transcendência. O que significa situar a imagem dialética como lugar por excelência onde se poderia considerar o que nos olha verdadeiramente no que vemos. Baudelaire, Proust, Kafka ou Joyce não tiveram medo — contra as certezas de seus respectivos presentes — de reconvocar livremente mitos ou paradigmas religiosos; mas não para restaurá-los, e sim para

---

[50] W. Benjamin, *Paris, capitale du XIXe siècle*, *op. cit.*, p. 477.

[51] *Id.*, *ibid.*, p. 505.

[52] *Id.*, *ibid.*, pp. 489 e 494. É também Heidegger que Benjamin visa nessas páginas, aqui implicitamente, em outros momentos (por exemplo, na p. 479) explicitamente.

ultrapassá-los em formas absolutamente originais e de novo originárias. Picasso e Braque não tiveram medo de reconvocar o que era visto até então como o arcaísmo formal por excelência — as artes africanas ou australianas —, mas essa memória nada tinha a ver com um qualquer "retorno às fontes", como foi dito com muita frequência; era antes para superar dialeticamente *tanto* a plasticidade ocidental *quanto* aquela mesma sobre a qual punham um olhar absolutamente novo, não "selvagem", não nostálgico: um olhar transformador.[53]

A grande lição de Benjamin, através de sua noção de imagem dialética, terá sido nos prevenir de que a dimensão própria de uma obra de arte moderna não se deve nem à sua novidade absoluta (como se pudéssemos esquecer tudo), nem à sua pretensão de retorno às fontes (como se pudéssemos reproduzir tudo). Quando uma obra consegue reconhecer o elemento mítico e memorativo do qual *procede* para *ultrapassá-lo*, quando consegue reconhecer o elemento presente do qual *participa* para *ultrapassá-lo*, então ela se torna uma "imagem autêntica" no sentido de Benjamin. Tony Smith não faz outra coisa quando reconvoca os templos egípcios ao mesmo tempo que produz um objeto de aço negro (e não de calcário esculpido, por exemplo), quando produz um objeto em material contemporâneo ao mesmo tempo que relê Heródoto. Sua obra não é "moderna", se quiserem entender por essa palavra um projeto de *chamado* que exclui toda memória; não é "arcaica", se quiserem entender por essa palavra uma nostalgia do *sonho* passado, do sonho de origem. Ela é dialética, porque procede como um momento de *despertar*, porque fulgura o chamado na memória do sonho, e dissolve o sonho num projeto da razão plástica.

As obras desse gênero não admitem portanto nem uma leitura *crente* — através de uma iconografia da morte, por exemplo, ou, mais precisamente ainda, através da atribuição de um conteúdo místico[54]

---

[53] Cf. a esse respeito W. Rubin (org.), *Le primitivisme dans l'art du XXe siècle* (1984), trad. sob a dir. de J.-L Paudrat, Paris, Flammarion, 1987 — obra notável mas que se inclina com demasiada frequência à interpretação pelas "fontes", ou seja, a uma interpretação pouco dialética. Aliás, o nome mesmo de Benjamin nem chega a ser mencionado.

[54] Como foi feito recentemente em relação a Mark Rothko, por exemplo (cf. A. Chave, *Mark Rothko. Subjects in Abstraction*, New Haven-Londres, Yale University Press, 1989), ou como já fora feito em relação a Barnett Newman (cf. T. B. Hess, *Barnett Newman*, Nova York, MoMA, 1971, pp. 87-147).

A imagem crítica

— nem tampouco uma leitura *tautológica*, fechada ou específica, "modernista" ou "formalista" no sentido estrito dessas duas palavras.[55] A esse respeito, o caso de Ad Reinhardt me parece exemplar, bem mais explícito aqui que o de Tony Smith. Com efeito, Ad Reinhardt produziu, por um lado, toda uma série de signos interpretáveis como tautologias, por exemplo o aspecto repetitivo e aparentemente fechado de seus quadros monocromos, quadrados divididos em quadrados — e pensamos sobretudo no conjunto famoso de suas *Black Paintings* realizadas a partir de 1956 (*fig. 34, p. 195*); seus próprios escritos parecem trazer a marca de um fechamento tautológico, por exemplo quando é afirmada uma série de proposições do gênero: "Só há uma coisa a dizer acerca da arte, é que ela é uma coisa. A arte é a arte-como-arte (*art-as-art*), e o resto é o resto. A arte-como-arte é apenas arte. A arte não é o que não é arte".[56]

Por outro lado — e mais ainda —, Ad Reinhardt deu ensejo a toda uma série de interpretações mais ou menos "místicas", que se deviam muito ao caráter evidentemente fascinante, misterioso, de sua "ascese" pictórica. A lenta e soberana metamorfose visual desses *panos* de pintura negra nos quais não há "nada a ver" e, pouco a pouco, muito a olhar — no elemento mesmo de uma dupla distância, de uma "profundidade rasa",[57] em que o cromatismo do Obscurso trabalha entre um signo de profundidade e uma afirmação diferencial de zonas pintadas, sempre referida à superfície —, essa dialética visual manifesta claramente seu poder de *aura*, e por isso se presta a toda uma temática da contemplação religiosamente ou existencialmente considerada.

Os escritos do artista, por sua vez, contêm os traços evidentes, e múltiplos, de uma *memória* do religioso. Sob que formas esta é convocada? Por exemplo na expressão "ícones sem imagens" (*imageless icons*), que faz uma referência direta aos quadros do culto bizantino, mas também à interdição mosaica da representação figurada.[58] Aqui

---

[55] Sobre as quais voltarei a falar mais adiante.

[56] A. Reinhardt, *Art as Art, op. cit.*, p. 53.

[57] Tomo essa expressão, descontextualizando-a um pouco, de J. Clay, "Pollock, Mondrian, Seurat: la profondeur plate", *L'atelier de Jackson Pollock*, Paris, Macula, 1978 (ed. 1982), não paginado.

[58] A. Reinhardt, *Art as Art, op. cit.*, pp. 108-9 (texto que termina aliás com uma citação implícita de Pseudo-Dionísio Areopagita).

34. A. Reinhardt, *Ultimate Painting, nº 6*, 1960. Óleo sobre tela, 153 x 153 cm. Centre Pompidou, Paris. Foto Musée National d'Art Moderne.

e ali, surgem expressões para significar o "além" e, consequentemente, algo como uma transcendência valorizada, quando não divinizada: a pintura, por exemplo, é qualificada como "além e à parte" (*beyond and apart*), a imagem da "abertura" é explicitamente convocada como "possibilidade de transcendência" (*image of opening, possibility of transcendence*).[59] Enfim e sobretudo, o elogio da cor negra — em sua modalidade "essencial" denominada aqui o Obscuro (*the Dark*) — encontra seu correspondente literário numa evocação permanente da teologia negativa, na qual surgem regularmente os nomes de Pseudo--Dionísio Areopagita, Mestre Eckhart, Nicolau de Cusa ou São João da Cruz, misturados com citações bíblicas sobre a dessemelhança do divino ou referências às místicas islâmicas e extremo-orientais.[60]

Mas qual é o verdadeiro estatuto de todas essas formulações que citam ou imitam enunciados de teologia negativa? Yve-Alain Bois tocou a resposta com o dedo ao assinalar, em toda a prática de Reinhardt, uma *estrutura do "quase"* capaz de estabelecer relações sempre ambíguas — próximas e longínquas ao mesmo tempo — em relação a modelos que afinal jamais operavam de outra forma a não ser uma forma fictícia, relativa, sua forma de *quase* operatividade.[61] Mas lembremo-nos do que disse Benjamin: a ambiguidade não é senão a imagem da dialética em suspensão. O que nos leva portanto a ver nas obras de Ad Reinhardt, assim como nos efeitos de "recognoscibilidade" produzidos por seus textos, verdadeiras *imagens dialéticas*.

E isso mostra a simétrica nulidade das leituras "tautológica" e "mística" aplicadas sucessivamente às obras ou aos textos do artista. Por um lado, a expressão *art-as-art*, se refletirmos bem, não enuncia nenhuma espécie de fechamento tautológico, se é verdade que a palavra *as*, em inglês, apresenta uma constelação semântica tão aberta pelo

---

[59] *Id., ibid.*, pp. 191 e 193 (bem como p. 108: "What is not there is more important than what is there").

[60] *Id., ibid.*, pp. 10 (Nicolau de Cusa), 64 (alusão à douta ignorância), 69 ("the re-banishment of the image, the re-byzantinization..."), 93 (citação bíblica, "absolute inapproachability", "theology of negation"), 98 ("Dark night of the soul of St. John of the Cross", "The divine Dark of Eckhart"), 109 (Pseudo-Dionísio Areopagita), etc.

[61] Cf. Y.-A. Bois, "The Limit of Almost", *Ad Reinhardt*, Los Angeles-Nova York, The Museum of Contemporary Art-The Museum of Modern Art, 1991, pp. 11-33.

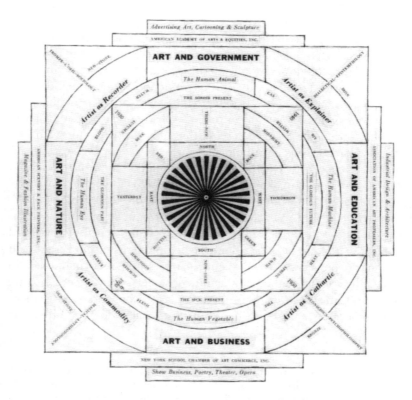

35. A. Reinhardt, *Joke — a Portend of the Artist as a Yhung Mandala*, 1955 (detalhe). Colagem e tinta sobre papel. Publicado em *Art News*, maio de 1956.

menos quanto à palavra *como*. Dizer *as* não é dizer a certeza da coisa mesma, é dizer a solidão e o caráter fictício — chegando à ironia, ao contrassenso carrolliano — de uma fala que se sabe sempre em falta. Dizer *art-as-art* não é dizer *art is art*, não é dizer *what you see is what you see*. Ad Reinhardt, aliás, em muitas ocasiões refutou implicitamente o enunciado de Frank Stella, por exemplo ao dizer que "a visão em arte não é a visão", mesmo se tudo que é dado a ver num quadro deve permanecer ao alcance do olhar.[62]

Por outro lado, o elogio da distância, constante em Ad Reinhardt, não busca no teológico — no apelo ao Nome divino — algo como seu sujeito. Antes como seu predicado histórico, que é desconstruído tão logo proposto. Pois é a *dupla distância pictórica* que comanda todo esse jogo, e com ela a estrutura singular de aparição, de aura, materialmente e visualmente — portanto nem espiritualmente, nem invisivelmente — trabalhada em cada quadro. Reinhardt não ignorava o fundo religioso que toda antropologia da arte deve explicar historicamente.[63] Mas ele o criticava ao convocá-lo, opondo seu próprio trabalho do "vazio" (*void*) ao de um "mito", e exigindo de toda memória que apelasse ao mundo religioso uma operação de "desmitologização" (*demythologizing*).[64] Por isso pode-se falar aqui de uma desconstrução dialética em vez de uma "destruição", como o pensava Richard Wollheim ao falar de Ad Reinhardt e do minimalismo em geral.[65] Ad Reinhardt por certo evocava, e inclusive estudava, as mandalas do Extremo Oriente; sem dúvida lembrava-se delas gravemente — e até melancolicamente — em seus quadros "ascéticos" interminavelmente recomeçados; mas também as afastava, chegando até a utilizá-las

---

[62] "Vision in art is not vision. The visible in art is visible. The invisible in art is invisible. The visibility of art is visible. The invisibility of art is visible." A. Reinhardt, *Art as Art*, *op. cit.*, p. 67. Notemos que isso foi escrito em 1966, dois anos após a publicação da entrevista de Bruce Glaser com Stella e Judd. Cf. igualmente *ibid.*, pp. 108 e 191. Essa série de proposições, que exigiria um comentário mais extenso, nos mostra em todo caso que a *especificidade* no sentido de Judd é ao mesmo tempo assumida e ultrapassada dialeticamente.

[63] *Id.*, *ibid.*, pp. 185-93, onde ele evoca o valor de culto na arte do passado e se inclina, em particular, para a forma da mandala do Extremo Oriente.

[64] *Id.*, *ibid.*, p. 98.

[65] Cf. R. Wollheim, "Minimal Art", *art. cit.*, p. 101.

em contextos de *jokes* e de ironia mordaz sobre o mundo da arte[66] (*fig. 35, p. 197*).

O que não o impedia — a exemplo de Tony Smith — de produzir obras que não eram nem "específicas" a qualquer preço, nem "místicas" de uma maneira qualquer, mas que se davam simplesmente, se podemos dizer, como *formas dotadas de intensidades*.

[66] Sobre a atividade crítica, irônica e iconoclasta de Ad Reinhardt, cf. J.-P. Criqui, "*De visu* (le regard du critique)", *Cahiers du Musée National d'Art Moderne*, n° 37, 1991, pp. 89-91.

A imagem crítica

9.
FORMA E INTENSIDADE

A partir de agora nos é possível — graças aos desvios pela noção de imagem dialética e por aquela, revisitada, de aura — enfrentar de novo a questão essencial, a questão deixada em suspenso diante do grande cubo negro de Tony Smith. Tony Smith produzia *formas* excessivamente rigorosas e abstratas em sua construção; no entanto, afirmava, como já indiquei, jamais ter tido "alguma noção programática da forma".[1] Ele produzia objetos perfeitamente despidos de pieguice, de nostalgia ou de representação por imagem; no entanto, dizia esperar ter produzido, a cada vez, formas dotadas de *presença*, "formas com presença".[2]

Recoloquemo-nos portanto a desconfortável questão: o que é uma *forma com presença*? O que é uma "forma com presença" no contexto depurado dessa arte tão bem chamada "minimalista" e no contexto crítico dessa modernidade que não hesitava em empregar os materiais menos "autênticos", menos suscetíveis de sugerir essa coisa mais ou menos sagrada que seria "a presença"? Que a Verônica de Roma possa se dar como uma "forma com presença", é algo fácil de conceber, certamente; mas o contexto no qual recolocamos a questão — no qual o próprio Tony Smith recolocava a questão —, esse contexto exaspera, por assim dizer, a forma teórica da questão, dá a ela o valor, seja de um contraexemplo notável, seja, ao contrário, de um paradigma depurado ou transfigurado. É a tal alternativa, parece, que somos doravante confrontados. A questão, porém, oferece não apenas uma possibilidade de despertar essas palavras — "forma", "presença" — de seu sonho metafísico e religioso, mas também de inquietar essas mesmas palavras em seu fechamento tautológico ou na evidência de seu emprego fatual. Precisamos portanto, como em relação à aura, tentar produzir uma "crise" de palavras — uma crise portadora, se possível, de efeitos "críticos" e construtivos.

---

[1] T. Smith, citado por L. R. Lippard, "The New Work", *art. cit.*, p. 17.

[2] *Id.*, prefácio a *Tony Smith. Two Exhibitions*, *op. cit.*

Será preciso ainda falar da *presença*? Não tentemos reabrir extensivamente o dossiê filosófico dessa esmagadora questão, o que excederia em muito nossa coragem e nossa competência. Contentemo-nos em assinalar dois de seus empregos, exemplares e simétricos, no campo das apreciações feitas sobre a arte contemporânea. Reencontramos então Michael Fried, que *rejeita* a "presença", mas, como vimos, por más razões, sem conhecimento de causa, e para substituí-la pela instantaneidade ideal, idealista, de uma *presentness* suposta específica à obra de arte.[3] Na outra extremidade dessa paisagem teórica encontramos uma visão como a de George Steiner, que *reivindica* a "presença" — mas não, como veremos bem depressa, por melhores razões e melhor conhecimento de causa.

Para Steiner, com efeito, a "presença" intervém num contexto em que transparece simplesmente o ressentimento e a rejeição exasperada, irracional, da vanguarda artística, em particular a dos anos cinquenta e sessenta. A seus olhos, sem dúvida, o minimalismo será visto como o contrário *e* o equivalente do que era visto por Michael Fried: será visto como a "perda da presença" (eis o contrário) e como a "destruição" por excelência da arte (eis o equivalente). "Destruição" — palavra regularmente e com toda a má-fé jogada sobre a palavra "desconstrução" —, ou seja, o reino do contrassenso generalizado. A nostalgia filosófica junta-se aqui com a posição trivial segundo a qual o ato de produzir um simples cubo de aço negro enquanto obra de arte procederia do puro e simples "vale tudo".[4] O que não é vale tudo, o que é *tudo* a seus olhos é exatamente a "gravidade" e a "constância",

[3] Cf. M. Fried, "Art and Objecthood", *art. cit.*, p. 27.

[4] Cf. G. Steiner, *Réeles présences. Les arts du sens* (1989), trad. M. R. De Paw, Paris, Gallimard, 1991, que abre seu capítulo intitulado "O contrato rompido" com o tema do "vale tudo" (p. 77), fustigando indiscriminadamente, junto com toda ideia de "desconstrução", as obras de Mondrian, de Barnett Newman ou de John Cage (pp. 157, 264 etc.). É certamente uma obra de Carl Andre que é visada numa frase como esta: "Assim como existem uma literatura e uma música banais e oportunistas, existem formas de arte contemporânea que se contentam em lutar com sombras, que não fazem senão simular, com maior ou menor brio técnico, um combate autêntico com o vazio. Há tijolos amontoados no chão dos museus..." (p. 264). Encontram-se formas ainda mais exasperadas, e beirando o grotesco, dessa conjuração e dessa execração da arte contemporânea, num dossiê da revista *Esprit*, nº 173, julho-agosto de 1991, pp. 71-122 (assinado por J. Molino e J.-P. Domecq), seguido de um segundo no nº 179, fevereiro de 1992.

como ele diz, de uma presença superlativa, a *presença real* do sentido "pleno" expresso na obra tradicional. E Steiner não esconde querer aqui restaurar um transcendentalismo que se exprime em reivindicações "em última análise religiosas".[5] Não nos surpreenderemos portanto de que seu paradigma possa ser o do ícone do culto bizantino e, mais explicitamente ainda, o do próprio rito eucarístico.[6] É característico que o homem da crença, aqui, acabe por opor o além de toda "presença" a uma atitude da modernidade julgada como globalmente tautológica ou, mais exatamente, "solipsista".[7] Assim não teremos feito senão recair muito depressa no mau dilema da crença reivindicada e da tautologia como objeto de execração.

Cumpre observar o quanto essa "presença", no enunciado peremptório de sua "realidade", não oferece decididamente nenhum caráter da *abertura* que ela não obstante pretende. Muito pelo contrário, em sua forma mesmo de *credo* ela se concilia com o *fechamento* metafísico por excelência, contra o qual Jacques Derrida tão justamente dirigiu a crítica e a muito famosa — e muito mal compreendida — "desconstrução". Conhecemos a operação matricial desse deslocamento filosófico exemplar: ela consistia justamente em praticar uma nova abertura do ponto de vista, capaz de dar a uma expressão secular como a de "presença real" seu estatuto de verdadeiro fantasma obsessivo — seu estatuto de coerção — em toda a tradição filosófica.[8] A própria abertura se abrindo na observação de que a presença jamais se dá enquanto tal, jamais se dá como aquele último ponto de transcendência que o filósofo poderia pegar em pleno voo no "éter da metafísica". E simplesmente porque, não sendo uma coisa a ver — mesmo com os olhos da alma —, ela permanece o efeito de um processo que sempre a *difere* e a põe em conflito com uma alteridade sem apelação.

[5] G. Steiner, *Réelles présences*, *op. cit.*, p. 267.

[6] *Id.*, *Le sens du sens. Présences réelles*, trad. M. Philonenko, Paris, Vrin, 1988, pp. 62-3.

[7] *Id.*, *ibid.*, pp. 65-6.

[8] Notemos que, já em 1961, Lacan "desconstruía" a noção de "presença real" — em seu contexto último, ou seja, em seu contexto eucarístico — nos termos, "inteiramente superficiais da fenomenologia do obsessivo", da "instância do falo" e dos "intervalos do que cobre o significante". Cf. J. Lacan, *Le Séminaire*, VIII, *Le Transfert* (1960-1961), Paris, Seuil, 1991, pp. 302-7.

Forma e intensidade   203

"Atrevemo-nos portanto a colocar a presença — e singularmente a consciência, o ser junto de si da consciência — não mais como a forma matricial absoluta do ser, mas como uma 'determinação' e como um 'efeito'. Determinação ou efeito no interior de um sistema que não é mais o da presença mas o da *différance*, e que não tolera mais a oposição da atividade e da passividade, como tampouco a da causa e do efeito ou da indeterminação e da determinação, etc."[9]

Do nosso ponto de vista, a *différance* será portanto a expressão dialética exemplar capaz de "substituir" a falsa oposição da presença e da ausência (como a noção de *visualidade*, para os objetos que nos ocupam, deveria ser capaz de substituir a falsa oposição do visível e do invisível) — destronando com isso a presença de seu privilégio teórico. Sabemos que, para Derrida, a noção de *différance* — noção tanto temporal quanto estrutural — abrange ao mesmo tempo a demora de uma "presença sempre diferida" e a espécie de lugar de origem, a espécie de *chóra*[10] onde se estruturam as diferenças que operam em cada "presente" considerado.[11] Quando dizíamos, a propósito da *aura*, que ela não é o índice de uma presença — mesmo afastada —, mas o índice do próprio afastamento, sua eficácia e seu signo ao mesmo tempo, não fazíamos senão antecipar o que Derrida denomina, nesse contexto mesmo, um *traço*; e não por acaso a "trama singular de espaço e de tempo" de que falava Benjamin acaba por receber, a título de uma filosofia da "*différance*", seu eco prolongado — mais: sua expressão radical numa noção renovada do traço:

"O movimento da significação só é possível se cada elemento dito 'presente', que aparece na cena da presença,

---

[9] J. Derrida, "La différance", *art. cit.*, p. 17.

[10] *Chóra*: terra, área, espaço (cf. F. E. Peters, *Termos filosóficos gregos: um léxico histórico*, Fundação Calouste Gulbenkian, 2ª edição, s/d.). (Nota da revisão técnica).

[11] *Id.*, *ibid.*, p. 12 ("A *différance* é a 'origem' não plena, não simples, a origem estruturada e *différante* das diferenças. Portanto o nome 'origem' não lhe convém mais"). Seria certamente proveitoso comparar essas ideias com a noção benjaminiana de origem, evocada mais acima.

se relaciona a outra coisa que não ele mesmo, conservando nele a marca do elemento passado e deixando-se já escavar pela marca de sua relação com o elemento futuro, o *traço* não se relacionando menos com o que chamamos futuro que com o que chamamos passado, e constituindo o que chamamos presente por essa relação mesma com o que não é ele: absolutamente não ele, isto é, nem mesmo um passado ou um futuro como presentes modificados. É preciso que um intervalo o separe do que não é ele para que ele seja ele mesmo, mas esse intervalo que o constitui como presente deve também no mesmo movimento dividir o presente nele mesmo, partilhando assim, com o presente, tudo que se pode pensar a partir dele, isto é, tudo que é, em nossa língua metafísica, singularmente a substância ou o sujeito. Esse intervalo que se constitui, que se divide dinamicamente, é o que se pode chamar *espaçamento*, devir-espaço do tempo ou devir-tempo do espaço *(temporização)*. [...] Não sendo o traço uma presença mas o simulacro de uma presença que se separa, se desloca, se remete, não tem propriamente lugar, o *apagamento* pertence à sua estrutura."[12]

Eis portanto a presença entregue ao trabalho do apagamento — que não é sua negação pura e simples, mas sim o momento diferencial ou *"différant"* que a constitui e substitui: seu espaçamento, sua temporização. Compreender-se-á, nessas condições, que não se possa empregar a palavra *presença* sem precisar seu duplo caráter de *não ser real*: ela não é real no sentido de Steiner porque não é um ponto de cumprimento e de transcendência do ser; tampouco é real porque só advém *trabalhada*, espaçada, temporizada, posta em traços ou em vestígios — e acabamos de ver como Derrida chega a qualificar esses traços em termos de "simulacro" — que nos indicam o quanto ela não é uma vitória qualquer sobre a ausência, mas um momento rítmico que chama sua negatividade no batimento estrutural que a subsume, o batimento do processo de *traço*.

[12] *Id., ibid.*, pp. 13-4 e 25. Cf. igualmente *id.*, *"Ousia* et *grammè*. Note sur une note de *Sein und Zeit"* (1968), *ibid.*, pp. 76-8.

Forma e intensidade

Mas, se a palavra "traço" passa agora ao primeiro plano, será preciso ainda, nessas condições, falar de *forma*? É de supor que não.

Há muito esquecemos que a "forma" designava antes de tudo um objeto ele próprio sem forma imediatamente reconhecível, um objeto que no entanto *dava forma* a outros objetos, segundo um duplo processo de inclusão e de impressão — de *traço* — negativo: era o molde, objeto de "legibilidade" sempre complexa, com aspecto sempre estranho, mas cujo poder reside precisamente no ato de dar a outros seu aspecto familiar e sua definição legível por todos. O vocabulário dos gregos rapidamente complexificou e ultrapassou essa relação semiótica de tipo indicial, entre o *eidos* e a *idea*, entre a *morphé* e o *schêma*, sem contar o *rythmos*.[13] E o uso filosófico de todas essas palavras não terá feito senão multiplicar os gêneros oposicionais, os dilemas, as aporias. Pois de modo nenhum é a mesma coisa pensar a forma em sua oposição ao "fundo", ou então em sua oposição ao "conteúdo", ou ainda em sua oposição à "matéria" e à "aparência".

No entanto, é uma verdadeira preeminência ontológica que a noção de forma acabará por reivindicar, desde as definições neoaristotélicas da escolástica — segundo as quais a forma se define como invariável, como o ato do qual a matéria seria apenas a potência acidental, como a causa da qual determinada aparência seria apenas o efeito material[14] — até as recentes definições logicistas segundo as quais a forma caracteriza o estatuto dos objetos da lógica, ou seja, o estatuto dos raciocínios corretos.[15] Essa preeminência, essa independência hierárquica da forma (sobre a matéria, em particular) constituem seguramente um elemento dominante de nossa memória filosófica, o próprio Hegel não tendo dado senão um tímido passo dialético ao fazer num certo momento estremecer, mas não cair, esse edifício explicitamente metafísico:

[13] Cf. C. Sandoz, *Les noms grecs de la forme. Étude linguistique*, tese da universidade de Neuchâtel (Faculdade de Letras), 1971. Sobre a questão específica da palavra *rythmos* como palavra da forma, cf. E. Benveniste, "La notion de 'rythme' dans son expression linguistique" (1951), *Problèmes de linguistique générale*, Paris, Gallimard, 1966, pp. 327-35.

[14] Cf. por exemplo Tomás de Aquino, *Summa theologiae*, Ia, 9, 2; Ia, 47, 2; Ia, 66, 2; Ia, 76, 1 etc.

[15] Cf. J. Ladrière, "Forme", *Encyclopédie philosophique universelle*, II. *Les notions philosophiques — Dictionnaire*, Paris, PUF, p. 1.027.

"A indiferença da matéria em relação a formas determinadas se verifica seguramente em coisas finitas; assim, por exemplo, é indiferente a um bloco de mármore receber a forma desta ou daquela estátua ou ainda de uma coluna. Quanto a isso, não se deve porém negligenciar o fato de que uma matéria como um bloco de mármore é só *relativamente* (em relação ao escultor) indiferente quanto à forma, mas de maneira nenhuma é em geral sem forma. Assim, o mineralogista considera o mármore, desprovido de forma apenas de uma maneira relativa, como uma *formação* lítica determinada, em sua diferença com outras formações igualmente determinadas, como por exemplo o grés, o pórfiro etc. Portanto é somente o entendimento reflexivo que fixa a matéria em seu isolamento e como que em si desprovida de forma, quando em realidade o pensamento da matéria inclui absolutamente nela mesma o princípio da forma..."[16]

Certamente teremos que seguir de novo Derrida quando ele considera a constelação dos nomes gregos da forma — e seu destino filosófico — como "remetendo todos a conceitos fundadores da metafísica".[17] A *forma*, nesse sentido, seria apenas um corolário do fechamento já operado pela palavra *presença*:

"Somente uma forma é *evidente*, somente uma forma tem ou é uma essência, somente uma forma *se apresenta* como tal. Eis aí um ponto de certeza que nenhuma interpretação da conceitualidade platônica ou aristotélica é capaz de remover. Todos os conceitos pelos quais se pôde traduzir e determinar *eidos* ou *morphé* remetem ao tema da *presença em geral*. A forma é a presença mesma. A formalidade é aquilo que da coisa em geral se deixa ver, se dá a pensar. Que o pensamento metafísico — e em consequência a fenomenologia — seja pensamento do ser como forma,

---

[16] G. W. F. Hegel, *Encyclopédie des sciences philosophiques*, I. *La science de la logique* (1817-1830), trad. B. Bourgeois, Paris, Vrin, 1970, pp. 562-3.

[17] J. Derrida, "La forme et le vouloir-dire. Note sur la phénoménologie du langage" (1967), *Marges, op. cit.*, p. 187.

Forma e intensidade

que nela o pensamento se pense como pensamento da forma, e da formalidade da forma, não é portanto senão algo necessário, e perceberíamos um último sinal disto no fato de Husserl determinar o presente vivo (*lebendige Gegenwart*) como a 'forma' última, universal, absoluta da experiência transcendental em geral."[18]

"O sentido do ser foi limitado pela imposição da *forma*", concluía Derrida.[19] Mas podemos nos satisfazer aqui com tal radicalidade? Não exatamente. Pois o contexto em que Derrida a desenvolve se identifica a um vocabulário extraído apenas da história da filosofia e, ademais, concerne em sua análise apenas ao problema de uma "fenomenologia da linguagem". Nosso problema aqui não é exatamente o do sentido do ser, nem o do estatuto da linguagem em geral; ele diz respeito, bem mais modestamente, ao estatuto de um simples cubo negro, de uma escultura em geral. De uma *forma*, em suma. O que se passa então quando a palavra "forma" designa *também* a aparência de um objeto sensível, visível, sua matéria mesma, e certamente seu conteúdo, seu fundo singulares? O que se passa quando a palavra "forma" designa *também* tudo o que o vocabulário filosófico opôs à palavra "forma"? O problema é mais modesto, mas não é menos temível se aceitamos ver que as ordens discursivas — e é toda a lição de Michel Foucault — não são específicas nem estanques, e que a questão filosófica da forma jamais cessou de "se permutar" com sua questão plástica ou artística, tal como a declina toda a nossa *Kunstliteratur* ocidental.[20] Quando um artista como Ad Reinhardt, consciente de todas essas estratificações, considera por sua vez a palavra *forma*, o que ele faz? Ele coloca, se coloca, recoloca questões sem fim, num gesto ao mesmo tempo irônico e crítico; num gesto que, se o considerarmos em função dos próprios quadros, talvez não seja isento daquela "melancolia" de que falou Benjamin.

[18] *Id., ibid.*, p. 188.

[19] *Id., ibid.*, p. 206.

[20] O nascimento mesmo de uma história da arte academicamente constituída — a de Vasari, no século XVI — terá sido determinado por tal permuta, especialmente em torno de "palavras-totens" como *imitazone*, *idea* ou *disegno*. Cf. a esse respeito *Devant l'image*, *op. cit.*, pp. 89-103.

"*Forma*? Espírito, espírito das formas, formas das formas? Forma das formas, formalismo, uniformidade? Uma forma? Ciclos de estilos, arcaico, clássico, formas tardias? Formas rompidas, impressionismo, formas vazias? Má forma, boa forma, forma correta, incorreta? Segue a forma a imunda função-lucro? Forma sem substância? Sem fim? Sem o tempo?"[21]

Não busquemos dar uma resposta a cada uma dessas questões. Retenhamos antes sua própria maneira questionadora, para nela reconhecer a exigência crítica de uma *abertura* dialética, conceitual e prática ao mesmo tempo. Neste ponto de nosso percurso, somos incapazes de dar "nossa" lição, ou de construir "nossa" definição da palavra *forma*. Podemos aqui no máximo sugerir. Indicar. Dirigir nosso desejo de compreender a expressão *forma com presença* para dois caminhos que abririam conjuntamente, romperiam e abandonariam tanto o fechamento essencialista da palavra "forma" quanto o fechamento substancialista da palavra "presença". E seria preciso, a cada vez, abrir duplamente: saindo do círculo da tautologia, rompendo a esfera da crença.

Abrir, neste sentido, equivale a falar em termos de processo e não em termos de coisas fixas. É recolocar a *relação* em sua prioridade nos objetos mesmos. É devolver às palavras, aos conceitos, sua dimensão incoativa e morfogenética. É, quando menos, pensar os substantivos em sua dimensão verbal, que lhes confere dinâmica e intensidade. O gesto mínimo, o gesto "minimalista" consistirá assim em falar antes de *formação* que de forma fechada ou tautológica; consistirá em falar antes de *apresentação* que de presença real ou metafísica.

Pensar a forma em termos de "formação" é um exercício tão fecundo quanto difícil. Aliás, numerosos são os pensadores e os historiadores, preocupados com artes visuais, que se lançaram a tal tare-

---

[21] "*Form*? Spirit, spirit of forms, forms of forms? Form of forms, formalism, uniform? One form? Style-cycles, archaic, classic, late forms? Broken-forms, impressionism, empty forms? Bad forms, good form, right, wrong form? Forms follow function-filthy-lucre? Form without substance? Without end? Without time." A. Reinhardt, "Shape? Imagination? Light? Form? Object? Color? World?", texto reproduzido em *Ad Reinhardt, op. cit.*, p. 124.

Forma e intensidade

fa. E não por acaso um bom número dessas tentativas surgiu no âmbito do grande movimento de pensamento vienense e alemão que, dos românticos a Warburg e a Benjamin, não temia interrogar as formas da arte e sua história num diálogo permanente com a interrogação filosófica mais fundamental. Caberia falar aqui de Adolf Hildebrand, que tentou inferir uma problemática específica das formas artísticas — entre plano e profundidade, entre relevo e volumetria — a partir de uma fenomenologia da visão e mesmo do que ele chamava "representações cinestésicas" (*Bewegungsvorstellungen*).[22] Caberia falar de Aloïs Riegl, cuja *Gramática histórica das artes plásticas* abordava as "leis formais" (*Formgesetzen*) através de uma espécie de engendramento dinâmico de elementos táteis e de elementos óticos que organizam a partição da "forma" como tal (que, segundo ele, somente a escultura em alto-relevo realizava), da "semiforma" (o baixo e o alto-relevo) e do "plano" (o quadro, o desenho).[23]

Mais familiar ao historiador da arte de hoje, a obra célebre de Heinrich Wölfflin sobre os *Princípios fundamentais da história da arte* propunha, como estão lembrados, cinco "pares" de categorias cujo jogo dialético permitia, a seu ver, explicar as formas artísticas, os estilos, em termos de combinações sincrônicas e de transformações diacrônicas: o "linear" com o "pictórico", o "plano" com a "profundidade", a "forma fechada" com a "forma aberta" etc.[24] O projeto, aí, era encontrar um princípio quase estrutural capaz de subsumir cada "sentimento da forma", do detalhe de um quadro até o quadro ele mesmo, do quadro até a obra do artista, e desta até o estilo global, até a época da qual ela fazia parte. "Tudo se liga", gostava de dizer Wölfflin,[25] que não fazia mais da *forma* singular — tal escultura, tal modo de representar um panejamento ou um movimento do corpo, tal uso do cromatismo

---

[22] A. Hildebrand, *Das Problem der Form in der bildenden Kunst*, Estrasbrugo, Heitz, 1893 (6ª ed., 1908), p. 36.

[23] A. Riegl, *Grammaire historique des arts plastiques. Volonté artistique et vision du monde* (1897-1899), trad. E. Kaufholz, Paris, Klincksieck, 1978, pp. 3 e 121-5. Sobre Riegl e o problema da forma, cf. H. Zerner, "L'histoire de l'art d'Aloïs Riegl: un formalisme tactique", *Critique*, n° 339-340, agosto-setembro de 1975, pp. 940-52.

[24] H. Wölfflin, *Principes fondamentaux de l'histoire de l'art* (1915), trad. C. e M. Raymond, Paris, Gallimard, 1966, pp. 18-21.

[25] *Id., ibid.*, p. 13.

— o documento sensível de uma ideia da razão, mas sim o suporte atual de uma *formação*, de uma "forma de visão" caracterizada em última instância como "modo da apresentação enquanto tal (*Darstellung als solche*) [...], entendendo-se por isto a maneira segundo a qual os objetos tomam forma em vista da representação (*in der Vorstellung dir Dinge gestalten*)".[26] A imensa virtude teórica dessa maneira de ver residia em particular na apreensão orgânica e pré-estrutural da forma: a forma se autodefine, se transforma, e até se inverte e se rompe, no desdobramento de suas próprias capacidades de "formação". Mas a aporia de tal sistema, ou mais simplesmente seu limite, residia por sua vez em sua natureza mesma de sistema, fechado e teleológico: pois tornava-se difícil imaginar novas "constelações" formais — como se fosse suficiente aplicar os cinco parâmetros propostos para explicar toda novidade formal; tornava-se igualmente difícil escapar a uma espécie de *transcendentalismo* da visão — mesmo se Wölfflin tivesse tido o cuidado de distinguir suas "categorias fundamentais" das categorias kantianas enquanto tais,[27] de modo que o Renascimento inteiro podia ser apressadamente englobado sob o "conceito fundamental da proporção perfeita", testemunho de um "ideal de vida".[28] Tornava-se difícil ainda escapar a uma visão *teleológica* da forma que se desenvolve, a exemplo de um organismo vivo,[29] entre progresso e declínio, como se o sistema excluísse de antemão toda fulguração, todo anacronismo e toda constelação inédita.

[26] *Id., ibid.*, pp. 17 e 273 (tradução modificada).

[27] *Id., ibid.*, p. 258.

[28] *Id., ibid.*, pp. 14-5.

[29] *Id., ibid.*, pp. 22-3. Caberia ainda, nesse painel apenas esboçado, citar o livro famoso de H. Focillon, *Vie des formes*, Paris, PUF, 1943 (ed. 1970), que também conjuga observações deslumbrantes — por exemplo sobre os temas do "halo" e da "fissura" das formas (p. 4), da matéria (p. 50) ou da impossibilidade em que nos encontramos de reduzir uma forma seja a uma imagem de sonho, seja a uma ideia da razão (pp. 68-73) — a um vitalismo um tanto caduco. Quanto ao filósofo italiano Luigi Pareyson, ele desenvolveu mais tarde uma boa parte de sua estética segundo uma noção dinâmica e *formativa* da forma. Cf. L. Pareyson, *Estetica: teoria della formativita*, Milão, Bompiani, 1988 (nova ed.), e edição francesa de suas *Conversations sur l'esthétique*, trad. e prefácio por G. Tiberghien, Paris, Gallimard, 1992, especialmente pp. 85-99 ("Forme, organisme, abstraction").

Forma e intensidade

Uma última dificuldade residia na incapacidade de tal sistema de se desenvolver no plano semiótico: em particular, o ponto de vista iconológico lhe era perfeitamente alheio, de modo que o problema essencial, a saber, a *articulação da forma e do sentido*, permanecia fora do alcance de tal sistema. Ora, é precisamente a tal articulação que Ernst Cassirer, algum tempo depois, irá consagrar boa parte de sua concepção das *formas simbólicas*. Aqui também, podemos dizer que a forma "se abre" e ultrapassa a aporia tradicional que a opunha ao "conteúdo": "Longe de concluir por um conflito entre o *conteúdo* da percepção e a *forma* [...], ambos se misturam e se confundem numa perfeita unidade concreta".[30] Estamos aqui num outro plano do pensamento pré-estrutural, que situava a forma em termos de "configuração" e, para resumir, em termos de *função*. Mas os pressupostos neokantianos do empreendimento haveriam de forçar Cassirer a um fechamento de outro tipo: o fechamento do conceito, o fechamento idealista. Pois a unidade da forma e da matéria, da forma e do conteúdo, da forma e da função, todas essas unidades só podiam ser pensadas sob a autoridade de um princípio no qual o próprio Cassirer via "a tese fundamental do idealismo plenamente confirmada".[31] A forma tornava-se aí um princípio de *legalidade*, uma "energia unitária do espírito" que produz e consume, em última análise, a noção clássica de representação.[32] E assim ela voltava a ser prisioneira de uma idealidade conceitual face à qual todas as formas eram chamadas a "convergir para a simples forma lógica". A forma não era mais "ideal" em Cassirer, mas a *função* que a substituía pertencia ainda à esfera do idealismo filosófico: ela ignorava ainda o *trabalho* "estranho" e "singular" de que toda forma forte sabe ser capaz.[33]

[30] E. Cassirer, *La philosophie des formes symboliques* (1923-29), trad. O. Hansen-Löve, J. Lacoste e C. Fronty, Paris, Minuit, 1972, III, pp. 76-7. A oposição da forma e da matéria é igualmente atacada, contra Husserl, *ibid.*, III, pp. 255-6. A natureza do *signo* como mediação da forma e da matéria é discutida em *ibid.*, I, p. 53.

[31] *Id.*, *ibid.*, I, pp. 20-1.

[32] *Id.*, *ibid.*, II, p. 275 ("... uma energia unitária do espírito, isto é, uma *forma* de apreensão coerente em si mesma e que se afirma na diversidade do material objetivo da representação...") e III, p. 391.

[33] *Id.*, *ibid.*, I, p. 25. Desenvolvi essa oposição da *função* segundo Cassirer e do *trabalho* no sentido freudiano em *Devant l'image*, *cit.*, pp. 153-68, 175-80.

Foi por se voltar primeiramente para formas ao mesmo tempo "fortes" e fugazes, formantes e deformantes mais do que formadas — as do sonho, as do sintoma —, que Freud havia sido capaz, vinte anos antes de Cassirer, de construir o conceito autenticamente estrutural de *trabalho*? O fato é que, por uma singular ironia epistemológica, é fora do campo acadêmico da história da arte propriamente dita que o trabalho da forma como *formação* será, nas três primeiras décadas do século XX, mais pertinentemente reconhecido e teorizado. Acabo de citar Freud, inventor do primeiro protocolo clínico não dominado pela primazia do *visível* — ainda que ele soubesse, ou justamente porque sabia reconhecer tão bem a complexidade e a intensidade *visuais* das formas sintomáticas em ação...[34] Mas caberia citar também um outro contexto do saber não acadêmico sobre as formas, um contexto no qual não eram mais os sonhos e os sintomas, mas as obras de arte e as poesias mesmas que vinham sendo feitas — as obras da vanguarda — que podiam dar ensejo a uma "recognoscibilidade", a um conhecimento renovado do trabalho formal enquanto tal.

Trata-se do *formalismo* russo, que reuniu, entre cerca de 1915 e 1934, jovens pesquisadores em torno de um chamado "método formal" cujas resistências que suscitou — e ainda suscita — são suficientes para dizer a novidade, a fulgurância e, num certo sentido, a analogia com a novidade dos conceitos psicanalíticos. Em ambos os casos, a noção clássica de sujeito era radicalmente atacada, em ambos os casos a noção de *formação* adquiria uma consistência teórica notavelmente precisa e fecunda. A denominação de "formalismo", como ocorre frequentemente em tal circunstância, foi imposta pelos detratores desse método; ela conserva ainda hoje uma conotação geralmente depreciativa; e quando, no campo que atravessamos neste ensaio,

[34] E não posso, a título de exemplo, senão voltar a esta observação visual, tanto fulgurante quanto dialética, sobre o trabalho ao mesmo tempo formal e significante do sintoma histérico no auge de seu momento crítico: "Num caso que observei, a doente segura com uma das mãos seu vestido apertado contra seu corpo (enquanto mulher), e com a outra mão se esforça por arrancá-lo (enquanto homem). Essa simultaneidade contraditória condiciona em grande parte o que tem de incompreensível uma situação não obstante figurada tão plasticamente no ataque, e se presta portanto perfeitamente à dissimulação do fantasma inconsciente que está atuando". S. Freud, "Les fantasmes hystériques et leur relation à la bisexualité" (1908), trad. dir. J. Laplanche, *Névrose, psychose et perversion*, Paris, PUF, 1973, p. 155.

Forma e intensidade

um crítico de arte americano chega a empregar o termo "formalismo", certamente não é em referência ao formalismo russo que ele o fará espontaneamente.[35] Cumpre no entanto reconhecer o caráter exemplar de um *saber* sobre as formas construído, não como efeito de alguma decisão de princípio, mas como efeito de uma *resposta* dialética a um "presente crítico" no qual os movimentos da vanguarda cubista, abstrata e futurista produziam *obras* a todo momento "estranhas" e "singulares" para seus contemporâneos.[36] Foi primeiramente virando as costas à estética simbolista — arcaizante, crente — dos poetas russos tradicionais que os formalistas rejeitaram a filosofia "simbólico-religiosa" que a justificava no campo do saber. É significativo por outro lado que Boris Eikhenbaum, preocupado sobretudo com teoria literária, tenha começado por reconhecer o papel piloto das teorias visuais — a de Wölfflin, a de K. Foll e de seu *Ensaio de estudo comparativo dos quadros* —, precisamente porque elas se engajavam numa interrogação teórica sobre o trabalho das formas enquanto tais.[37] Quanto a Roman Jakobson, ele não tinha vinte anos quando enunciou, na revista tcheca *Cerven*, uma espécie de programa para uma história da arte vindoura — programa que se lançava contra uma disciplina mundana, aburguesada, filosoficamente confusa e portanto inapta a considerar a noção mesma de forma:

[35] Cf. por exemplo B. Buchloh, "Formalisme et historicité. Modification de ses concepts dans l'art européen et américain depuis 1945" (1977), trad. C. Gintz, *Essais historiques*, II. *Art contemporain*, Villeurbanne, Art Édition, 1992, pp. 17-106. Notemos que, em sua coletânea *Art et culture*, *op. cit.*, C. Greenberg jamais cita os formalistas russos.

[36] Para uma apresentação geral desse movimento teórico e de sua ligação com o movimento artístico ou literário, cf. T. Todorov, "Présentation", *Théorie de la littérature. Textes des formalistes russes*, reunidos e apresentados por T. Todorov, Paris, Seuil, 1965, pp. 15-27, e A. Hansen-Löve, "Le formalisme russe", *Histoire de la littérature russe. Le XXᵉ siècle*, II. *La Révolution et les années vingt*, dir. E. Erkind *et al.*, Paris, Fayard, 1988, pp. 618-56. A difamação em relação ao formalismo russo foi por assim dizer colocada em seu lugar por R. Jakobson, "Vers une science de l'art poétique", *Théorie de la littérature*, *op. cit.*, pp. 9-13. Recordarei igualmente que a referência aos formalistas russos permitiu a H. Damisch (*Théorie du nuage*, Paris, Seuil, 1972, pp. 42-7) enunciar uma maneira não humanista da *ut pictura poesis*.

[37] B. Eikhenbaum, "La théorie de la méthode formelle" (1925), *Théorie de la littérature*, *op. cit.*, pp. 33-7.

"Não faz muito tempo ainda, a história da arte, em particular a história da literatura, não era uma ciência, mas uma *causerie* [conversa (em francês no original)]. Ela seguia todas as leis da *causerie*. Passava alegremente de um tema a outro, e o fluxo lírico de palavras sobre a elegância da forma alternava-se com anedotas tiradas da vida do artista; os truísmos psicológicos revezavam-se com os problemas relativos ao fundo filosófico da obra e aos do meio social em questão. É um trabalho tão fácil e tão remunerador falar da vida, da época, a partir das obras! [...] Quanto à confusão sobre o termo 'forma', ela é ainda mais desesperante..."[38]

De que maneira os formalistas russos tentaram varrer essa confusão? Se fosse preciso resumir brevemente a progressão dialética de seu "método", poderíamos destacar três momentos fortes através dos quais as noções de forma e de formatividade adquiriram uma consistência cada vez mais precisa, cada vez mais matizada e aberta.[39]

O primeiro momento, poderíamos situá-lo como o reconhecimento da *forma em sua materialidade*. É o ponto de vista do texto ou da textura; ele enuncia a autonomia material e significante das formas. O que isso significa? Significa que uma forma será primeiramente apreendida em sua "fatura" (*factura*, que significa ao mesmo tempo textura e materialidade), em suas "particularidades específicas", na unidade singular, que ela realiza a cada momento, do material e de seus caracteres construídos ou significativos. Tratava-se antes de tudo de tornar *concreta* a noção de forma, e de compreender o caráter imanente dessa unidade de uma matéria, de uma configuração e de um sentido na constelação de cada forma particular.[40]

---

[38] R. Jakobson, "Du réalisme artistique" (1921), *ibid.*, pp. 98-9.

[39] A melhor descrição dessa evolução continua sendo o ensaio de B. Eikhenbaum, "La théorie de la méthode formelle", *art. cit.*, pp. 31-75 (e que resume suas próprias conquistas, pp. 73-5).

[40] *Id.*, *ibid.*, pp. 31, 37-42, 48, 60, 63-4. Notar-se-á que essa definição antecipa diretamente a noção de *forma significante* que Benveniste veio a enunciar no campo linguístico. Cf. E. Benveniste, "La forme et le sens dans le langage" (1967), *Problèmes de linguistique générale*, II, Paris, Gallimard, 1974, pp. 215-21.

Forma e intensidade

O segundo momento teórico dessa elaboração, podemos resumi--lo como o reconhecimento da *forma em sua organicidade*. É o ponto de vista do processo, do desenvolvimento, que vem se articular aqui com o da textura; ele enuncia doravante o caráter dinâmico das formas enquanto tais. O que isso significa? Em primeiro lugar, que toda forma entendida rigorosamente reúne num mesmo ato seu desenvolvimento e seu resultado: ela é portanto uma *função*, cujo caráter dinâmico eminentemente complexo era reconhecido de bom grado por Tynianov, por exemplo.[41] Em segundo lugar, não será mais suficiente descrever uma forma como uma coisa que tem este ou aquele aspecto, mas sim como uma *relação*, um processo dialético que põe em conflito e que articula um certo número de coisas, um certo número de aspectos.[42] Em terceiro lugar, o fato de esse processo dialético revelar a todo momento seu caráter de "montagem", de conflitos enlaçados, de transformações múltiplas, esse fato tem uma consequência essencial: é que a coesão mesma de uma forma não era reconhecida senão como a soma — ou melhor, o engendramento dialético — de todas as *deformações* das quais a forma se tornava, por assim dizer, o cristal.

Consequência capital, com efeito. Ela sugere a função, mas não — como em Cassirer — a unidade ideal da função. Sugere a coerção estrutural, mas não o fechamento ou o esquematismo de uma forma alienada a algum "tema" ou ideia da razão. Ela enuncia um trabalho, um *trabalho da formatividade* que comporta, apesar da distância manifesta das problemáticas, certas analogias perturbadoras com o que Freud teorizava, a propósito do sonho, como um *trabalho da figurabilidade*. Em ambos os casos, com efeito, o ponto de vista econômico e dinâmico se fundamenta na ideia de que uma forma sempre surge e se constrói sobre uma "desconstrução" ou uma desfiguração crítica

---

[41] "A unidade da obra não é uma entidade simétrica e fechada, mas uma integridade dinâmica que tem seu próprio desenrolar; seus elementos não estão ligados por um sinal de igualdade ou de adição, mas por um sinal dinâmico de correlação e de integração. A forma [...] deve portanto ser sentida como uma forma dinâmica." Y. Tynianov, citado por B. Eikhenbaum, "La thérie de la méthode formelle", *art. cit.*, p. 64. Sobre a complexidade da "função construtiva", cf. Y. Tynianov, "De l'évolution littéraire" (1927), *Théorie de la littérature, op. cit.*, pp. 123-9.

[42] Cf. V. Chklovski, "L'art comme procédé" (1927), *ibid.*, pp. 76-8.

dos automatismos perceptivos: isso é evidente no nível dos sonhos, o era menos ao das obras de arte. Mas os formalistas enunciavam com vigor — e sem apelar às categorias estéticas tradicionais, a do "belo ideal" em particular — que toda forma de arte, ainda que "semelhante", devia ser compreendida "como um meio de destruir o automatismo perceptivo".[43] Ao mesmo tempo, acrescentavam, a forma artística tende a pôr em evidência o caráter singular, fortemente reivindicado nas obras modernas, de sua construção. À "montagem" (*montaz*) sobrepõe-se uma economia do "deslocamento" (*sdvig*) que não deixa de lembrar, é claro, o trabalho psíquico do "deslocamento" (*Verschiebung*) na construção do sonho. Em ambos também, o elemento de abertura polissêmica, o elemento de sobredeterminação serão o objeto de toda a atenção crítica.

Em ambos, ainda, a noção de trabalho exigirá pensar a forma como um processo de *deformação*, ou a figura como um processo de desfiguração. Freud, como sabemos, não dizia outra coisa ao afirmar que o trabalho do sonho "contenta-se em transformar" e, assim fazendo, utiliza todos os meios figurais para tornar cada forma lábil, orientável, reversível, deslocável etc.[44] Jakobson, Tynianov ou Chklovski tampouco diziam outra coisa quando enunciavam sua hipótese da "deformação organizada" — o que supõe que toda forma é *formadora* na medida mesmo em que é capaz de *deformar* organicamente, dialeticamente, outras formas já "formadas"[45] —, ou então quando inferiam do "caráter heterogêneo e polissêmico do material" uma noção de trabalho formal extremamente dialética, feita de "deslocamentos orientados" e que culmina no seguinte paradoxo (também enunciado por Freud quando relacionava a plasticidade do sintoma com a dissimulação do fantasma inconsciente, por exemplo): é que toda forma autenticamente construída — pensemos de novo no cubo de Tony Smith — *apresenta* sua construção mesma como um "fenômeno de

---

[43] B. Eikhenbaum, "La théorie de la méthode formelle", *art. cit.*, p. 45.

[44] S. Freud, *L'interprétation des rêves* (1900), trad. I. Meyerson revista por D. Berger, Paris, PUF, 1967 (ed. 1971), p. 432, e, em geral, pp. 241-432. Cf. igualmente *id.*, "Révision de la théorie du rêve" (1933), trad. R. M. Zeitlin, *Nouvelles conférences d'introduction à la psychanalyse*, Paris, Gallimard, 1984, pp. 28-31.

[45] A teoria da "deformação organizada" — expressão de Jakobson — é apresentada por B. Eikhenbaum, "La théorie de la méthode formelle", *art. cit.*, pp. 61-3.

Forma e intensidade

obscurecimento", um "ritmo prosaico violado", uma visibilidade perceptual — a que esperamos espontaneamente de um cubo, por exemplo — "estranhamente" e "singularmente" *transformada*.[46] A relação do sujeito com a forma se verá enfim, e sempre nos dois quadros problemáticos, perturbada de parte a parte. Perturbada porque violentamente deslocada: deslocada a questão do belo e do julgamento de gosto;[47] deslocada a questão do ideal e da intenção artística. Sempre uma *coerção estrutural* terá sido dialetizada com o lance de dados "estranho" de cada *singularidade sintomática*. E do choque desses dois paradigmas nasce a forma ela mesma, a produção formal que nos faz compreender — por ser uma dinâmica que é a única a poder explicá-los — que ela trabalha numa ordem de *intensidade* tanto quanto de extensão tópica. Toda a beleza da análise freudiana está em nos fazer tangível a intensidade singular das imagens do sonho através da *disjunção do afeto e da representação*, disjunção que nos faz compreender por que uma cena terrível, a morte de um ser querido, por exemplo, pode afigurar-se-nos absolutamente "neutra" ou "desafetada" num sonho[48] — e por que, reciprocamente, um simples cubo negro poderá de repente mostrar-se de uma louca intensidade. Sabemos, por outro lado, que Roman Jakobson não estava tão distante desses problemas quando definia, dando aos psicanalistas um objeto eminente de reflexão, seu conceito linguístico de "embreante" (*shifter*) como uma espécie de função sintomática, indicial, na qual se sobrepõem — no espaço de uma palavra mínima, no espaço de uma intensidade ou de uma fulguração do discurso — a coerção global do código e a intervenção local, subjetiva, da mensagem.[49]

[46] Sobre a polissemia do material e o processo deformante da forma, cf. Y. Tynianov, "La notion de construction", *art. cit.*, pp. 114-5. Sobre a forma artística como obscurecimento, cf. V. Chklovski, "L'art comme procédé", *art. cit.*, pp. 96-7.

[47] Para uma abordagem desse problema no quadro de uma estética freudiana, cf. o recente livro de H. Damisch, *Le jugement de Pâris. Iconologie analytique I*, Paris, Flammarion, 1992, pp. 7-50.

[48] Cf. S. Freud, *L'interprétation des rêves*, op. cit., pp. 392-416.

[49] Cf. R. Jakobson, "Les embrayeurs, les catégories verbales et le verbe russe" (1957), trad. N. Ruwet, *Essais de linguistique générale*, I. *Les fondations du langage*, Paris, Minuit, 1963, pp. 176-96.

Um terceiro momento estava portanto de antemão inscrito nessa elaboração teórica do formalismo. Poderíamos resumi-lo como o reconhecimento da *forma em sua contextualidade*. É o ponto de vista ampliado do paradigma; ele busca enunciar o caráter metapsicológico, histórico e antropológico do trabalho formal enquanto tal. Ora, ainda que esse programa tenha sido formulado por Tynianov desde 1923, ele representa o aspecto menos compreendido do formalismo, na medida em que a palavra "formalismo", trivialmente empregada, significa mais ou menos a recusa de compreender uma forma em seu contexto. É que a visão trivial só se prende aos dilemas e ignora a dialética, e assim confunde autonomia ou *especificidade* com *tautologia*. Os formalistas russos certamente afirmaram os caracteres autônomos e específicos de toda construção formal — mas jamais os encerraram numa concepção tautológica da obra de arte. Aliás, eles condenavam a estética da "arte pela arte". Jakobson, na Rússia, alternava as elaborações teóricas, as reuniões com os poetas ou os pintores de vanguarda e as pesquisas de campo — à maneira do etnolinguista — para recolher seus documentos de poesia oral. Tynianov tentava dialetizar a "integridade dinâmica" da forma — fator puramente sincrônico — com sua dimensão diacrônica, sua "importância histórica" a reconhecer sempre, a reproblematizar em sua própria dinâmica.[50] Quanto a Eikhenbaum, ele resumia todo o projeto dizendo que "a teoria reclama o direito de tornar-se história" e, mais ainda, reivindicar soberanamente sua pertença a uma antropologia.[51]

Se esse projeto magnífico não foi reconhecido como tal, é sem dúvida em parte porque a história — a má, a belicosa, a totalitária — destruiu a coerência e a vida própria desse movimento intelectual. Como em relação a Benjamin, como em relação a Carl Einstein.[52] A sinistra violência da história busca sempre destruir a "sublime violência do verdadeiro". Os textos dos formalistas russos só serão traduzi-

---

[50] Y. Tynianov, "La notion de construction", *art. cit.*, pp. 115-9.

[51] B. Eikhenbaum, "La théorie de la méthode formelle", *art. cit.*, pp. 32-3 ("nosso único objetivo é a consciência teórica e histórica dos fatos"), 51, 65-74 ("para nós, a teoria e a história formam uma coisa só"). A mesma ideia é enunciada por R. Jakobson em seu artigo sobre "La dominante" (1935), trad. A. Jarry, *Questions de poétique*, Paris, Seuil, 1973, p. 150.

[52] Sendo que ambos se suicidaram, no mesmo ano de 1940, sob a ameaça nazista. Evocarei a personalidade de Carl Einstein algumas páginas adiante.

Forma e intensidade

dos e apresentados ao leitor francês, por Tzvetan Todorov, em 1965.

Nesse meio-tempo, o herdeiro mais direto e mais rigoroso desse método — refiro-me a Claude Lévi-Strauss, obviamente — pôde cometer um de seus raros escritos que peca por desinformação e mesmo má-fé; foi quando, ao comentar o livro famoso de Vladimir Propp sobre a *Morfologia do conto*, quis a todo custo opor a *forma* dos formalistas à *estrutura* dos estruturalistas, recusando à primeira tudo o que a segunda realizava, segundo ele: a unidade da forma e do conteúdo; o caráter não abstrato dos resultados interpretativos; a atenção à materialidade dos fenômenos; o caráter autenticamente sintático dos processos analisados; enfim, a abertura ao contexto, portanto à dimensão histórica e antropológica.[53] Foi no entanto de maneira perfeitamente explícita que Jakobson evocou a filiação direta do formalismo russo ao estruturalismo ocidental.[54]

Não evoco esses mal-entendidos e não me entrego ao exercício sempre frustrante de evocar apenas, de resumir em panorama tais pensamentos complexos, senão em função de uma situação teórica atual na qual se agitam muitos pseudodilemas e pseudoultrapassagens a fim de se inventarem passados triunfalmente ultrapassados, noções defi-

---

[53] Cf. C. Lévi-Strauss, "La structure et la forme. Réflexions sur un ouvrage de Vladimir Propp" (1960), *Anthropologie structurale deux*, Paris, Plon, 1973, pp. 139-73. Apesar de tudo, ele reconhece claramente (em particular no *post-scriptum*) sua dívida em relação ao formalismo. T. Todorov, por sua vez, comentou recentemente a polêmica entre Lévi-Strauss e Propp (que lhe respondeu em 1966) nos seguintes termos: "O mal-entendido que envolve os dois estudiosos é instrutivo sob muitos aspectos. Foi provocado, em parte, pela ignorância mútua na qual se encontravam seus respectivos trabalhos. Lévi-Strauss, que só conhece a *Morfologia*, vê em Propp um puro formalista, incapaz de se interessar pela história e pelo contexto etnográfico; Propp responde com indignação que não fez outra coisa a não ser isto em toda a sua vida (e ele tem razão). Pelo mesmo motivo, Lévi-Strauss não compreende que as pesquisas 'morfológicas' e as pesquisas 'históricas' de Propp são as duas fases de um mesmo projeto que remonta em direção à protoforma (a coisa é tanto mais picante pelo fato de o próprio Lévi-Strauss recorrer à morfologia de Goethe e citar de bom grado *A metamorfose das plantas*). Por seu lado, Propp faz como se Lévi-Strauss só tivesse escrito 'La structure et la forme' [...] e o acusa de ser um puro 'filósofo', acusação rejeitada com razão por Lévi-Strauss". T. Todorov, "Vladimir Propp (1895-1970)", *Histoire de la littérature russe. Le XXᵉ siècle, IV. Gels et dégels*, dir. E. Etkind *et al.*, Paris, Fayard, 1990, p. 576.

[54] Cf. R. Jakobson, "La dominante", *art. cit.*, pp. 145-7.

nitivamente ilegíveis — *tornadas ilegíveis*, em realidade —, Pretéritos inapelavelmente extintos. Como se as questões colocadas pelos artistas ou pelos pensadores fossem extinguíveis ou perecíveis. Como se o esforço para *tornar legível* o Pretérito não fosse a única maneira, a maneira dialética de inventar novas formas, novas artes de ler e de olhar. A obra de Carl Einstein faz parte desses pensamentos tornados praticamente ilegíveis hoje. Jean Laude e Liliane Meffre, que na França mais contribuíram para dar-lhe alguma atualidade, analisavam o feixe convergente das razões materiais e intelectuais de tal esquecimento: há primeiro a dispersão de seus escritos, a destruição sistemática pelos nazistas das obras e das revistas vanguardistas das quais Einstein havia participado; há o caráter inédito de um verdadeiro *corpus* ainda em depósito na Akademie der Künste de Berlim. Há a dificuldade intrínseca de sua escrita — traço comparável, entre muitos outros, ao caso de Walter Benjamin —, bem como a imensa cultura teórica à qual ele se refere, mas da qual os historiadores da arte em geral esqueceram hoje quase tudo (penso em particular em Georg Simmel, em Hildebrand ou em Konrad Fiedler). Há ainda a violência crítica de suas análises, o tom resolutamente antiacadêmico de suas proposições; há enfim o caráter radical de seu engajamento, seja artístico (e foi seu combate de primeira hora em favor do cubismo, seu papel ao lado de Georges Bataille na revista *Documents*) ou político (e foi seu combate de primeira hora na guerra da Espanha, ao lado dos anarcossindicalistas internacionais).[55]

Tudo isso, é claro, não esboça o perfil habitual de um historiador da arte hábil na "conversa". Tudo isso não faz senão traçar as linhas atormentadas de uma "filosofia a marteladas". Mas essa violência mesma estava de acordo com o *jogo dialético* que Carl Einstein buscava manter em sua análise do mundo das imagens. Ele devia a Fiedler a intuição de que nem a beleza nem o ideal constituem o jogo fundamental das imagens, e de que em todos os planos — estético, gnoseológico — era exatamente uma crítica em regra do neokantismo

---

[55] Cf. J. Laude, "Un portrait", *Cahiers du Musée National d'Art Moderne*, nº 1, 1979, pp. 10-3; L. Meffre, "Aspects de la théorie de l'art de Carl Einstein", *ibid.*, pp. 14-17; *id.*, *Carl Einstein et la problématique des avant-gardes dans les arts plastiques*, Berna/Frankfurt, Lang, 1989. Pode-se hoje consultar os *Werke* de C. Einstein, ed. R. P. Baacke, Berlim, Medusa, 1980, 3 vols. Um 4º volume acaba de ser publicado pela Fannei und Walz, Berlim, com uma parte dos inéditos.

Forma e intensidade

que devia ser feita, longe das "deduções" de Hermann Cohen e das "funções" de Ernst Cassirer.[56] Como não pensar, aí, em Benjamin? E como não pensar nele também quando lemos, logo no primeiro número de *Documents*, em 1929, três páginas de "Aforismos metódicos" em que Carl Einstein enunciava um projeto de história da arte (no sentido do saber histórico a produzir sobre as obras de arte) dominado, guiado pelo sentido agudo dos *conflitos* em obra em toda a história da arte (no sentido da produção das próprias obras)?

"A história da arte é a luta de todas as experiências óticas, dos espaços inventados e das figurações":[57] do que se trata, nesse "aforismo" que deixa aberta a interpretação do genitivo *de* na expressão "história da arte", senão de algo que evocará sem dificuldade a *imagem dialética* benjaminiana? "O quadro é uma contração, uma suspensão dos processos psicológicos, uma defesa contra a fuga do tempo, e assim uma defesa contra a morte. Poder-se-ia falar de uma concentração dos sonhos":[58] do que se trata, nessa reflexão que apela a uma *metapsicologia*, senão de algo onde reaparecem a iluminação e a "dialética em suspensão" de que falava Benjamin nos mesmos anos? Toda a continuação do texto, que mereceria um comentário específico, acaba por desenvolver uma verdadeira *dialética da imagem*: sugere uma ampla compreensão histórica na qual a arte religiosa — e seu "realismo metafísico", como diz Carl Einstein — sofreria o momento de antítese de um "ceticismo" que dissocia "não apenas as crenças e as noções abstratas, mas também a visão e a herança visual" tradicionais; e é o Renascimento que aqui é convocado como o emblema por excelência dessa operação. Mas Carl Einstein enuncia as condições nas quais essa antítese mesma deve ser ultrapassada, como devem ser ultrapassados os termos antitéticos de todo dilema. Aqui, portanto, a imagem religiosa terá perdido sua *eficácia* cultual própria, e a imagem artística terá ganho sua *especificidade*, ou seja — segundo os termos

---

[56] Cf. L. Meffre, "Aspects de la théorie de l'art de Carl Einstein", *art. cit.*, pp. 14-5.

[57] C. Einstein, "Aphorismes méthodiques", *Documents*, n° 1, 1929, p. 32. Agradeço a Liliane Meffre por me ter assinalado que esse texto foi escrito por Einstein diretamente em francês. Pode-se hoje utilizar o *reprint* da revista *Documents* (1929-1930), prefaciado por D. Hollier, Paris, J.-M. Place.

[58] *Id., ibid.*, p. 32.

de Carl Einstein —, a "abstração" de seu estatuto. Mas será preciso à arte do presente (o cubismo, no caso) reatar com o que a especificidade perde, sem reatar com os mecanismos, definitivamente ultrapassados, da crença.[59] Tanto é verdade que, para toda imagem autêntica — portanto não arcaica —, é preciso "especificidade" *com* "eficácia", ou seja, "forma" *com* "presença".

É assim claramente um problema de *aura* que Carl Einstein recolocava nessas páginas, e sobretudo na obra breve mas incisiva que havia dedicado já em 1915 à escultura africana *(Negerplastik)*. Ora, esse problema era enunciado não como uma pura pesquisa de historiador — a arte africana submetendo-se, para começar, à operação *anacrônica* de ser considerada do ponto de vista do questionamento moderno, avisado, do olhar cubista[60] —, mas como a vontade de restituir nessa pesquisa uma autêntica fulgurância de imagem dialética. Assim, a escultura era interrogada no cruzamento exato da "forma" como formação e da "presença" como apresentação. Por um lado, com efeito, Carl Einstein reivindicava olhar a arte africana com o olho *não etnográfico* de alguém que "parte dos fatos, e não de um sucedâneo", ou seja, de alguém que olha as *formas* enquanto tais, e não como simples documentos para uma história social.

Por outro lado, Carl Einstein não tentava de modo algum subtrair-se a levar em consideração o elemento religioso que ele via de fato comandar toda a dinâmica e a contextualidade dessas formas. Mas — e esta foi a força, a originalidade, a modernidade de sua análise — não para buscar avidamente significados, "simbolismos", uma iconografia ou um conteúdo transcendente, e sim para relacionar imediatamente a isso o modo de existência material dos próprios objetos: sua *forma* e sua *apresentação* ao mesmo tempo. Não nos surpreenderemos, nes-

---

[59] *Id., ibid.*, pp. 32-4.

[60] "Certos problemas que se colocam à arte moderna provocaram uma abordagem mais atenta que anteriormente da arte dos povos africanos. Como sempre, aqui também, um processo artístico atual criou sua história: em seu centro elevou-se a arte africana. O que antes parecia desprovido de sentido encontrou nos mais recentes esforços dos escultores sua significação. Percebeu-se que em quase nenhuma outra parte exceto entre os negros se haviam colocado com tanta pureza problemas precisos de espaço." *Id.*, "La sculpture nègre" (1915), trad. L. Meffre, *Qu'est-ce que la sculpture moderne?*, dir. M. Rowell, Paris, Centre Georges Pompidou, 1986, p. 345.

Forma e intensidade

sas condições, de reencontrar em Carl Einstein uma atenção à *aura* dos objetos africanos, expressa, como em Benjamin, nos termos fenomenológicos da dupla distância, da obscuridade relativa e da visualidade plástica que daí decorre:

"É possível fazer uma análise formal que se apoie em certos elementos particulares da criação do espaço e da visão que os engloba. [...] A arte do Negro é antes de tudo determinada pela religião. As obras esculpidas são veneradas como o foram por todo povo da Antiguidade. O executante dá forma à sua obra como o faria a divindade ou aquele que a protege, isto é, que desde o início *tomou suas distâncias* em relação à obra que é o deus ou seu receptáculo. Seu trabalho é uma adoração à distância, e assim a obra é a priori *algo independente*, mais poderoso que o executante [...], na medida em que os ídolos são com frequência adorados *na obscuridade*. A obra, fruto do trabalho do artista, permanece independente, transcendente e livre de todo vínculo. A essa transcendência corresponde uma concepção do espaço que exclui toda função do espectador. É preciso produzir e garantir um espaço cujos recursos foram todos esgotados, um espaço total e não fragmentário. O espaço fechado e autônomo não significa aqui abstração, mas sensação imediata. Esse fechamento só é garantido quando o volume está plenamente expresso, quando nada mais se pode acrescentar a ele. [...] A orientação das partes é fixada não em função do espectador, mas em função delas mesmas; elas se deixam ver a partir da massa compacta, e não com um recuo que as enfraqueceria. [...] [A escultura africana] não significa nada, ela não é um símbolo; é o deus que conserva sua realidade mítica fechada, na qual inclui o adorador, transforma-o igualmente em ser mítico e abole sua existência humana. O caráter finito e fechado da forma e o da religião se correspondem, do mesmo modo que o *realismo formal* e o realismo religioso."[61]

---

[61] *Id., ibid.*, pp. 346 e 348-9. Sublinhado por mim. É significativo que essa atenção ao *objeto* possa interessar as mais recentes reflexões dos antropólogos, por exemplo as de M. Augé, *Le dieu objet*, Paris, Flammarion, 1988.

Raciocínio simples — mas dialético — e prodigioso. Ele não teme levar em consideração a autonomia formal das esculturas africanas até o fim, ou seja, até o ponto em que podemos reconhecer que essa autonomia nada tem de uma suficiência tautológica. Ele não teme levar em consideração o valor cultual das esculturas africanas até o fim, ou seja, até o ponto em que podemos reconhecer que ela de maneira nenhuma reduz a forma a uma realidade segunda, instrumental ou "simbólica": ao contrário, a "transcendência" (muito pouco ocidental, no caso) é aí, por assim dizer, *imanente à forma mesma* sob a espécie de sua *apresentação* — sua autonomia formal, sua exposição na obscuridade, em suma, tudo que faz dessa forma um *trabalhar a distância* aurática. Por isso podemos ler nesse raciocínio que a escultura "olha" o africano segundo uma relação que nada tem a ver com qualquer conivência espetacular ou psicológica, Carl Einstein opondo nesse ponto o "realismo formal" das esculturas negras ao ilusionismo ocidental (o de Bernini, por exemplo) que ele acaba por qualificar de "sucedâneo pictórico" da escultura como tal.[62]

É uma verdadeira *antropologia da forma* que se esboça nessas páginas. Ela realiza a operação dialética por excelência de articular uma série de noções que pareceriam contraditórias à primeira vista, e portanto de ultrapassar seus dilemas teóricos correspondentes: assim ela consegue pensar o fechamento da forma (a "concentração plástica", como diz Carl Einstein) com a abertura de sua apresentação, ou então a formação autônoma do volume com o trabalho de deformação constantemente efetuado sobre cada elemento representativo.[63] Ela também acaba por nos convencer de que a oposição secular do *geométrico* e do *antropomórfico* pode ser ultrapassada: "Abstrato e orgânico são critérios (seja conceituais, seja naturalistas) alheios à arte, e por isso completamente exteriores a ela".[64] Lembremo-nos, a propósito, que esse (falso) dilema ocupava uma boa parte do problema colocado a Michael Fried pela experiência visual dos objetos criados por Tony Smith e Robert Morris. Lembremo-nos também que, nas

[62] C. Einstein, "La sculpture nègre", *art. cit.*, pp. 346-347.

[63] *Id.*, *ibid.*, pp. 349-351.

[64] *Id.*, *ibid.*, p. 352. Sem dúvida, Carl Einstein aqui *exagera*; mas o faz apenas para radicalizar um projeto teórico que continua pertinente (um projeto ligado a seu engajamento em relação à arte cubista).

Forma e intensidade

expressões tautológicas de Donald Judd, essa oposição fora precisamente vista como insuperável ou quase: "A principal qualidade das formas geométricas, escrevia Judd, é não ser orgânica, como o é toda outra forma de arte. Seria uma grande descoberta encontrar uma forma que não fosse nem geométrica nem orgânica".[65]

O raciocínio de Carl Einstein contém ainda o inestimável ensinamento de nos fazer buscar na forma mesma — ou seja, no jogo de sua formação e de sua apresentação, e não em seu mero "simbolismo", por exemplo — o princípio de sua "presença" ou de sua *aura*. Esta não nega o olhar do espectador, ela o inclui na estratégia da própria forma. Que a forma nos *olha* desde sua dupla distância *precisamente* por ser autônoma na espécie de "solidão" de sua formação, é o que Benjamin haveria também de sugerir, ao dizer que a qualidade principal de uma imagem aurática é ser *inabordável*, portanto votada à separação, à autossuficiência, à *independência de sua forma*.[66] Teríamos aí uma primeira, uma elementar resposta à questão de compreender o que é verdadeiramente uma "forma intensa": é pelo menos uma coisa a ver que, por mais próxima que esteja, se redobra na soberana solidão de sua forma, e que portanto, por essa simples fenomenologia do recuo, nos mantém à distância, nos mantém em respeito diante dela. É então que ela nos olha, é então que ficamos no limiar de dois movimentos contraditórios: entre *ver* e *perder*, entre perceber oticamente a forma e sentir tatilmente — em sua apresentação mesma — que ela nos escapa, que ela permanece votada à ausência.

Se fosse preciso voltar uma vez mais ao texto — decididamente fecundo e inspirador — de Michael Fried,[67] poderíamos dizer neste ponto que tudo o que ele busca opor, a saber, a *presença* "teatral" de um lado, a *presentness* "específica" de outro, se constitui justamente em forma intensa quando essa oposição mesma é ultrapassada: ou seja, quando a *presença* fenomenológica não escapa mais na área duvidosa de uma relação espetacular e psicológica, mas se dá como a *presentness* de uma "concentração plástica" autônoma; e quando a *presentness* da forma não mais se encerra na área duvidosa de uma ime-

---

[65] D. Judd, citado por B. Buchloh, *Essais historiques*, II, *op. cit.*, p. 188.

[66] Cf. W. Benjamin, "L'oeuvre d'art à l'ère de sa reproductivité technique", *art. cit.*, p. 147.

[67] Cf. M. Fried, "Art and Objecthood", *art. cit.*, pp. 26-7.

diatidade ou de uma instantaneidade ideais sempre ganhas, mas se dá como a *presença* de uma profundidade antropomorficamente apreendida, porque apreendida entre luto e desejo.[68] O que se torna claro, nesse contexto, é que a noção de antropomorfismo perde aqui toda significação trivial, mimética e psicológica; ela visa antes um nível *metapsicológico* de inteligibilidade, aquele que nos aproxima do paradigma freudiano da *formação* — formação de sintoma, formação no sonho, em todo caso formação do inconsciente.[69]

É portanto de novo a metapsicologia freudiana que nos permitiria, em última análise, precisar os termos dessa dialética em que tentamos esclarecer a expressão "forma com presença".· O trabalho do *figurável* já nos oferece de fato elementos para compreender a intensidade "estranha" e "singular" de formações expressas por Freud com uma palavra que dizia a *apresentação* mais que a representação, o *trabalho* psíquico do qual as imagens são o lugar necessário mais que a "função simbólica" da qual seriam apenas o suporte acidental: e essa palavra, *Darstellbarkeit*, nos obriga a pensar o figurável como obra da "apresentabilidade", e sua intensidade como obra formal do significante.[70] Mas Freud forneceu uma pista complementar que nos permite precisar ainda mais os termos da questão: é quando introduz um "domínio particular da estética", diz ele, que escapa às formulações clássicas da "teoria do belo". Ele está situado à parte porque define um lugar paradoxal da estética: é o lugar do que "suscita a angústia em geral"; é o lugar onde o que vemos aponta para além do princípio de prazer; é o lugar onde ver é perder, e onde o objeto da perda sem recurso nos olha. É o lugar da inquietante estranheza (*das Unheimliche*).[71]

---

[68] Cabe aqui constatar que Michael Fried introduz seu *dilema* na medida mesma em que recusa pensar a *clivagem* em obra: ou seja, a clivagem do sujeito do olhar.

[69] Sobre esse conceito, cf. J. Lacan, "Les formations de l'inconscient" (resumo dos seminários de 1957-1958 por J.-B. Pontalis), *Bulletin de Psychologie*, XII, 1958, n° 153, pp. 182-92, e n° 54, pp. 250-6.

[70] Permito-me remeter novamente a *Devant l'image*, *op. cit.*, pp. 171-218, bem como a um esquema de aplicação desse trabalho no campo das imagens religiosas da Idade Média: "Puissances de la figure. Exégèse et visualité dans l'art chrétien", *art. cit.*, pp. 569-609.

[71] S. Freud, "L'inquiétante étrangeté" (1919), trad. B. Féron, *L'inquiétante étrangeté et autres essais*, Paris, Gallimard, 1985, pp. 213-4. Que a inquietante es-

Por que reconvocar um texto tão conhecido? Porque a inquietante estranheza freudiana me parece responder, melhor que outra coisa, a tudo o que Benjamin buscava apreender no caráter "estranho" (*sonderbar*) e "singular" (*einmalig*) da imagem aurática. Com a inquietante estranheza teríamos assim uma definição não apenas "secularizada", mas também *metapsicológica* da aura, como "trama singular de espaço e de tempo", como poder do olhar, do desejo e da memória simultaneamente, enfim, como poder da distância. Recordemos brevemente as orientações fundamentais desse texto.

Que a *Unheimliche* freudiana seja uma "trama singular de espaço e de tempo", é o que desde o início se infere da atenção dada por Freud ao paradoxo da palavra mesma: *unheimlich* é, primeiro, uma palavra do olhar (é o *suspectus* latino) e uma palavra do lugar (é o *xénos*, o estrangeiro, em grego); mas é uma palavra cuja ambivalência acabará sendo analisada nos termos fortemente temporais do que "remonta ao há muito tempo conhecido, ao há muito tempo familiar".[72] Segundo, a *Unheimliche* manifesta aquele poder do olhado sobre o olhante que Benjamin reconhecia no valor cultual dos objetos auráticos, e que Freud exprimirá aqui — de maneira mais aberta — nos termos de uma "onipotência dos pensamentos" que associa o culto em geral a uma estrutura obsessiva: o objeto *unheimlich* está diante de nós como se nos dominasse, e por isso nos mantém em respeito diante de sua lei visual. Ele nos puxa para a obsessão. O latim diria que ele nos é *superstes*, ou seja, que é presente, testemunha e dominante ao mesmo tempo, que se dá a nós como se devesse fatalmente sobreviver a nosso olhar e a nós mesmos, nos ver morrer, de certo modo. Nada de espantoso que a expressão tradicional de tal relação — beleza e angústia misturadas — possa concernir à imemorial *superstição* associada às imagens auráticas.[73]

Terceiro, a inquietante estranheza se dá enquanto poder conjugado de uma memória e de uma protensão do desejo. Entre ambos se situa talvez a *repetição*, analisada por Freud através dos motivos do

---

tranheza seja também um problema de *forma* (e não simplesmente um problema de experiência vivida), é o que Freud mostra em toda a parte final de seu artigo, pp. 252-63.

[72] *Id., ibid.*, p. 215 (e, em geral, pp. 215-23).

[73] *Id., ibid.*, pp. 242-5.

espectro (a ideia fixa, o "retorno inquietante" das imagens) e do *duplo*. O duplo, o objeto originariamente inventado "contra o desaparecimento do eu", mas que acaba por significar esse desaparecimento mesmo — nossa morte — quando nos aparece e nos "olha".[74] O duplo que nos "olha" sempre de maneira "singular" (*einmalig*), única e impressionante, mas cuja singularidade se torna "estranha" (*sonderbar*) pela virtualidade, mais inquietante ainda, de um poder de repetição e de uma "vida" do objeto independente da nossa.

Não era um duplo que Michael Fried via muito exatamente — e muito pertinentemente — diante do grande cubo negro de Tony Smith? E não era muito exatamente sua intensidade de *Unheimliche* que ele apreendia com certo pavor nesse objeto "agressivo" e "maçante", demasiado próximo e demasiado distante, demasiado morto e demasiado vivo, silencioso e invasor "como uma pessoa"?[75] Freud havia de fato tematizado o motivo do duplo segundo as mesmas ambivalências do vivo e do morto, do antropomorfismo e da dessemelhança.[76] Notemos a esse respeito que a noção do duplo define ao mesmo tempo algo que repete a humanidade — eis aí seu caráter de *antropomorfismo* — e algo que simultaneamente é capaz de repetir-se a si mesmo, ou seja, de adquirir a espécie de inumanidade de uma *forma autônoma*, "animada" de sua própria vida de objeto puro, eficaz até o diabólico, ou até a capacidade de se autoengendrar. Talvez haja na própria serialidade minimalista algo dessa repetição apreendida como ideia fixa — com a condição, é claro, de interpretá-la segundo uma vertente obsessiva na qual o objeto se tornaria *ameaçador* pela razão mesma de ser *específico* no autoengendramento de sua forma, de seu número, de sua matéria.

Esse caráter ameaçador da experiência visual encontra sua expressão radical na associação do objeto *unheimlich* com toda uma temática da cegueira. Freud não apenas indicou a ligação da inquietante estranheza com a solidão, o silêncio e a obscuridade[77] — o que

---

[74] *Id., ibid.*, pp. 235-42.

[75] M. Fried, "Art and Objecthood", *art. cit.*, p. 17.

[76] S. Freud, "L'inquiétante étrangeté", *art. cit.*, pp. 224 e 249.

[77] *Id., ibid.*, p. 263, onde é feita referência às fontes das angústias infantis como ligadas à ausência materna. Cf. *id., Trois essais sur la théorie sexuelle* (1905), trad. P. Koeppel, Paris, Gallimard, 1987, pp. 167-8.

Forma e intensidade

Benjamin logo iria fazer em relação à aura —, mas também nos mostra como a experiência da *Unheimliche* equivale a entrar na *experiência visual de arriscar-se a não ver mais*... É a análise famosa do conto de E. T. A. Hoffmann, *O homem da areia*, que elucidará esse motivo da cegueira — por exemplo através da frase de Coppelius: "Por aqui os olhos, por aqui os olhos!" — entendida como um substituto da angústia de castração.[78]

Mas, para terminar, é de fato o poder de uma distância, de uma dupla distância, que atua ainda numa tal experiência. Freud se aproxima da definição benjaminiana da aura como "única aparição de uma lonjura, por mais próxima que esteja", quando retém da *Unheimliche* o caráter, já observado por Schelling, de uma visualidade sentida como a aparição estranha, única, de algo "que devia permanecer em segredo, na sombra, e que dela saiu".[79] Algo saiu da sombra, mas sua *aparição* conservará intensamente esse traço de afastamento ou de profundidade que a destina a uma persistência do trabalho da *dissimulação*. Assim a experiência do olhar que buscamos explicitar conjuga aqui dois momentos complementares, dialeticamente enlaçados: de um lado, "ver perdendo", se podemos dizer, e, de outro, "ver aparecer o que se dissimula". No núcleo dessa dialética, sabemos, Freud colocará a operação constitutiva — negativa e estrutural ao mesmo tempo — do *recalque*. O que isso quer dizer, finalmente, senão que toda forma intensa, toda forma aurática se daria como "estranhamente inquietante" na medida mesmo em que nos coloca visualmente diante de "algo recalcado que retorna"?[80] Poderia a intensidade de uma forma chegar a definir-se metapsicologicamente como *o retorno do recalcado na esfera do visual* e, de maneira mais geral ainda, na esfera da estética?

---

[78] *Id.*, "L'inquiétante étrangeté", *art. cit.*, pp. 225-34.

[79] *Id.*, *ibid.*, p. 222 (citando Schelling).

[80] *Id.*, *ibid.*, p. 246 (e, em geral, pp. 245-52. Freud acaba por ver na partícula *un* da palavra *unheimlich* a própria "marca do recalque").

10.
O INTERMINÁVEL LIMIAR DO OLHAR

Freud propunha ainda um último paradigma para explicar a inquietante estranheza: é a *desorientação*, experiência na qual não sabemos mais exatamente o que está *diante* de nós e o que não está, ou então se o lugar para onde nos dirigimos já não é aquilo *dentro* do qual seríamos desde sempre prisioneiros. "Propriamente falando, o estranhamente inquietante seria sempre algo em que, por assim dizer, nos vemos totalmente desorientados. Quanto mais um homem se localiza em seu ambiente, tanto menos estará sujeito a receber coisas ou acontecimentos que nele produzem uma impressão de inquietante estranheza".[1] Ora, é em último limite diante do sexo feminino, nos diz Freud, que os "homens neuróticos" — ou seja, os homens em geral — mais experimentam essa desorientação da *Unheimliche*: é quando se abre diante deles esse lugar estranho, tão estranho, em verdade, porque impõe aquele retorno à "casa" (*das Heimische*) perdida, ao limiar passado de todo nascimento. A referência metapsicológica à angústia de castração completa-se portanto aqui com uma referência ao "fantasma do ventre materno" (*Mutterleibsphantasie*).[2]

Mas as duas estão ligadas, ontologicamente por assim dizer, na experiência da inquietante estranheza. Pois nossa desorientação do olhar implica ao mesmo tempo ser dilacerados pelo outro e ser dilacerados por nós mesmos, dentro de nós mesmos. Em todo caso perdemos algo aí, em todo caso somos *ameaçados pela ausência*. Ora, paradoxalmente, essa cisão aberta em nós — cisão aberta no que vemos pelo que nos olha — começa a se manifestar quando a desorientação nasce de um limite que se apaga ou vacila, por exemplo entre a realidade material e a realidade psíquica.[3] É o que se passa no momento

---

[1] S. Freud, "L'inquiétante étrangeté", *art. cit.*, p. 216.

[2] *Id.*, *ibid.*, pp. 252 e 257.

[3] *Id.*, *ibid.*, p. 251.

em que Stephen Dedalus contempla o mar à sua frente: *um limite se apaga* quando a onda traz consigo as ovas de peixe e o sargaço de uma memória enlutada. Mas, no mesmo momento, *um limiar se abre* também na visibilidade mesma da paisagem marinha; o horizonte, o *diante* longínquo, se abre e se curva até desenhar virtualmente o "broquel de velino esticado" do ventre materno, mas também a imagem extremamente próxima da tigela de porcelana cheia dos humores da mãe moribunda, verdes como o mar contemplado ao longe. E o limiar que se abre aí, entre o que Stephen Dedalus vê (o mar que se afasta) e o que o olha (a mãe que morre), esse limiar não é senão a abertura que ele carrega *dentro* de si, a "ferida aberta de seu coração".[4]

Eis portanto reformulada a "inelutável modalidade do visível" segundo James Joyce. Lembremo-nos ainda que no final da célebre passagem, logo antes da injunção de "fechar os olhos para ver", era a palavra *porta* que aparecia aos nossos olhos, segundo os motivos associados de uma diafaneidade ótica e de cinco dedos que buscavam às cegas sua apreensão tátil.[5] Seria a porta nossa última imagem dialética para concluir — ou deixar aberta — essa fábula do olhar? Em todo caso, ela o foi para os escultores e algumas de suas obras exemplares aqui contempladas. O grande cubo de Tony Smith certamente não se assemelha a uma porta; mas sua natureza profundamente dialética, sua natureza de obstáculo e de abertura visual ao mesmo tempo, condensa duas modalidades espaciais que terão sido, posteriormente, dissociadas e especificadas. É o muro que, na peça intitulada justamente *The Wall*, opõe ao olhar um anteparo maciço de madeira ou de aço negro; e há também aquela construção intitulada *The Maze*, o labirinto, que abre ao espectador algo como a entrada de um templo ou de um lugar temível — um lugar *aberto* diante de nós, mas para nos manter *à distância* e nos desorientar ainda mais (*fig. 36-37, p. 233*).

Pois essa porta permanece diante de nós para que não atravessemos seu limiar, ou melhor, para que temamos atravessá-lo, para que a decisão de fazê-lo seja sempre diferida. E nessa *différance* se mantém — se suspende — todo o nosso olhar, entre o *desejo* de passar, de atingir o alvo, e o *luto* interminável, como que interminavelmente antecipado, de jamais ter podido atingir o alvo. Permanecemos à orla,

---

[4] J. Joyce, *Ulisses, op. cit.*, pp. 7-10.

[5] *Id., ibid.*, p. 36. Cf. *supra*, pp. 9-11.

36. T. Smith, *The Wall*, 1966. Madeira pintada, 244 x 244 x 61 cm. Cortesia Paula Cooper Gallery, Nova York.

37. T. Smith, *The Maze*, 1967. Madeira pintada, 203 x 305 x 76 cm. Cortesia Paula Cooper Gallery, Nova York.

como diante desses túmulos egípcios que, em cada canto de seus labirintos, figuram apenas portas, ainda que só ergam diante de nós o obstáculo concreto, calcário, de sua imortalidade sonhada (*fig. 38, p. 235*). Nessa situação, somos ao mesmo tempo forçados a uma passagem que o labirinto decidiu por nós, e desorientados diante de cada porta, diante de cada signo da orientação. Estamos de fato *entre um diante e um dentro*. E essa desconfortável postura define toda a nossa experiência, quando se abre em nós o que nos olha no que vemos. O motivo da porta é, por certo, imemorial: tradicional, arcaico, religioso. Perfeitamente ambivalente (como lugar para passar além e como lugar para não poder passar), utilizado assim em cada peça, em cada recanto das construções míticas. Dante põe uma porta na entrada do Inferno — "Vai-se por mim à sempiterna dor [...] Deixai toda esperança, ó vós que entrais"[6] — mas igualmente na do Purgatório; é "uma fenda que um muro disparte" e onde vigia um guardião silencioso; sua espada, como a imagem mesma do limiar cortante, fascina o olhar, e Dante, medusado, permanecerá diante da porta, incapaz de passar além antes que Virgílio venha ajudá-lo.[7] São ainda portas que se abrem no céu aos visionários do Apocalipse.[8] Sempre juízes ou guardiães se mantêm diante delas; sempre elas se tornam estreitas nos ritos de passagem; os próprios deuses se dizem portas onde entrar na mais infinita fruição.[9]

É que a porta é uma figura da abertura — mas da abertura condicional, ameaçada ou ameaçadora, capaz de tudo dar ou de tudo tomar de volta. Em suma, é sempre *comandada por uma lei* geralmente misteriosa. Sua própria batida é uma figura do *double bind*. Os livros poéticos ou sapienciais, os livros proféticos da Bíblia hebraica, incansavelmente comentados, não cessam de tecer os motivos de portas fechadas ou então abertas à força de lágrimas, de arrependimentos, de feridas ou de assombros diante da lei divina.[10] E a derrelição huma-

[6] Dante, *Divina Comédia*, Inferno, canto III, 1-10.

[7] *Id.*, *ibid.*, Purgatório, canto IX, 73-84.

[8] *Apocalipse*, IV, 1.

[9] Cf. notadamente *Lucas*, XIII, 24; *Mateus*, VII, 13-14; *João*, X, 9 ("Eu sou a porta. Se alguém entrar por mim, será salvo"); *Epístola de Tiago*, V, 8-9, etc.

[10] Cf. notadamente *Lamentações*, III, 8; *Salmos*, XVI, 11; XXXIX, 12, etc. Pode-se ter um apanhado dos comentários rabínicos desses motivos em C. G. Mon-

38. Estela "em falsa porta" de Nykaoudidoufri. Egito, IV dinastia, c. 2613-2498 a.C. Calcário, 180 x 90 x 20 cm. Museu do Louvre, Paris. D.R.

na, a busca desesperada do "sentido dos sentidos" ou da "presença real", tudo isso terá com frequência a figura de portas a passar, de portas a abrir.

Gershom Scholem faz remontar à escola rabínica de Cesareia o motivo, referido por Orígenes, de um "sentido dos sentidos" — ou de um Tabernáculo — que não procederia segundo um modelo de percurso linear, mesmo ascensional, mas que imagina a extensão espacial infinita de portas a abrir quando as chaves foram perdidas, misturadas:

> "Orígenes relata, em seu comentário dos Salmos, que um sábio 'hebraico', certamente um membro da academia rabínica de Cesareia, lhe disse que as Escrituras sagradas se assemelhavam a uma grande casa com muitas, muitas peças; diante de cada peça se encontra uma chave, mas não é a certa. As chaves de todas as peças foram misturadas, e é preciso (tarefa ao mesmo tempo enorme e difícil) encontrar as chaves certas que abrirão as peças."[11]

Nessa alegoria da exegese sagrada, a abertura da porta — o acesso do desejo a seu objeto, o acesso do olhar à "sua" coisa enfim desvelada — permanecerá virtual e, num certo sentido, interdita. Pois é preciso primeiro o *tempo* para recompor todas as correspondências das chaves às fechaduras, e é fácil imaginar o aspecto propriamente labiríntico, infinito, de tal trabalho. Essa imagem permanece "arcaica", no sentido de Benjamin, na medida em que as peças interditas — com frequência vazias, como o Tabernáculo, mas adquirindo também seu valor com a presença de uma mulher ou mesmo de uma imagem — se verificam como uma verdadeira constante antropológica em inumeráveis ritos de iniciações, a começar pelos casamentos, e em inumerá-

---

tefiore e H. Loewe, *A Rabbinic Anthology*, Nova York, Schocken, 1974, pp. 317-8, 329, 403, 544 etc.

[11] G. Scholem, *La Kabbale et sa symbolique*, trad. J. Boesse, Paris, Payot, 1966, p. 20. O texto de Orígenes se encontra nas *Selecta in Psalmos*, salmo 1, PG, XII, col. 1.075-1.080. Esse motivo aparece ligado, na tradição cabalística, às combinações das letras que "abrem" o sentido, justamente chamadas "Portas da Luz" (título de um tratado do Rabi Joseph Giqatilia, do século XV). Cf. ainda G. Scholem, *Les origines de la Kabbale* (1962), trad. J. Loewenson, Paris, Aubier-Montaigne, 1966, pp. 38-9, 302, 343-4.

veis mitos ou contos.[12] Assim, as lendas judaicas forneceram, até às sabedorias do hassidismo, suas próprias variações ou versões da alegoria rabínica relatada por Orígenes.[13] Kafka enfim, a quem Gershom Scholem não deixou de aproximar esse motivo ambivalente da porta, nos deixou uma parábola célebre e singular, no penúltimo capítulo do *Processo*. Não nos cansamos de recopiá-la, tal a sua beleza:

"Diante da lei se ergue o guardião da porta. Um homem do campo se apresenta e pede para entrar na lei (*bittet um Eintritt in das Gesetz*). Mas o guardião diz que no momento não pode lhe conceder a entrada. O homem reflete, depois pergunta se lhe será permitido entrar mais tarde. 'É possível, diz o guardião, mas não agora'. O guardião se afasta da frente da porta, que permanece aberta, e o homem se abaixa para espiar o interior (*in das Innere zu sehen*). O guardião percebe e ri. 'Se isso te atrai tanto, tenta entrar apesar de minha proibição. Mas lembra o seguinte: sou poderoso. E não sou senão o último dos guardiães. Diante de cada sala há guardiães cada vez mais poderosos, e não consigo sequer suportar o aspecto do terceiro depois de mim'. O homem do campo não contava com tais dificuldades; a lei não deve ser acessível a todos e sempre? Mas, como ele olha agora mais de perto o guardião com seu casaco de pele, seu nariz pontudo, sua barba de tártaro comprida, rala e escura, acaba preferindo esperar, até que lhe concedam a permissão de entrar. O guardião lhe dá um banquinho e o faz sentar-se junto à porta, a uma certa distância. Ali o homem do campo permanece sentado dias, anos. Faz várias tentativas para ser admitido ao interior, e cansa o guardião com seus pedidos. Às vezes o guardião o submete a pequenos interrogatórios, indaga-o sobre sua pátria e sobre muitas outras coisas, mas são perguntas feitas com indiferença, à maneira dos grandes senhores. E acaba por repetir-lhe

[12] Cf. V. Propp, *Les racines historiques du conte merveilleux* (1946), trad. L. Gruel-Apert, Paris, Gallimard, 1983, pp. 181-8 ("La pièce interdite").

[13] Uma delas se encontra no livro de M. Buber, *La légende de Baal-Shem* (1970), trad. de H. Hildenbrand, Mônaco, Éditions du Rochet, 1984, p. 21.

O interminável limiar do olhar

que não pode ainda fazê-lo entrar. O homem, que havia se equipado para a viagem, emprega todos os meios, por mais custosos que sejam, para subornar o guardião. Este aceita tudo, é verdade, mas acrescenta: 'Aceito apenas para que estejas certo de que não omitiste nada'. Durante anos e anos, o homem observa o guardião quase ininterruptamente. Esquece os outros guardiães. O primeiro lhe parece ser o único obstáculo. Nos primeiros anos, ele maldiz sua sorte em voz alta. Mais tarde, tendo envelhecido, limita-se a resmungar entre os dentes. Torna-se infantil, e, à força de examinar o guardião durante anos, acaba por conhecer até as pulgas de seu casaco, implora às pulgas que o ajudem a mudar o humor do guardião; enfim sua vista enfraquece e ele não sabe realmente se está mais escuro ao redor ou se seus olhos o enganam. Mas agora reconhece claramente na obscuridade uma gloriosa luz que emana eternamente da porta da lei (*wohl aber erkennt er jetzt im Dunkel einem Glanz, der unverlöschlich aus der Türe des Gesetzes bricht*). No momento não lhe resta muito tempo de vida. Antes de sua morte, as experiências de tantos anos, acumuladas em sua mente, levarão a uma pergunta que até então não havia ainda feito ao guardião. Faz-lhe um aceno, porque não pode mais erguer seu corpo enrijecido. O guardião da porta precisa inclinar-se até muito embaixo, pois a diferença de tamanho modificou-se em inteira desvantagem para o homem do campo. 'Que queres saber ainda? pergunta o guardião. És insaciável'. — 'Se todos aspiram à lei, diz o homem, como se explica que durante todos esses anos ninguém além de mim tenha pedido para entrar?' O guardião da porta, percebendo chegar o fim do homem, grita-lhe ao ouvido para melhor atingir seu tímpano quase inerte. 'Aqui, ninguém a não ser tu podia penetrar, pois essa entrada foi feita apenas para ti. Agora vou embora e fecho a porta'."[14]

---

[14] F. Kafka, *Le Procès* (1914-1916), trad. A. Vialatte e M. Robert, cf. *Oeuvres complètes*, ed. C. David, Paris, Gallimard, 1976-1989, I, p. 453-5 (numa tradução ao mesmo tempo mais precisa e mais insípida).

Sublime narrativa. Ou melhor: uma escrita muito exata da inquietante estranheza. Por um lado, é evidente que a parábola kafkiana se lembra de suas próprias "fontes" míticas, de onde ela *provém*. O homem do campo é a figura tradicional do *am ha harets*, o iletrado, aquele que jamais se dedicou ao estudo talmúdico; e o desenvolvimento geral da parábola poderá de fato ser visto como a versão suplementar de um *corpus* exegético e hassídico já constituído.[15] Mas o que ressoa "estranhamente" nessa narrativa, o que faz sua intensidade absolutamente singular, é em primeiro lugar a *ironia trágica* pela qual, longe de continuar uma tradição, Kafka a rompe e a despedaça — exatamente porque a revela, exatamente porque revela toda a sua coerção. É o que mostra uma belíssima passagem consagrada à narrativa kafkiana por Massimo Cacciari, em seu livro sobre os *Ícones da lei*: "*Trágica* é a ironia que o reconhecimento do naufrágio suscita nesse lugar jamais *alcançado*; *irônica* é a situação dessa exegese desesperada que visa o desvelamento da tradição".[16] O que isso quer dizer? Que Kafka rompe nessa narrativa os elementos do mito — como fez com frequência, por exemplo quando inventa o "silêncio das Sereias"[17] —, mesmo que a história seja aqui contada por um abade, no capítulo intitulado "Na catedral"; mesmo que *a porta permaneça aberta* até o fim, contrariamente a todas as versões tradicionais — aberta até que o homem do campo morra em sua aura silenciosa.

[15] CF. M. Robert, *Seul, comme Frank Kafka*, Paris, Calmann-Lévy, 1979, pp. 163-4; W. Hoffmann, "Kafkas Legende 'Vor dem Gesetz'", *Boletín de Estudios Germánicos*, VIII, 1970, pp. 107-19 (sobre as influências hassídicas da narrativa); S. B. Purdy, "A Talmudic Analogy to Kafka's Parable *Vor dem Gesetz*", *Papers on Language and Literature*, IV, 1968, pp. 420-7; E. R. Steinberg, "Kafka's *Befor the Law*: A Religious Archetype with Multiple Referents", *Cithara*, XVIII, 1978, pp. 27-45. A posição de G. Scholem é ao mesmo tempo mais radical e mais interessante, uma vez que confere à situação kafkiana um estatuto quase "originário" na própria mística judaica: "Essa semelhança, que a situação kafkiana já retira da tradição talmúdica em pleno desenvolvimento, sem que de maneira nenhuma perca seu valor, nos mostra até que ponto o mundo kafkiano pertence profundamente à genealogia da mística judaica". G. Scholem, *La Kabbale et sa symbolique*, *op. cit.*, p. 20.

[16] M. Cacciari, *Icônes de la loi* (1985), trad. M. Raiola, Paris, Christian Bourgois, 1990, p. 72.

[17] F. Kafka, "Le silence des Sirènes", *Oeuvres complètes*, *op. cit.*, II, pp. 542--3.

O interminável limiar do olhar

O que quer dizer ainda? Que Kafka radicaliza, portanto *desenraíza* o questionamento presente em toda exegese religiosa. Que coloca a tradição em aporia crítica *e* em situação originária.[18] Em suma, que produz aí uma conclusão de irreligiosidade e, num ato de rompimento, uma *imagem dialética*: uma imagem autêntica de nossa modernidade, uma imagem não arcaica.

Não por acaso Walter Benjamin opunha sutilmente ao *enraizamento* judaico — o incontestável enraizamento judaico de Kafka tal como Scholem podia compreendê-lo, ou seja, em termos de tradição — o *desenraizamento* dialético produzido por uma imagem da modernidade, cujo equivalente o autor de *Rua de mão única* encontraria até mesmo num físico:

"Lendo-se a seguinte passagem de Eddington, acredita-se entender Kafka: 'Estou transpondo a porta com a ideia de entrar em meu quarto. Eis um empreendimento complicado. Primeiro devo lutar contra a atmosfera que pressiona sobre cada centímetro quadrado de meu corpo com uma força de 1 kg. Devo em seguida tentar pôr o pé sobre uma tábua que voa ao redor do sol a uma velocidade de 30 km por segundo; uma fração de segundo de atraso, e a tábua estará a milhas de distância. E é preciso realizar essa proeza no momento em que estou suspenso a um planeta esférico, com a cabeça voltada para fora, mergulhada no espaço, e um vento de éter sopra não se sabe a que velocidade por todos os poros de meu corpo. Ademais, a tábua não é de matéria firme. Apoiar-se nela significa pôr o pé sobre um enxame de moscas. Não irei atravessá-las? Não, pois quando arrisco e me apoio nelas, uma das moscas reage e me impele para cima; torno a cair, uma outra mosca me repele de novo para cima, e assim avanço. [...] É verdade, é mais fácil um camelo passar pelo buraco de uma agulha que um físico passar pelo limiar de sua porta'."[19]

---

[18] Cf. M. Cacciari, *Icônes de la loi*, *op. cit.*, pp. 62-81.

[19] W. Benjamin, Carta a G. Scholem, 12 de junho de 1938, *Correspondance*, *op. cit.*, II, p. 249. Cf. Igualmente "Franz Kafka", trad. M. de Gandillac, *Oeuvres*, II, *op. cit.*, p. 73.

Assim o humor anglo-saxão vem juntar-se por um instante à ironia kafkiana *jogando* com um motivo secular de sua própria memória, de seu próprio enraizamento — do mesmo modo que Marcel Duchamp pôde ironizar sobre os motivos seculares, simbólicos e espaciais, da porta ou da janela.[20] O que em nada diminui, muito pelo contrário, a *gravidade* de seu jogo, sua gravidade de imagem dialética. Que há de mais grave, com efeito, que há de mais inquietante que essa porta aberta diante da qual se esvai toda a crença de um homem? Ou talvez de dois, se admitirmos que também o guardião entra nessa esfera do culto da lei? Não terão os dois em algum momento — com o passar dos anos e o absurdo da situação tornando-se cada vez mais manifesto — deixado de crer, mas sem deixar de sentir sua espera como necessária diante da porta? Com demasiada frequência se edulcorou essa dimensão irônica e trágica compreendendo a fábula kafkiana como uma fábula da transcendência ou da justiça divinas enquanto incomensuráveis.[21] Se a porta da lei estivesse fechada, poderíamos dizer sem dificuldade que a lei está *além*. Somente a porta fechada distingue verdadeiramente o oculto do revelado. Mas a imagem é aqui dialética — e ambígua — na medida em que a porta aberta nos indica que a lei está tanto *aí* quanto além. Em suma, que ela é imanente em sua cisão mesma.[22]

A parábola de Kafka descreve assim uma situação de inacessibilidade — uma situação de distância, como se a palavra *lei* devesse se completar com a palavra *longe* —, no entanto produzida pelo sig-

[20] Por exemplo em *Fresh Widow* (1920), *La bagarre d'Austerlitz* (1921), a *Porta* aberta *e* fechada da rua Larrey (1927), uma outra, transparente e sombreada, da galeria *Gradiva* (1937), ou, finalmente, a de *Étant donnés* [Sendo dados]... (1946-1966), sem contar o *Grand Verre* [O grande Vidro], é claro.

[21] Cf. por exemplo J. Delesalle, *Cet étrange secret*, Paris, Desclée de Brouwer, 1957, pp. 60-97; M. Buber, citado (e criticado) por H. Politzer, *Franz Kafka. Parable and Paradox*, Ithaca/Nova Tork, The Cornell University Press, 1962 (ed. revista, 1966), p. 179; ou W. Ries, *Transzendenz als Terror. Eine religionsgeschichtliche Studie über Franz Kafka*, Heidelberg, Schneider, 1977.

[22] Essa é a força da leitura proposta por G. Deleuze e F. Guattari, *Kafka. Pour une littérature mineure*, Paris, Minuit, 1975, pp. 79-95 e 108-10. A noção de imagem dialética está implicitamente presente nas passagens sobre as "neoformações" kafkianas onde se leem o céu como subsolo, o arcaísmo religioso como o capitalismo etc. (*ibid.*, pp. 135-6).

no mesmo da acessibilidade: uma porta sempre aberta. A distância, percebe-se, já é desdobrada, dialetizada. Claro que poderíamos dizer que é o guardião, e somente ele, que proíbe a entrada ao homem do campo. Mas que outra coisa ele é, esse guardião, com seu casacão e sua barba rala, seu nariz pontudo, suas falsas maneiras de grande senhor, senão um personagem cômico, risível? E por outro lado Kafka tem o cuidado de nos indicar que a situação do guardião não é menos desesperante, anos após anos, que a do pobre requerente; que ela faz parte da coerção global que o sistema impõe a todos, como diante do *double bind* da injunção: "Não venhas a mim, ordeno-te não vires ainda até mim. É aí e nisto que sou a lei e que terás acesso a meu pedido. Sem ter acesso a mim".[23] Isso quer dizer que há inacessibilidade, e que esse *há* está *aí*, bem diante de nós, perto de nós e mesmo dentro de nós. Situação ao mesmo tempo cômica — beirando o burlesco do qual parece ressoar a risada do guardião — e intimamente trágica, já que concerne à nossa obsedante impossibilidade de tocar o ausente.[24]

Por que essa parábola concerne a nosso problema? Porque com o ver acontece o mesmo que com a lei: "todos aspiram a ela" — para retomar essa verdade que acabará saindo dos lábios fatigados do homem do campo. E diante da imagem — se chamarmos *imagem* o objeto, aqui, do ver e do olhar — todos estão como *diante* de uma porta aberta *dentro* da qual não se pode passar, não se pode entrar: o ho-

[23] J. Derrida, "Préjugés — Devant la loi", *La faculté de juger*, Paris, Minuit, 1985, p. 121.

[24] O próprio Kafka forneceu uma figura para esse "ausente que faz lei". Na famosa *Carta ao pai* de 1919, ele diz ter uma única lembrança de sua primeira infância: e é uma lembrança em que seu pai o deixa "de pé diante da porta" de uma sacada; três páginas adiante, ele escreve: "Segue-se que o mundo passou para mim a ser dividido em três partes: uma, aquela em que eu vivia como escravo, submetido a leis que só haviam sido inventadas para mim e às quais, ainda por cima, eu jamais podia satisfazer inteiramente, sem saber por quê; outra, que me era infinitamente mais distante, na qual tu vivias, ocupado em governar, em dar ordens e em te irritar porque elas não eram cumpridas; uma terceira, enfim, em que o resto das pessoas vivia feliz, isentas de ordens e de obediência". Uma última passagem articulava a *distância* da escrita à *ausência* de um contato com seu pai: "Em meus livros, era de ti que se tratava, eu não fazia senão lastimar-me daquilo de que não podia lastimar-me junto a teu peito". F. Kafka, *Oeuvres complètes*, *op. cit.*, pp. 837, 841 e 865.

mem da crença quer ver nisto algo além (é o homem do campo, em seu ato de miserável demanda); o homem da tautologia se volta no outro sentido, de costas para a porta, e pretende não haver nada a buscar ali, pois crê representá-la e conhecê-la pela simples razão de ter-se instalado ao lado dela (é o guardião, em seu ato de miserável poder). Olhar seria compreender que a imagem é estruturada como um *diante-dentro*: inacessível e impondo sua distância, por próxima que seja — pois é a distância de um contato suspenso, de uma impossível relação de carne a carne. Isso quer dizer exatamente — e de uma maneira que não é apenas alegórica — que *a imagem é estruturada como um limiar*. Um quadro de porta aberta, por exemplo. Uma trama singular de espaço aberto e fechado ao mesmo tempo. Uma brecha num muro, ou uma rasgadura, mas trabalhada, construída, como se fosse preciso um arquiteto ou um escultor para dar forma a nossas feridas mais íntimas. Para dar, à cisão do que nos olha no que vemos, uma espécie de *geometria fundamental*.

Pois a porta kafkiana não é afinal senão um puro enquadramento espacial: um suporte de geometria elementar, uma circunscrição, um espaço "específico" cujas potencialidades os escultores minimalistas — a começar por Robert Morris — não deixaram de utilizar (*fig. 39--40, pp. 244-5*).[25] Mas a narrativa de Kafka nos faz compreender esse espaço, embora extremamente simples, como um *segmento de labirinto*, que suporta virtualmente toda a complexidade e toda a inevidência do sistema do qual ele só apresenta a "entrada", se se pode dizer. A porta é extremamente simples, mas ela já dialetiza o jogo de afastamentos e de contiguidades no qual se organiza o espaço kafkiano em geral.[26] E, se falo de uma geometria fundamental, é porque o simples quadro de porta parece justamente funcionar aqui — através de seu aspecto singular, "estranho" e "único" na narrativa — como o *suporte*

---

[25] Além de em Robert Morris, os motivos "em portas" se verificam em Carl Andre, Sol LeWitt, Bruce Nauman, James Turrell e muitos outros.

[26] Cf. G. Deleuze e F. Guattari, *Kafka*, op. cit., pp. 131-9. Sobre o espaço kafkiano em geral, pode-se consultar especialmente H. Pongs, *Franz Kafka, Dichter des Labyrinths*, Heidelberg, Rothe, 1960; G. Frey, *Der Raum und fie Figuren in Franz Kafkas Roman "Der Prozess"*, Marburg, Elwert, 1965; B. Beutner, *Dir Bildsprache Franz Kafkas*, Munique, Fink, 1973, pp. 136-42; H. Binder, "Bauformen", *Kafka-Handbuch*, II. *Das Werk und seine Wirkung*, Stuttgart, Kröner, 1979, pp. 48-93.

O interminável limiar do olhar 243

39. C. Andre, *Hearth*, 1980. Madeira de cedro, 44 elementos, 120,5 x 469 x 90 cm. Centre Pompidou, Paris. Foto Musée National d'Art Moderne.

40. R. Morris, *Pine Portal*, 1961. Madeira de pinho, cerca de 245 x 129 x 32 cm. Obra destruída. Cortesia Leo Castelli Gallery, Nova York.

visual de uma instância bem mais geral, a que Husserl denominava, ao interrogar a origem da geometria, uma "formação de sentido" (*Sinnbildung*): "A evidência originária [do geométrico] não pode ser intercambiada com a evidência dos 'axiomas' [da geometria]; pois os axiomas já são principalmente os resultados de uma formação de sentido originária e têm essa própria formação sempre por trás deles".[27]

Assim, o homem do campo portava em seus ombros, na fadiga do envelhecimento e no progressivo escurecimento de seus olhos, uma espécie de origem da geometria. Num certo sentido ele a encarnava, ela decidia sobre seu tempo passado diante da porta, decidia portanto sobre sua carne. Com frequência houve engano sobre o estatuto da geometria quando se fez dela — no Renascimento, por exemplo — um simples "fundo" ou uma espécie de cenário teatral sobre os quais se destacariam os corpos humanos e suas "histórias" mimeticamente representadas; de maneira simétrica, houve engano — no minimalismo, por exemplo — quando se fez da geometria um simples objeto visual "específico" do qual toda carne estaria ausente (era aqui desconhecer o sentido mesmo dos trabalhos de Robert Morris, e inclusive os de Bruce Nauman).

Pois *portamos* o espaço diretamente na carne. Espaço que não é uma categoria ideal do entendimento, mas o elemento despercebido, fundamental, de todas as nossas experiências sensoriais ou fantasmáticas. E não basta dizer que o espaço constitui nosso mundo: cumpre dizer também que ele "só se torna acessível pela desmundanização do mundo ambiente".[28] E que assim ele só aparece na dimensão de um *encontro* em que as distâncias objetivas sucumbem, em que o *aí* se ilimita, se separa do *aqui*, do detalhe, da proximidade visível; mas em que subitamente *se apresenta*, e com ele o jogo paradoxal de uma proximidade visual que advém numa distância não menos soberana,

---

[27] E. Husserl, *L'origine de la géometrie* (1936), trad. e introdução J. Derrida, Paris, PUF, 1962 (2ª ed. revisada, 1974), pp. 192-193, que deduzia desse dado um estatuto da *história*: "Podemos então dizer também: a história não é a princípio senão o movimento vivo da solidariedade e da implicação mútua (*des Miteinander und Ineinander*), da formação do sentido (*Sinnbildung*) e da sedimentação do sentido originários" (*ibid.*, p. 203).

[28] M. Heidegger, *L'être et le temps* (1927), trad. R. Boehm e A. de Waelhens, Paris, Gallimard, 1964, p. 143.

uma distância que "abre" e faz aparecer.[29] Eis por que o *lugar da imagem* só pode ser apreendido através desse duplo sentido da palavra *aí*, ou seja, através das experiências dialéticas exemplares da aura e da inquietante estranheza. As imagens — as coisas visuais — são sempre já lugares: elas só aparecem como paradoxos em ato nos quais as coordenadas espaciais se rompem, *se abrem* a nós e acabam por se abrir em nós, para nos abrir e com isso nos incorporar.[30]

É assim que o homem do campo, diante de sua porta, acabará sendo "comido" por ela, e mesmo tornando-se algo como uma moldura exangue em torno de um vazio. Como uma escultura minimalista, a porta aberta não era apenas "evidente" e "específica": era *demasiado evidente* ao olhar do pobre homem. Permanecendo assim, aberta por anos a fio, ela mostrava que não era um "limiar" no sentido instrumental — um limiar a transpor, para entrar em algum lugar —, mas um limiar absolutamente, ou seja, *um limiar interminável.* "Sua evidência não responde a nada, não é a chave de nada, escreve Massimo Cacciari. É impossível esperar uma resposta de um signo dotado de tal evidência. [...] Tudo está aberto, e nada resolvido. [...] Subsiste apenas o homem que busca".[31] Ou seja, o homem que olha diante da porta aberta e a quem serão necessários anos — e um corpo encolhido, progressivamente enrijecido, e uma visão irremediavelmente declinante — para "reconhecer na obscuridade a gloriosa luz que emana"...

Kafka conhecia bem o poder dessa evidência quando extenuante, ela própria extenuada, extremada: é um poder de esvaziamento, ou de *évidance*, poder-se-ia dizer (retomando o deslocamento e a temporalização operados por Derrida sobre a palavra "diferença"). Kafka sabia bem que trazemos em nós a geometria de nossas cisões, por exemplo quando ele próprio sentiu-se transformar, num belo dia de 1912, numa porta bastante estranha:

---

[29] Cf. em Heidegger o jogo do "a-fastamento" (*Ent-fernung*) e da "abertura" (*Erschlossenheit*), *ibid.*, pp. 133-9.

[30] Cf. *id.*, "L'art et l'espace" (1962), trad. F. Fédier e J. Beaufret, *Questions*, IV, Paris, Gallimard, 1976, pp. 98-106, texto admirável em que se fala das coisas como *lugares*, da escultura como jogo da *abertura* e da *incorporação*, e enfim do vazio como "o gêmeo da propriedade do lugar".

[31] M. Cacciari, *Icônes de la loi, op. cit.*, pp. 75-8.

"Serei difícil de abalar, e no entanto estou inquieto.

Esta tarde, estando deitado e tendo alguém girado rapidamente uma chave na fechadura, tive no espaço de um instante fechaduras por todo o corpo, como num baile de fantasias; uma fechadura, ora aqui, ora ali, era aberta ou fechada a breves intervalos."[32]

Poder-se-ia imaginar essa oscilação a "breves intervalos" como um batimento de pálpebras do vigia Argus, ou, mais exatamente, como uma abertura rítmica da pleura, uma respiração já reduzida. Nessa época, Kafka já estava doente há muito tempo (sua primeira temporada no sanatório data de 1905) e tomado por uma inquietude constante acerca do estado de seu corpo: "Escrevo com toda a certeza, confiava a seu diário já em 1909, movido pelo desespero que me causa meu corpo e o futuro desse corpo".[33] Ser *concernido* por fechaduras que se abrem e se fecham — e embora tudo isso pudesse aparentar-se a um simulacro, a um baile de máscaras —, certamente não era senão um modo de ser *olhado* pela "chaga viva de seu coração", isto é, de seu pulmão, de seu próprio interior que ia se abrindo aos poucos. O importante aqui não é que Kafka pudesse "descrever" sua ou suas doenças, mas que sua própria escrita se tornou o estojo ou o túmulo, a cripta ou o tesouro, em todo caso a *porta* — algo que abre uma caixa, algo que enquadra e deixa ver no limiar — de um mal que dentro dele impunha sua lei.[34]

Tal seria portanto a imagem, nessa economia: guardiã de um túmulo (guardiã do recalque) e de sua abertura mesma (autorizando

---

[32] F. Kafka, *Diários*, 30 de agosto de 1912, *Oeuvres complètes*, *op. cit.*, III, p. 288. Em outros momentos, são as angulações luminosas que o perturbam: "Ao mesmo tempo, vi a imagem do calçamento das ruas, com suas partes de sombra e de luz estritamente delimitadas. No espaço de um instante, senti-me vestido de uma couraça" (*ibid.*, p. 29). Ou ainda: "Como a visão das escadarias me comove hoje. Já esta manhã e várias vezes depois, senti prazer em olhar de minha janela o triângulo recortado na balaustrada de pedra da escadaria..." (*ibid.*, p. 132).

[33] *Id., ibid.*, p. 4 (1909?), cf. igualmente pp. 115, 122, 133, 166-167 etc.

[34] Sobre os temas conjugados do sujeito criptóforo, da perda e da incorporação, cf. N. Abraham e M. Torok, *L'écorce et le noyau*, *op. cit.*, pp. 227-321.

o retorno luminoso do recalcado).[35] Petrificação e atração ao mesmo tempo. A porta estaria aí como uma boca de Górgona? Seja como for, o homem do campo, suspenso entre aquilo que via no quadro aberto da porta (a luz deslumbrante) e aquilo que o olhava desde esse mesmo quadro (seus próprios olhos, sua própria vida a extinguir-se), só terá podido assistir, em todos esses anos, a um único acontecimento: o de sua própria morte. A princípio sem o saber, ele se olhava morrer sob o olhar dessa porta, e essa porta tornava-se para ele como que a mais temível *psyché*.[36] Seria a função psíquica das imagens fazer-nos considerar — na compulsão de repetição — nossas diferentes mortes? Seria a função originária das imagens *começar pelo fim*?

Pois é de fato assim que começa o admirável caminho de *Ulisses*, esse interminável limiar em que o afastamento do mar — o horizonte, a visão sem fim — bate ao ritmo de algo e de alguém que já tiveram fim. É assim que começa e se desdobra a escritura kafkiana em geral, que desfia suas imagens dialéticas como tramas singulares de espaços e de tempos — esperas e fulgurâncias sem fim —, como intermináveis limiares que fazem suspender todo o seu ser. É igualmente assim que começa, em Benjamin, toda reflexão sobre a história, tendida entre luto e desejo, entre uma *memória* e uma *expectativa*: limiar interminável — "porta estreita", ele próprio dizia — entre o que um dia teve fim e o que um dia terá fim.[37] Não surpreende que Benjamin, ao refletir sobre a aura, nos fale do "olhar do moribundo" (*das brechende Auge*) e cite em seguida um verso daquele magnífico poema em que Baudelaire, "meditando sobre a geometria", observa nas "velhinhas" que atravessam a rua o paradigma esticado de um berço e de um ataúde para onde cada uma "retorna docemente"... E Baudelaire termina seu poema precisando que esse olhar só era possível "para aquele que o austero Infortúnio aleitou".[38]

---

[35] *Id., ibid.*, p. 241 (onde a imagem no sentido metapsicológico é definida como "guardiã do recalque, [e] autorizará ela própria um dia o levantamento deste".

[36] Sobre o motivo da porta aberta como temática mortífera, cf. notadamente G. Bachelard, *La poétique de l'espace*, Paris, PUF, 1957, pp. 200-1, e M. Guiomar, *Principes d'une esthétique de la mort*, Paris, Conti, 1988, pp. 451-9.

[37] Cf. W. Benjamin, "Thèses sur la philosophie de l'histoire" (1940), trad. M. de Gandillac, *L'homme, le langage et la culture*, *op. cit.*, p. 196.

[38] *Id.*, "Sur quelques thèmes baudelairiens", *art. cit.*, pp. 272-3 (nota de J.

O interminável limiar do olhar

Mas Kafka terá dado um passo a mais: com efeito, é sobre si mesmo que ele aplica a "meditação geométrica" do limiar interminável, entre a caixa-berço e a caixa-ataúde. Assim resta meditar, olhar, escrever *no limiar de seu próprio fim.* Obviamente, a *gravidade* — ou a melancolia — de seu próprio gesto jamais lhe escapa, mas ele sabe também que tudo isso é uma geometria, ou seja, um *jogo* da forma, um jogo de construção, uma ironia construída sobre o fim.[39] Entre pressentir gravemente seu fim e jogar com ele, Kafka nos ensina portanto que toda forma autêntica da arte, toda imagem dialética conjugam — diante do limiar — a suspensão frágil de uma inquietude com uma solidez cristalina, uma espécie de imortalidade a manter-se assim, interminavelmente, diante do fim.[40] É isto *jogar com o fim*, é isto que o próprio Kafka se escreve com uma lucidez e uma astúcia que nos confundem:

Lacoste). C. Baudelaire, "Les Petites Vieilles" (1859), *Oeuvres complètes*, I, ed. C. Pichois, Paris, Gallimard, 1975, pp. 89-90 (cf. a tradução brasileira de Ivan Junqueira, *As flores do mal*, Rio de Janeiro, Nova Fronteira, 1985):

> Já não viste que o esquife onde dorme uma velha
> É quase tão pequeno quanto o de um infante?
> A Morte sábia nesses féretros espalha
> O símbolo de um gosto estranho e cativante,
> E se mal entrevejo um fantasma franzino
> Cortando o ébrio cenário de Paris ao meio,
> Me ocorre muita vez que este ser pequenino
> Retorna docemente ao berço de onde veio;
> Salvo se, meditando sobre a geometria,
> Pouco me importe, ante esses membros disjuntados,
> Quantas vezes o artífice a forma varia
> Da caixa em que tais corpos são todos guardados.
> Esses olhos são poços de infinitos prantos,
> São crisóis que um metal em seu gelo esmaltou...
> Esses olhos secretos têm fatais encantos
> Para aquele que o austero Infortúnio aleitou!

[39] E por isso certamente a "melancolia" de que se trata aqui não deve ser entendida como uma noção clínica — que supõe a psicose e, com o tempo, a inação do puro sofrimento —, mas como um paradigma crítico que o artista *doa* sob a espécie de uma forma, de um jogo, de uma imitação: "sob uma aparência falsa de presente...".

[40] Cf. sobre esse tema M. Blanchot, "La littérature et le droit à la mort", *La part du feu*, Paris, Gallimard, 1949, pp. 291-331.

"Sou de pedra, sou como minha própria pedra tumular, não existe aí nenhuma fenda possível para a dúvida ou para a fé, para o amor ou para a repulsa, para a coragem ou para a angústia em particular ou em geral, somente vive uma vaga esperança, mas como vivem as inscrições sobre os túmulos. Nenhuma, ou quase nenhuma palavra escrita por mim se concilia com a outra, ouço as consoantes rangerem umas contras as outras com um ruído de ferragens e as vogais cantarem acompanhando-as como negros de Exposição. Minhas dúvidas formam círculo ao redor de cada palavra, vejo-as antes da palavra... [...] Disse a Max que, contanto meus sofrimentos não sejam demasiado grandes, estarei muito satisfeito em meu leito de morte. Esqueci de acrescentar — e o omiti de propósito posteriormente — que o que escrevi de melhor se deve a essa capacidade que tenho de morrer contente. Em todos esses trechos bem-sucedidos e fortemente convincentes, trata-se sempre de alguém que morre, que julga muito duro ter que morrer, que vê nisso uma injustiça ou um rigor exercido contra ele, de modo que se torna algo comovente para o leitor, pelo menos a meu ver. Mas para mim, que julgo poder estar satisfeito em meu leito de morte, tais descrições são secretamente um jogo, pois me comprazo de morrer na pessoa do moribundo, exploro de maneira bem calculada a atenção do leitor concentrada na morte, e sou bem mais lúcido que ele, que, suponho, irá gemer em seu leito de morte; de modo que minha queixa é tão perfeita quanto possível, ela tampouco é interrompida bruscamente como poderia sê-lo uma queixa real, ela segue seu curso na harmonia e na pureza."[41]

Também um escultor joga com o fim, constrói suas hipóteses de fim "meditando sobre a geometria". Quando Tony Smith produz a imagem dialética de suas construções de aço negro convocando a lembrança de montagens lúdicas, infantis, em que suas caixas de medicamentos contra a tuberculose se tornavam pequenos labirintos — ele

---

[41] F. Kafka, *Diários*, 15 de dezembro de 1910 e 13 de dezembro de 1914, *Oeuvres complètes*, *op. cit.*, III, pp. 11 e 371-2.

41. Ataúde vertical "em armário" de um rapaz. Abousir el-Meleq (Egito romano), século I d.C. Altura: cerca de 170 cm. Obra parcialmente destruída. Berlim, Bodemuseum. D.R.

42. S. LeWitt, *Buried Cube Containing an Object of Importance but Little Value*, 1968. Aço, 25,4 x 25,4 x 25,4 cm. Obra desaparecida. D.R.

joga com o fim (*fig. 37, p. 233*). Quando Joel Shapiro produz a imagem dialética de um ataúde cuidadosamente imitado mas cuidadosamente desproporcionado, pequeno como um soldado de chumbo — ele joga com o fim (*fig. 20, p. 131*). Quando Robert Morris produz a imagem dialética de um pórtico em madeira de pinho, ou seja, em madeira de ataúde, ele faz de toda porta a porta de um túmulo, e de toda forma de tumba uma coisa que deve ser precisamente "erguida", erigida, reverticalizada numa relação de face a face, de estátua a dormir eternamente em pé, como o fazem as mais intensas figuras da ideia fixa, como o fazem algumas das mais belas sepulturas do Egito crepuscular (*fig. 19 e 40-41, pp. 130, 246, 252*). O que faz ele, nesse gesto, senão jogar com o fim? Quando Carl Andre dispõe no chão suas placas de chumbo ou de zinco para produzir a horizontalidade mesma do solo como a imagem dialética ou o limiar de um subsolo (virtual) e de uma estatura (não menos virtual), o que faz ele, senão jogar ainda com o fim? (*fig. 18, p. 126*) E Sol LeWitt, nesse jogo, chegará a produzir a imagem dialética e irônica de um cubo no pseudocerimonial de uma inumação muito real (*fig. 42, p. 253*).[42]

Mas enterrar uma imagem era ainda produzir uma imagem. Seria a imagem aquilo que *resta visualmente* quando a imagem assume o risco de seu fim, entra no processo de se alterar, de se destruir ou ainda de se afastar até desaparecer enquanto objeto visível? E para tanto não será suficiente elaborar a falta, *dar forma ao resto*, fazer do "resto assassinado" um autêntico resto construído? Se isto de algum modo é verdade, e se é verdade que as duas esculturas de Robert Morris evocadas há pouco (*fig. 19 e 40, pp. 130, 246*) se olham e se interpretam uma à outra, então toda imagem poderia ser dita, não apenas estruturada como um limiar, mas também estruturada como uma cripta aberta: cripta que abre seu fundo, mas retirando-o, retirando-se, e atraindo-nos a ele. E nele fazendo juntar-se, no exercício do olhar, um luto e um desejo. Ou seja, uma *fantasmática* — como se diria uma heurística — do tempo: um tempo para olhar as coisas que se afastam até *perder de vista* (como o mar afastando-se diante de Stephen Dedalus,

---

[42] Cf. A. Legg, *Sol LeWitt*, *op. cit.*, p. 164. O artista submete o cubo a um destino ainda diferente — mas sempre ligado ao jogo do virtual — em seu livro intitulado *A Cube Photographed by Carol Huebner Using Nine Light Sources, and All their Combinations...*, Colônia, König, 1990.

como a interminável cor luminosa afastando-se atrás da porta kafkiana); um tempo para sentir *perder o tempo,* até o tempo de ter nascido (como Stephen Dedalus olhado por sua mãe que se extingue, como o herói kafkiano que acaba por experimentar diante de sua porta a verdadeira lei da expectativa); um tempo, enfim, para *perder-se a si mesmo* (como na "chaga viva" de Stephen Dedalus, como na extenuação do herói kafkiano diante de sua porta).

E tudo isso, para terminar, por sermos nós mesmos apenas uma imagem, uma *imago,* essa efígie genealógica e funerária que os romanos dispunham nas paredes de seus *atria,* em pequenos armários alternadamente abertos e fechados, acima da porta.

O interminável limiar do olhar   255

NOTA BIBLIOGRÁFICA

Este livro é o desenvolvimento de duas conferências pronunciadas em junho de 1991, uma no Museu de Arte Moderna de Saint-Étienne (a convite de Bernard Ceysson), a outra no Centre Georges Pompidou, em Paris (a convite de Jean-Michel Foray). Três fragmentos dele foram publicados, o primeiro nos *Cahiers du Musée National d'Art Moderne*, nº 37, outono de 1991, p. 33-59; o segundo na *Nouvelle Revue de Psychanalyse*, nº 44, outono de 1991, p. 75-100; o terceiro em *Théâtre/Public*, nº 104, março-abril de 1992, p. 18-23. Devo assinalar que nesse meio-tempo foi publicada em francês uma edição dos textos de Donald Judd, *Écrits, 1963-1990*, trad. A. Perez, Paris, Lelong, 1991, que doravante poderá ser consultada. Por outro lado, descubro num texto de Y.-A. Bois ("L'inflexion", em *Donald Judd*, Paris, Galerie Lelong, 1991) um eco bastante preciso do comentário feito (p. 48, nota) sobre a obra de Judd: com efeito, Bois fala muito precisamente de "traços de discurso" em contradição flagrante com a "sensualidade das matérias" ou "o feitiço provocado pelo jogo de vazios e cheios" na obra desse artista decididamente suspenso entre uma questão de aura e uma questão de tautologia.

Resta-me agradecer a Jean-Pierre Criqui e à Fondation de France, a Michel Bourel do CAPC de Bordeaux, bem como a Rosalind Krauss, a Margit Rowell, às galerias Leo Castelli e Paula Cooper, que contribuíram para a realização material da iconografia.

ÍNDICE ONOMÁSTICO

Abraham, Nicolas, 80-1, 107, 248
Ackerman, Chantal, 188
Adorno, Theodor W., 147, 172
Agamben, Giorgio, 184
Alain de Lille, 35
Althusser, Louis, 179
Andre, Carl, 56-7, 88, 125-6, 138-9,
    202, 243-4, 254
Angelico, Fra, 14, 18, 35, 43-5, 159
Anselmo de Cantuária, Santo, 35
Aragon, Louis, 189
Aristóteles, 13, 30-1
Augé, Marc, 224
Baal Shem-Tov, 187, 237
Bachelard, Gaston, 249
Balibar, Etienne, 179
Barbaras, Renaud, 163
Baro, Gene, 102, 106
Bataille, Georges, 21, 160, 172, 180,
    221
Battcock, Gregory, 50, 54, 70
Baudelaire, Charles, 8, 83-4, 147,
    149, 151, 153, 159, 177, 201, 208,
    223, 238, 247, 250
Beckett, Samuel, 27
Belmore, Herbert W., 186
Belting, Hans, 152
Benjamin, Walter, 6, 22, 34, 113-4,
    118, 146-9, 151-64, 170-94, 196,
    199, 201, 203, 208, 212, 214, 223,
    225-7, 229, 231-2, 234, 240, 246,
    249, 256
Benveniste, Emile, 9, 206, 215
Berger, Denise, 40, 97, 217
Berger, Maurice, 124, 132
Bergson, Henri, 159
Bernini, Gian Lorenzo, 42, 225

Beutner, Barbara, 243
Blanchot, Maurice, 20, 101, 250
Boaventura, São, 35
Bochner, Mel, 57
Bois, Yve-Alain, 144, 196, 256
Bonnefoi, Christian, 168
Bourel, Michel, 54, 256
Bouveresse, Jacques, 59
Brancusi, Constantin, 146
Braque, Georges, 193
Brieger, Peter, 46
Buber, Martin, 237, 241
Buchloh, Benjamin, 214, 226
Buck-Morss, Susan, 172
Bürger, Peter, 153
Cacciari, Massimo, 239-40, 247
Cage, John, 35, 202
Carroll, Lewis, 87
Cassirer, Ernest, 15, 212-3, 216
Castelli, Leo, 130-1, 133, 142, 245-6,
    256
Ceysson, Bernard, 256
Cézanne, Paul, 54, 184
Charcot, Jean-Martin, 151
Chave, Anna C., 193
Chklovski, Victor, 216-8
Clay, Jean, 144, 194
Coellier, Sylvie, 128
Cohen, Hermann, 170, 222
Compton, Michael, 123-4, 132
Contini, Gianfranco, 158
Convert, Pascal, 168
Cooper, Paula, 94, 103, 110-1, 126,
    131, 233, 256
Coquio, Catherine, 182
Couderc, Sylvie, 54
Courtine, Jean-François, 160

Criqui, Jean-Pierre, 93, 99, 112-3, 115-6, 122, 199, 256
Damisch, Hubert, 9-12, 15-6, 19, 95, 214, 218
Dante Alighieri, 30-1, 43, 46-7, 152, 159, 234, 238
Deguy, Michel, 160
Delesalle, Jacques, 241
Deleuze, Gilles, 7, 160, 241, 243
Derrida, Jacques, 7, 20, 107, 157, 170, 203-5, 207-8, 242, 246, 247
Descartes, René, 13
Deschamps, Madeleine, 112-3, 118
Dionísio Areopagita, Pseudo, 194, 196
Domecq, Jean-Philippe, 202
Duchamp, Marcel, 49, 95, 118, 241
Dufour-El Maleh, Marie-Cécile, 185
Dürer, Albrecht, 182
Duve, Thierry de, 74, 139
Eckhart, Mestre, 196
Eddington, A. S., 240
Eikhenbaum, Boris, 214, 219
Einstein, Carl, 6, 21, 180, 219, 221-6
Eisenstein, Serguei M., 191
Ernout, A., 156, 166
Escoubas, Eliane, 160
Fédida, Pierre, 81, 85, 96-7, 101, 107, 115-6, 164, 176, 190
Fiedler, Konrad, 221
Flavin, Dan, 57
Focillon, Henri, 211
Foll, K., 214
Foray, Jean-Michel, 256
Foucault, Michel, 18, 59, 96, 208
Freud, Sigmund, 15, 39-41, 79, 82-3, 89, 91, 93, 97-8, 106, 108, 120, 159, 180, 189, 202, 210, 212-3, 217-8, 227-31, 234, 236, 248-51, 254
Frey, Gesine, 243
Fried, Michael, 5, 19, 70-1, 73-7, 99, 104, 108, 119-21, 124, 129, 138, 166, 168, 178, 202, 212-3, 226-7, 229, 237, 241
Froment, Jean-Louis, 54
Giacometti, Alberto, 21, 145-6

Giqatilia, Joseph, 236
Glaser, Bruce, 54-5, 59-62, 69, 198
Goethe, Johann Wolfgang von, 174, 177, 186-7, 210, 220
Goossen, Eugene C., 89-91, 102, 115
Greenberg, Clement, 53, 71, 75, 214
Guattari, Félix, 241, 243
Guiomar, Michel, 249
Hansen-Löve, Ole, 212, 214
Hegel, G. W. F., 206-7
Heidegger, Martin, 38, 59, 82, 192, 246-7
Herklotz, Ingo, 42
Heródoto, 113, 183, 193
Hess, Thomas B., 193
Hildebrand, Adolf von, 210, 221
Hobbs, Robert, 138
Hoffmann, E. T. A., 230
Hoffmann, Werner, 239
Hollier, Denis, 222
Huebner, Carol, 254
Husserl, Edmund, 160, 208, 212, 246
Imbert, Claude, 182, 184
Inboden, Gudrun, 168
Jacob, Mary Jane, 138
Jakobson, Roman, 214-5, 217-20
Jauss, Hans Robert, 148
Javelet, Robert, 35
João da Cruz, São, 196
João Evangelista, São, 42, 234
Johns, Jasper, 35, 49
Joyce, James, 29-32, 159, 196, 232, 237
Judd, Donald, 5, 19, 21, 50-63, 68-70, 73-7, 119, 121, 137-41, 146, 165, 168, 198, 226
Jung, Carl Gustav, 192
Kafka, Franz, 185, 192, 237-43, 247-8, 250-1
Kant, Immanuel, 15, 185
Klein, Yves, 61
Kleiner, Barbara, 191
Kosuth, Joseph, 57-8
Krauss, Rosalind, 33, 56-7, 59, 62-3, 66-7, 70-1, 75, 118, 124, 128, 132, 138-9, 146, 256

258

O que vemos, o que nos olha

Lacan, Jacques, 13, 80-3, 97, 101, 107, 115-6, 203, 227
Lacoste, Jean, 114, 147-8, 153, 157, 212, 250
Lacoste, Patrick, 40-1, 158
Lacoue-Labarthe, Philippe, 160, 185
Ladrière, Jean, 206
Lang, L., 74, 185, 221
Laude, Jean, 221
Legg, Alicia, 125, 138, 254
Leiris, Michel, 180
Leonardo da Vinci, 39, 122
Lévi-Strauss, Claude, 43, 220
LeWitt, Sol, 57, 124-6, 132, 135-6, 138, 168, 243, 253-4
Lippard, Lucy R., 89, 91, 104, 108-9, 112-3, 118, 127, 138, 201
Lissitzky, El, 88
Loewe, Herbert, 236
Löwy, Michael, 176
Lucas, São, 234
Lyotard, Jean-François, 9, 14-6, 160
Maguid de Mezeritch, 188
Malamoud, Charles, 88
Malevitch, Kazimir, 88
Mallarmé, Stéphane, 95, 116, 127
Mantle, Mickey, 62-3
Marin, Louis, 9-10, 42, 160
Marx, Karl, 153, 179, 188, 191-2
Maso di Banco, 44
Mateus, São, 234
Matta-Clark, Gordon, 138
Meffre, Liliane, 221-3
Meillet, Antoine, 156, 166
Meiss, Millard, 46
Menke, Bettine, 172
Merleau-Ponty, Maurice, 6-8, 21, 31, 99, 101, 162-3, 165, 169-71, 260
Michaux, Henri, 117
Michelson, Annette, 124
Molino, Jean, 202
Mondrian, Piet, 88, 117, 194, 202
Monet, Claude, 33
Montefiore, Claude G., 235-6
Morris, Robert, 5, 19, 21, 50, 53-4, 56-7, 61, 63-9, 71-2, 89, 120, 123-

4, 127, 130-3, 139, 141-2, 144, 147-8, 151-3, 155-8, 167, 176, 178-80, 238, 243, 245
Moshe-Leib de Sassov, 188
Nancy, Jean-Luc, 160
Nauman, Bruce, 124, 243, 246
Newman, Barnett, 52, 54, 74, 160, 193, 202
Nicolau de Cusa, 196
Noland, Kenneth, 52
Olitski, Jules, 73
Orígenes, 236
Ovídio, 128
Panofsky, Erwin, 8, 42, 182
Pareyson, Luigi, 211
Pausânias, 113, 260
Perret, Catherine, 149, 154, 159, 173, 175
Petrarca, 158
Pezzella, Mario, 180
Pia, Secondo, 153
Picasso, Pablo, 75, 116, 193
Pincus-Witten, Robert, 57
Platão, 128
Poe, Edgar Allan, 116
Politzer, Heinz, 241
Pollock, Jackson, 52, 89, 128, 194
Ponge, Francis, 81
Pongs, Hermann, 243
Pontalis, Jean-Bertrand, 180, 227
Propp, Vladímir, 220, 237
Proust, Marcel, 149, 157, 159, 190-2
Purdy, Strother B., 239
Rafael, 40
Reinhardt, Ad, 6, 49, 52, 125, 160, 194-9, 208-9
Richir, Luc, 31
Riegl, Alois, 210
Ries, Wiebrecht, 241
Robert, Marthe, 239
Rochlitz, Rainer, 153-4, 177-8
Rodin, Auguste, 146
Rogozinski, Jacob, 160
Rorschach, Hermann, 85
Rothko, Mark, 52-3, 89, 193
Rowell, Margit, 223, 256

Índice onomástico

Rubin, Lawrence, 55
Rubin, William, 193
Ruelle, David, 120
Ruge, Arnold, 153, 188
Ruskin, John, 33
Ryman, Robert, 144, 160
Sandoz, Claude, 206
Schelling, Friedrich W. J. von, 230
Scholem, Gershom, 147, 154, 236-7, 239-40
Seitz, William C., 55
Serra, Richard, 132, 134, 168
Serres, Michel, 12, 115
Seurat, Georges, 194
Shapiro, Joel, 128, 131, 254
Silberer, Herbert, 98
Simmel, Georg, 221
Singleton, Charles S., 46
Smith, David, 90
Smith, Tony, 71, 74, 89-91, 93, 95, 97-8, 100-2, 104-9, 112-6, 118-24, 127-9, 141, 144, 156, 159-60, 164-6, 169-71, 179, 188, 202, 209, 213, 229, 240, 256
Smithson, Robert, 74, 138, 140, 168
Steinberg, Erwin R., 239
Steinberg, Leo, 75
Steiner, George, 202-3, 205

Stella, Frank, 19, 54-5, 59-62, 68-9, 76, 168, 198
Straus, Erwin, 6, 160-1
Sylvester, David, 123-4, 132
Tertuliano, 72
Thompson, D'Arcy Wentworth, 109
Tiberghien, Gilles A., 211
Tiedemann, Rolf, 114, 148, 153-4, 171-3, 175-6, 179
Tomás de Aquino, São, 35, 155, 206
Todorov, Tzvetan, 214, 220
Torok, Maria, 107, 248
Tucker, Marcia, 124
Turrell, James, 168, 243
Tynianov, Yuri, 216-9
Valéry, Paul, 149-50
Vasari, Giorgio, 16, 208
Vermeer, Johannes, 76
Vernant, Jean-Pierre, 113
Virgílio, 43, 47, 234
Wagstaff Jr., Samuel, 112
Warburg, Aby, 113, 181, 185, 243
Wiesel, Elie, 188
Wittgenstein, Ludwig, 35, 59
Wölfflin, Heinrich, 210, 226, 229
Wollheim, Richard, 49, 70, 198-9
Wright, Frank Lloyd, 89
Zerner, Henri, 210

SOBRE O AUTOR

Georges Didi-Huberman nasceu em Saint-Étienne, na França, em 1953. É filó-sofo e historiador da arte. Desde 1990 é professor e pesquisador da École des Hautes Études en Sciences Sociales, em Paris. Publicou:

Invention de l'hystérie. Paris: Macula, 1982 (ed. bras.: *Invenção da histeria*. Rio de Janeiro: Contraponto/MAR, 2015).
Mémorandum de la peste. Le fléau d'imaginer. Paris: Christian Bourgois, 1983.
La peinture incarnée. Paris: Minuit, 1985 (ed. bras.: *A pintura encarnada*. São Paulo: Escuta/Editora Unifesp, 2013).
Fra Angelico. Dissemblance et figuration. Paris: Flammarion, 1990.
Devant l'image. Paris: Minuit, 1990 (ed. bras.: *Diante da imagem*. São Paulo: Editora 34, 2013).
À visage découvert. Paris: Flammarion, 1992.
Ce que nous voyons, ce qui nous regarde. Paris: Minuit, 1992 (ed. bras.: *O que vemos, o que nos olha*. São Paulo: Editora 34, 1998).
Le cube et le visage. Paris: Macula, 1992.
L'empreinte du ciel. Paris: Antigone, 1994.
La ressemblance informe. Paris: Macula, 1995 (ed. bras.: *A semelhança informe*. Rio de Janeiro: Contraponto/MAR, 2015).
L'étoilement. Conversation avec Hantaï. Paris: Minuit, 1998.
Phasmes. Essais sur l'apparition, 1. Paris: Minuit, 1998.
La demeure, la souche. Paris: Minuit, 1999.
Ouvrir Vénus. Paris: Gallimard, 1999.
Devant le temps. Paris: Minuit, 2000 (ed. bras.: *Diante do tempo*. Belo Horizonte: Editora UFMG, 2015).
Être crâne. Paris: Minuit, 2000 (ed. bras.: *Ser crânio*. Belo Horizonte: C/ Arte, 2009).
Génie du non-lieu. Paris: Minuit, 2001.
L'homme qui marchait dans la couleur. Paris: Minuit, 2001.
L'image survivante. Paris: Minuit, 2002 (ed. bras.: *A imagem sobrevivente*. Rio de Janeiro: Contraponto, 2013).
Ninfa moderna. Essai sur le drapé tombé. Paris: Gallimard, 2002.
Images malgré tout. Paris: Minuit, 2004 (ed. bras.: *Imagens apesar de tudo*. São Paulo: Editora 34, 2020).
Mouvements de l'air (com Laurent Mannoni). Paris: Gallimard, 2004.
Gestes d'air et de pierre. Paris: Minuit, 2005.

Le danseur des solitudes. Paris: Minuit, 2006.

Ex-voto. Image, organe, temps. Paris: Bayard, 2006.

L'image ouverte. Paris: Gallimard, 2007.

La ressemblance par contact. Paris: Minuit, 2008.

Quand les images prennent position. L'oeil de l'histoire, 1. Paris: Minuit, 2009 (ed. bras.: *Quando as imagens tomam posição. O olho da história, 1*. Belo Horizonte: Editora UFMG, 2016).

Survivance des lucioles. Paris: Minuit, 2009 (ed. bras.: *Sobrevivência dos vaga-lumes*. Belo Horizonte: Editora UFMG, 2011).

Remontages du temps subi. L'oeil de l'histoire, 2. Paris: Minuit, 2010 (ed. bras.: *Remontagens do tempo sofrido. O olho da história, 2*. Belo Horizonte: Editora UFMG, 2018).

Atlas ou le gai savoir inquiet. L'oeil de l'histoire, 3. Paris: Minuit, 2011 (ed. bras.: *Atlas ou o gaio saber inquieto. O olho da história, 3*. Belo Horizonte: Editora UFMG, 2018).

Écorces. Paris: Minuit, 2011 (ed. bras.: *Cascas*. São Paulo: Editora 34, 2017).

Peuples exposés, peuples figurants. L'oeil de l'histoire, 4. Paris: Minuit, 2012.

L'album de l'art à l'époque du "Musée imaginaire". Paris: Hazan, 2013.

Blancs soucis. Paris: Minuit, 2013.

Phalènes. Essais sur l'apparition, 2. Paris: Minuit, 2013.

Sur le fil. Paris: Minuit, 2013.

Quelle émotion! Quelle émotion? Paris: Bayard, 2013 (ed. bras.: *Que emoção! Que emoção?* São Paulo: Editora 34, 2016).

Essayer voir. Paris: Minuit, 2014.

Sentir le grisou. Paris: Minuit, 2014.

Passés cités par JLG. L'oeil de l'histoire, 5. Paris: Minuit, 2015.

Sortir du noir. Paris: Minuit, 2015.

Ninfa fluida. Essai sur le drapé-désir. Paris: Gallimard, 2015.

Peuples en larmes, peuples en armes. L'oeil de l'histoire, 6. Paris: Minuit, 2016 (ed. bras.: *Povo em lágrimas, povo em armas*. São Paulo: n-1 edições, 2021).

Soulèvements. Paris: Gallimard, 2016 (ed. bras.: *Levantes*. São Paulo: Edições Sesc, 2017).

Passer, quoi qu'il en coûte (com Niki Giannari). Paris: Minuit, 2017.

Ninfa profunda. Essai sur le drapé-tourmente. Paris: Gallimard, 2017.

À livres ouverts. Paris: Éditions de l'INHA, 2017.

Aperçues. Paris: Minuit, 2018.

Ninfa dolorosa. Essai sur la mémoire d'un geste. Paris: Gallimard, 2019.

Désirer désobéir. Ce qui nous soulève, 1. Paris: Minuit, 2019.

Pour commencer encore. Dialogue avec Philippe Roux. Paris: Argol, 2019.

Éparses. Voyage dans les papiers du Ghetto de Varsovie. Paris: Minuit, 2020.

Imaginer recommencer. Ce qui nous soulève, 2. Paris: Minuit, 2021.

Este livro foi composto em Sabon,
pela Bracher & Malta, com CTP e
impressão da Bartira Gráfica e Editora em papel Pólen Soft 80 g/m² da
Cia. Suzano de Papel e Celulose para
a Editora 34, em outubro de 2021.